权威·前沿·原创

皮书系列为

“十二五”“十三五”“十四五”国家重点图书出版规划项目

BLUE BOOK

智库成果出版与传播平台

陕西蓝皮书
BLUE BOOK OF SHAANXI

陕西省社会科学院／编

陕西乡村振兴研究报告（2022）

RESEARCH REPORT ON RURAL REVITALIZATION OF SHAANXI (2022)

主　编／司晓宏　白宽犁　于宁锴

社会科学文献出版社
SOCIAL SCIENCES ACADEMIC PRESS (CHINA)

图书在版编目(CIP)数据

陕西乡村振兴研究报告.2022 / 司晓宏，白宽犁，于宁锴主编. -- 北京：社会科学文献出版社，2022.2
（陕西蓝皮书）
ISBN 978-7-5201-9617-8

Ⅰ.①陕… Ⅱ.①司… ②白… ③于… Ⅲ.①农村-社会主义建设-研究报告-陕西-2022 Ⅳ.①F327.41

中国版本图书馆CIP数据核字（2022）第018781号

陕西蓝皮书
陕西乡村振兴研究报告（2022）

主　　编 / 司晓宏　白宽犁　于宁锴

出 版 人 / 王利民
组稿编辑 / 邓泳红
责任编辑 / 宋　静
责任印制 / 王京美

出　　版 / 社会科学文献出版社·皮书出版分社（010）59367127
　　　　地址：北京市北三环中路甲29号院华龙大厦　邮编：100029
　　　　网址：www.ssap.com.cn
发　　行 / 社会科学文献出版社（010）59367028
印　　装 / 天津千鹤文化传播有限公司

规　　格 / 开　本：787mm×1092mm　1/16
　　　　印　张：19.25　字　数：286千字
版　　次 / 2022年2月第1版　2022年2月第1次印刷
书　　号 / ISBN 978-7-5201-9617-8
定　　价 / 158.00元

读者服务电话：4008918866

陕西蓝皮书编委会

主要编撰者简介

司晓宏　陕西省社会科学院党组书记、院长，教育学博士，二级教授，博士生导师，研究领域为教育学原理和教育管理学。主持完成教育部哲学社会科学重大攻关课题、国家社科基金课题等国家和省部级课题13项，获全国高等学校科学研究成果奖（人文社会科学）、陕西省哲学社会科学优秀成果奖等国家和省部级、厅局级科研奖15项。先后在《教育研究》、*COMPARE*、《光明日报》等刊物上发表学术论文80余篇，独立出版《教育管理学论纲》《面向现实的教育关怀》等专著4部，主编教材5部。2017年获陕西省首批“特支计划”哲学社会科学和文化艺术领域领军人才称号。兼任陕西省社科联副主席、陕西省人民政府督学，第一届教育部高等学校教育学类专业教学指导委员会副主任、第二届委员，中国教育学会教育管理学术委员会常务副理事长、中国教育政策研究院兼职教授、陕西省教育理论研究会会长等。

白宽犁　陕西省社会科学院党组成员、副院长、二级研究员。长期从事宣传思想文化及社会科学研究工作，研究方向为马克思主义中国化、思想政治教育、宣传思想文化、公共管理等。对毛泽东思想及中国特色社会主义理论体系、党的路线方针政策、宏观经济管理、社会治理等进行专题研究。先后在《求是》《人民日报》《光明日报》《陕西日报》《人文杂志》等报纸及学术期刊上发表文章100余篇，编辑出版著作30余部，文章曾被《新华文摘》、中国人民大学复印报刊资料全文转载，《中国社会科学文摘》转载。

主持国家社科基金项目2项，主持省厅级项目20余项。荣获陕西省哲学社会科学优秀成果奖一等奖2项，获陕西省党政领导干部优秀调研成果奖一等奖、二等奖5项。

于宁锴　陕西省社会科学院农村发展研究所所长、副研究员。研究领域为发展经济学。主持和参与各类课题30余项，公开发表论文和研究报告50余篇40余万字。兼任中国农村发展学会理事、当代陕西研究会副会长、陕西省社会学会常务理事、陕西省经济学会理事、陕西省人大常委会“三农”工作咨询专家。

摘　要

《陕西乡村振兴研究报告（2022）》分为总报告、专题篇和案例篇三部分，围绕陕西实施乡村振兴战略的具体路径，从实践经验以及特色案例等方面进行了深入研究。总报告系统总结了陕西巩固拓展脱贫攻坚成果同乡村振兴有效衔接的工作成效与困难挑战，提出了突出规划引领、强化防返贫动态监测帮扶、落实常态化后续扶持以及持续抓好产业就业帮扶等一系列下阶段任务重点；专题篇围绕产业兴旺、生态宜居、乡风文明、治理有效、生活富裕等乡村振兴战略的总要求，对陕西如何创新发展县域农业产业、提升现代农业发展水平、促进城乡融合发展等进行了深入研究，并从巩固提升粮食产能、增加农民收入、建设特色田园乡村、传承提升乡村传统文化等方面进行了专题论述，提出了培育壮大县域农业产业发展主体、提升产业链整体水平、振兴乡村人才队伍等具有针对性、可操作性和前瞻性特点的对策建议；案例篇以陕西在市、县、镇、村实施的乡村振兴具体实践为研究对象，深入探讨了乡村产业持续稳定发展的思路与做法，新型集体经济的内涵与发展对策，新型城镇化建设的路径保障，改善农村人居环境的具体举措，利用多元帮扶力量创新农村产业新业态等现实案例。本报告提出的通过扶持政策创新、体制机制创新、人才队伍创新、工作模式创新、资本助力创新等推进乡村振兴的思路建议，具有较强的现实意义、较大的理论价值，为服务陕西乡村振兴提供了智力支持和决策参考。

关键词： 乡村振兴　农业产业　农村建设　农民增收　陕西省

Abstract

Research Report on Rural Revitalization of Shaanxi (2022), comprising General Report, Special Reports and Case Reports, makes in-depth research on the specific methods to implement the rural rejuvenation initiative in Shaanxi through practical experience and special cases. The General Report systematically summarizes performance and challenges of effectively connecting the efforts to consolidate and expand the achievements of the poverty alleviation campaign with rural rejuvenation in Shaanxi Province and puts forth a series of key tasks next stage, such as highlighting guidance for planning, strengthening dynamic monitoring and assistance preventive from return to poverty, implementing follow-up assistance after normalization and persisting in offering help with employment in industries; the Theses focus on the general requirements of the strategies to rural rejuvenation as to industrial prosperity, pleasant living environment, rural civilization, effective governance and affluent life, make in-depth research on how to put the county's agricultural industry on the path of innovative development, how to improve the development level of modern agriculture and how to expedite urban-rural integrated development, discuss such topics as consolidating and enhancing grain output, increasing farmers' income, constructing characteristic countryside and inheriting and carrying forward rural traditions and culture and bring forth pertinent, operable and prospective strategies to and suggestions for cultivating and expanding the main bodies of agricultural industrial development, elevating the overall level of the industrial chain and rejuvenating the rural talents. The Case Studies target at the specific practice of implementing the rural rejuvenation plan in the cities, counties, towns and villages in Shaanxi, go deep into the thoughts and practice for sustained, steady development of rural industries, the connotation and development strategies of new type collective economy, the protection of the path for new type urbanization drive and the specific measures to improve the rural living environment and study the cases of applying multiple forces to create new rural industries and businesses. The thoughts and suggestions, proposed in this paper to spur on rural rejuvenation through innovations of supporting policies, institutions and mechanisms, talent teams, working modes and capital help, boast a load of practical and theoretical significance, and offer intellectual support and decision references for serving the aim of rural rejuvenation in Shaanxi.

Keywords: Rural Revitalization; Agricultural Industry; Rural Construction; Increasing Farmers' Income; Shaanxi Province

目 录

I 总报告

II 专题篇

Ⅲ　案例篇

皮书数据库阅读使用指南

CONTENTS

I General Report

Ⅱ Special Reports

Ⅲ Case Reports

总报告

General Report

B.1
陕西巩固拓展脱贫攻坚成果同乡村振兴有效衔接的形势与任务

王建鹏　杨　璇*

摘　要： 脱贫摘帽不是终点，而是新生活、新奋斗的起点。打赢脱贫攻坚战、全面建成小康社会后，要进一步巩固拓展脱贫攻坚成果，接续推动脱贫地区发展和乡村全面振兴。本文贯彻落实习近平总书记关于“三农”工作的重要论述，聚焦陕西推进巩固拓展脱贫攻坚成果同乡村振兴有效衔接的实践与探索，深入分析面临的新情况、新问题，提出了突出规划引领指导、强化动态监测帮扶、加快灾后恢复重建、坚持项目建设支撑、坚持补短板抓示范、久久为功抓群众增收的具体对策，在实践层面对陕西 2020～2021 年巩固拓展脱贫攻坚成果同乡村振兴有效衔接工作进行了分析和研究。

* 王建鹏，陕西省乡村振兴局政策法规处副处长，研究方向为“三农”工作与乡村振兴；杨璇，陕西省乡村振兴局政策法规处二级主任科员，研究方向为“三农”工作与乡村振兴。

关键词： 脱贫攻坚　乡村振兴　陕西

习近平总书记多次强调，让人民生活幸福是“国之大者”。脱贫攻坚战取得全面胜利后，巩固拓展脱贫成果成为习近平总书记念兹在兹的大局大势。陕西深入学习习近平总书记关于“三农”工作重要论述和来陕考察重要讲话重要指示精神，全面落实党中央国务院关于巩固拓展脱贫攻坚成果同乡村振兴有效衔接的决策部署，以防返贫动态监测和帮扶为重点，守底线、抓衔接、促振兴，巩固拓展脱贫攻坚成果同乡村振兴有效衔接各项工作扎实推进，努力答好新时代新答卷。

一　巩固拓展脱贫攻坚成果同乡村振兴有效衔接首战之年进展顺利

2021 年，全省上下牢记习近平总书记嘱托，切实增强责任感紧迫感，全力推动责任落实、政策落实、工作落实和成效巩固，陕西巩固拓展脱贫攻坚成果同乡村振兴有效衔接进展顺利、开局良好。

（一）自觉胸怀“国之大者”，主动扛牢政治责任

习近平总书记在各地考察时反复强调，要切实做好巩固拓展脱贫攻坚成果同乡村振兴有效衔接各项工作，让脱贫基础更加稳固、成效更可持续。陕西省委省政府高度重视，多次召开省委常委会会议、省委实施乡村振兴战略领导小组会、省政府常务会传达学习贯彻落实总书记重要讲话，切实提高政治领悟力、政治判断力、政治执行力，增强“四个意识”，坚定“四个自信”，做到“两个维护”，自觉落实“三农”重中之重地位，落实巩固拓展脱贫攻坚成果同乡村振兴有效衔接在当前“三农”工作重中之重的地位，弘扬脱贫攻坚精神，细化政策举措，强化工作落实，扎实推动巩固拓展脱贫攻坚成果同乡村振兴有效衔接。省委省政府主要负责同志、分管负责同志多

次就有效衔接工作召开专题会议，听汇报、作指示、提要求，多次深入脱贫地区一线调研指导工作，研究解决问题。省委农村工作领导小组（省委实施乡村振兴战略领导小组）印发文件，明确省级领导一对一联系巩固拓展脱贫攻坚成果同乡村振兴有效衔接工作任务较重的县区，为全省工作推进奠定基础。陕西省稳岗就业、防返贫动态监测帮扶机制、重点帮扶县扶持、考核评估、干部培训等工作得到国家充分肯定。

（二）深刻认识“两个转向”，推进体制机制平稳过渡

坚持省负总责、市县乡抓落实的工作机制，建立健全有效衔接体制机制，推动工作有力有序发展。一是建立“2531”动态监测帮扶机制。即实行风险摸排网格化、监测预警信息化“两化管理”，做到全程监管、清单交办、精准帮扶、定期通报、绩效考核“五个坚持”，实现早发现、早干预、早帮扶“三个到位”，坚决守住防止规模性返贫“一条底线”，层层压实各级主体责任。二是建立省级领导和部门责任清单落实机制。明确了43名省级领导和50个省级部门责任清单，逐一压实各部门行业主管责任。三是建立工作推进机制。坚持五级书记一起抓，认真落实省负总责、市县乡抓落实领导体制，建立周例会、月碰头会、季调度会、部门联席会等制度，形成了上下联动、分级负责的责任体系。四是建立乡村振兴考核机制。制定乡村振兴战略实绩考核办法，把巩固拓展脱贫攻坚成果作为对市县和省级部门推进乡村振兴战略实绩考核的重要内容，把乡村振兴考核纳入年度目标责任考核，倒逼各地各部门履职尽责、尽锐出战。五是建立督查督办暗访机制。出台督查暗访督办工作实施办法，省级已开展6轮常态化督导核查，实现对全省所有县核查全覆盖。

（三）抓好政策队伍衔接，全面配强帮扶力量

及时稳妥优化调整机构队伍，结合实际研究出台政策措施，确保工作不留空当、政策不留空白。一是稳妥推进机构调整。省、市、县三级扶贫机构如期完成机构重组调整。对省委农办、省农业农村厅、省乡村振兴局三部门

过渡期职责分工进行了明确，形成了农办统筹协调，乡村振兴局具体推进工作机制，实现工作平稳、顺利推进。二是及时跟进政策衔接。对标国家政策体系，研究制定了省有效衔接实施意见，细化出台“两不愁三保障”和饮水安全、产业就业、易地搬迁后续扶持、医疗保障、驻村帮扶、小额信贷等37个配套文件，保持主要帮扶政策稳定，形成了有效衔接政策保障体系。三是全面充实帮扶力量。选优派强8474支驻村工作队、8262名驻村第一书记和17078名工作队员驻村帮扶，以新任职、新轮换干部为重点，培训各类乡村振兴干部42.1万人次。调整安排省级定点帮扶单位589家，中央定点帮扶和苏陕协作全面推进，“万企兴万村”行动深入开展，帮扶合力不断凝聚，帮扶力量不断增强。

（四）强化动态监测帮扶，坚决守住不发生规模性返贫底线

坚持把防返贫动态监测帮扶作为关键抓手，及早发现，精准帮扶，动态清零。一是推行网格化摸排。建立镇、村、组全覆盖的三级网格体系，设置网格员29万名，常态化开展日常排查，每半月对“三类人员”进行排查，每半年开展集中排查。截至2021年11月底，全省纳入监测“三类人员”5.28万户16.08万人，其中脱贫不稳定户1.79万户5.40万人，边缘易致贫户1.79万户5.20万人，突发严重困难户1.71万户5.47万人，均落实了精准帮扶措施，返贫致贫风险得到有效化解。二是实行信息化监测。研发防止返贫监测预警平台，开发农户“一键申报”手机App、“一户一码”和农户信息反馈功能，对全省脱贫人口及“三类人员”实行信息化管理，提高监测预警及时性。三是实行双库清单式交办。建立“信息比对”数据库，根据行业部门筛查预警职责清单，确定医疗报销费用、交通事故赔偿、家庭劳动力变化等预警标准，第一时间对数据筛查比对、综合研判。建立“问题整改”数据库，将各级各类反馈问题纳入问题整改数据库，实行清单式管理，及时交办督办，举一反三，做到见底清零。四是采取双随机抽查核查。横联18个行业部门，每周在各县随机抽取1个村进行抽查，定期在各市随机抽取1个县的1个样本村全面解剖，发现问题，整改提升。五是推进双通报督导考核。实行“周统计，

月通报，季调度、半年小结、年度总结”工作机制，省级每月对各市县、各行业部门基础指标、工作亮点、存在的问题及风险排查进行通报，连续两个月被通报表扬或批评的，平时考核中予以加分或扣分；连续两个季度工作被表扬或批评的，在年终考核结果中予以体现。

（五）积极应对洪涝灾情，避免出现因灾因疫返贫致贫

2021年陕西遭遇1961年以来最严重暴雨洪涝灾害，灾情发生后，陕西省委省政府主要领导及时召开省委常委会、省政府常务会、专题会，传达批示指示精神，安排部署、迅速组织防范因灾返贫各项工作。一是坚持抓早动快。及时召开专题会议，安排部署防范因灾返贫工作，第一时间印发通知，要求各地各有关部门全力做好灾情预警监测帮扶、因灾返贫致贫风险防范化解工作。二是实行专班调度。成立灾情应对调度专班，汛情严重期间实行“日监测、日研判、日调度”，赴受灾严重的洛南县等县区开展4轮次核灾查灾，及时分析研判灾情，统筹调度应对，因灾已纳入监测“三类人员”7343户2.39万人。三是强化政策保障。制定出台《防止因灾因疫返贫致贫十六条政策措施》，落实安全住房、安全饮水、临时救助等针对性帮扶措施，国家追加2.3亿元专项衔接资金，省级追加1.8亿元，允许受灾县区调整衔接资金支出结构，优先用于因灾防返贫工作。四是做到精准帮扶。对受灾地区进行全面排查，分类建立台账，采取“一事一策”“一户一策”方式，扎实推进灾后重建。截至2021年11月底，道路损毁的3999个村中已恢复3479个，供水管网受损的2021个村中已恢复2012个，唯一住房受损的19643户农户中已完成帮扶11829户，正在帮扶7814户，完成产业帮扶20.58万户，就业帮扶2576人，返贫致贫风险得到有效控制。

（六）扎实做好夯基固本工作，持续巩固提升脱贫成效

严格落实“四个不摘”要求，持续查漏补缺、补短强弱，全力巩固拓展脱贫攻坚成果。一是持续提升“两不愁三保障”和饮水安全保障水平。紧盯“两不愁三保障”和饮水安全核心指标，深入开展到村“六查”入户

“六问”、饮水安全“敲门入户”大排查等专项行动，及时补短板、强弱项、促提升；落实行业主管责任，压实控辍保学“七长责任制”，稳妥推进医保政策平稳过渡，动员农户积极参保，加快推进危房改造和洪涝灾害损毁房屋修缮重建，持续解决因灾损毁饮水设施、饮水管网和季节性缺水问题，全面落实农村低保、临时救助、残疾人补贴等兜底措施，保障水平得到有效巩固提升。二是持续强化产业扶持。推动脱贫地区“3＋X”特色产业规模化、标准化、品牌化发展，依托本地资源积极打造特色优势和劳动密集型产业，推进果业提质增效、畜牧业规模扩张、设施农业转型升级，建成柞水（木耳）、富平（奶山羊）等12个特色农产品优势区，新增2个国家级产业集群（猕猴桃、茶业），培育食用菌、茯茶等50多个农业优势特色产品。由支持以到村到户产业为主逐步转向以到乡到村到户为主，促进一二三产业融合发展，不断延长产业链条，构建紧密的利益联结机制，将脱贫群众镶嵌在产业链条上，让脱贫群众能更多分享产业链增值收益。持续开展农产品品牌营销活动，提高市场竞争力和抗风险能力。投放小额信贷35.1亿元，带动7.68万户脱贫户发展产业。三是持续推进稳岗就业。实行就业实名制台账管理，推动人岗对接，做好就业服务保障，加大有组织的劳务输出力度，脱贫劳动力就业达214.25万人，稳定超过上年。在涉农项目建设和管护中更多地采取以工代赈的方式，设置公益性岗位21.26万个，就近优先吸纳脱贫人口和低收入人口务工。加强就业技能培训，加大区域劳务品牌推广培育力度，不断提高脱贫人口中技能劳动力占比，提高脱贫劳动力市场竞争力和议价能力。四是持续强化易地搬迁后续扶持。持续提升搬迁安置区基础设施水平和公共服务能力，发放银行贷款94.7亿元支持294个安置点后续扶持项目建设。大力推广“山上兴产业，山下建社区，社区办工厂”的好经验，发展配套特色产业，建好用好社区工厂，做好企业扩容提质增加就业机会，确保有意愿的搬迁户有产业、能就业。建强搬迁社区基层党组织，启动向规模较大的搬迁社区单独选派驻村第一书记和工作队，加强安置社区基层治理。大力推广“居住簿”制度，为搬迁群众就近提供管理事项“一站式”服务，丰富搬迁社区文化生活，强化社区环境整治，促进搬迁群众社会融入。

（七）全面加大投入保障力度，推进脱贫地区接续发展

一是持续加大资金保障力度。严格执行资金使用“负面清单”，落实资金项目按期办结制度，简化资金报账和兑付程序，不断提升资金使用效益。截至2021年11月底，全省计划实施的22807个项目，已开工99.78%；到县的145.59亿元衔接资金，已支出94.46%。二是强化扶贫项目资产管理。完成确权1278.33亿元，占97.27%。对公益性资产，加强管理维护，建立健全管护制度，落实管护责任，确保持续发挥作用。对经营性资产，加强运营管理，明晰产权关系，规范收益分配及处置，重点用于项目运行管护、村级公益事业、巩固拓展脱贫攻坚成果等，防止资产流失和被侵占。对确权到农户或其他经营主体的扶贫资产，依法维护财产权利，由其自主管理和运营。三是集中力量资源支持重点帮扶县。在国家确定11个重点帮扶县的基础上，统筹考虑脱贫人口基数、县域农业经济发展、自然资源禀赋等情况确定了15个省级重点帮扶县，出台支持乡村振兴重点帮扶县的实施意见，在资金、项目、土地等方面进行集中支持，各类新政策、新举措先试先行。

（八）突出抓好重点工作，全力推动乡村振兴提质增效

一是大力推进乡村建设。坚持把公共基础设施建设重点放在农村，完善水、电、路、信、房及教育、医疗、养老公共设施，城乡公共服务均等化、一体化水平有效提升。推进农村人居环境整治提升五年行动，组织农村户厕改造提升和问题摸排整改，全省农村卫生户厕普及率达73.3%。持续开展村庄清洁行动，农村84.95%的自然村生活垃圾得到有效治理，29%的生活污水得到有效治理。二是持续推进乡村治理，不断健全自治、法治、德治相结合的乡村治理体系，积极引入“清单制”“积分制”乡村治理模式，落实村级“四议两公开”和“小微权力”清单制度，推广“群众说事、法官说法”等做法，3个镇32个村被认定为全国第二批乡村治理示范镇、示范村。留坝县“发展村级扶贫社壮大集体经济提升治理能力”典型案例入选全国

第三批乡村治理典型案例。三是持续推进农村社会事业。开展县乡村公共服务一体化试点示范，探索制定公共服务一体化地方标准、体制机制和政策体系，不断提升医疗、教育、文化、社区养老等公共服务水平。四是统筹推进抓点示范。全面总结各地经验做法，研究制定工作方案，协调各方面加大帮扶力度，围绕产业就业、乡村治理、农村人居环境整治等，培育选树一批可学习、可借鉴、可推广的示范点。实施乡村振兴“十百千”示范工程，扎实建设12个乡村振兴示范县、100个乡村振兴样板镇、1000个乡村振兴示范村，以点带面推动全省工作。

二 陕西巩固拓展脱贫攻坚成果同乡村振兴有效衔接面临的困难和挑战

陕西巩固拓展脱贫攻坚成果同乡村振兴有效衔接工作取得了一定进展。但当前还面临一些亟待解决的困难和挑战。

（一）稳定脱贫基础不够牢固

脱贫产业“弱、小、散”问题还没有根本解决，龙头企业等经营主体带动能力有待提升，很多脱贫户仍以家庭为单位发展产业，抵御自然灾害、市场波动等风险的能力比较弱。就业稳定性不够高，在县内务工的近百万脱贫劳动力很多打零工打短工，工作稳定性和收入稳定性不高。收入水平还不够高，2021年前三季度，全省脱贫群众人均纯收入为9095元，比同期全省农村居民人均可支配收入（11070元）低17.8%，比同期全国农村居民人均可支配收入（13726元）低33.7%。

（二）灾害影响短时间难以消除

2021年严重洪涝地质灾害导致全省43个脱贫县受灾，其中11个国家乡村振兴重点帮扶县中的10个受灾，15个省级乡村振兴重点帮扶县中的9个受灾，涉及2600多个脱贫村近30万脱贫人口，道路、饮水设施和住房损毁严重，灾后重建时间紧、任务重。虽然已经投入大量资金，但损毁道路完全修复、倒塌房屋进行重建等还需要一定时间。

（三）重点帮扶县发展基础尚显薄弱

陕西省乡村振兴重点帮扶县普遍立地条件不好，自然环境恶劣，人均耕地面积少，自我发展能力弱，经济社会发展总体相对滞后。26 个重点帮扶县，2020 年国民生产总值 2908.54 亿元，[①] 仅占全省的 11.1%；却有脱贫人口 189.81 万，占全省总数的 40.78%，巩固成果防返贫任务重、压力大。

三　全面推进巩固拓展脱贫攻坚成果同乡村振兴有效衔接的对策建议

学习贯彻习近平总书记关于“三农”工作的重要论述和来陕重要讲话重要指示精神，将巩固拓展脱贫攻坚成果、防止规模性返贫作为首要政治任务，严格落实“四个不摘”要求，全面推动从以解决建档立卡贫困人口“两不愁三保障”为重点转向实现乡村产业兴旺、生态宜居、乡风文明、治理有效、生活富裕，从集中资源支持脱贫攻坚转向巩固拓展脱贫攻坚成果和全面推进乡村振兴。

（一）突出规划引领指导

以全省“十四五”规划为指导，编制巩固拓展脱贫攻坚成果同乡村振兴有效衔接规划，推进巩固成果、乡村建设、乡村治理、农村社会事业等专项规划实施，推动各项工作有序展开。制定出台五年行动方案，设置年度目标，逐项推进工作，确保到 2025 年实现既定目标任务。建立乡村振兴专家库，集思广益，因地制宜，高水平谋划乡村建设、人居环境整治、基层治理和抓点示范等工作。

① 《陕西统计年鉴（2021）》。

（二）强化动态监测帮扶

全面落实“2531”动态监测帮扶机制，坚持周统计、月通报、季调度、半年小结、年度总结，综合运用网格化、信息化手段，全面发挥信息平台和基层网格员作用，实行“一户一码”“一键报送”，全方位跟踪掌握“两不愁三保障”和饮水安全情况，及时发现返贫致贫风险。用好“信息比对库”“问题整改库”，打通上下左右隔膜，实现数据信息共享，早发现早干预早帮扶，确保不出现规模性返贫。

（三）加快灾后恢复重建

认真落实防止因灾因疫返贫致贫十六条政策措施，用好涉农整合及有效衔接资金，优先保障灾后重建需求。加快灾后重建进度，尽快恢复各类水毁设施，巩固“两不愁三保障”和饮水安全成果，核心指标上不能出问题。持续关注受灾群众生产生活情况，精准有效落实救助帮扶措施，全面消除因灾返贫风险。

（四）坚持项目建设支撑

提高项目库建设质量水平，围绕巩固成果、乡村建设、乡村治理、农村社会事业等谋划项目，做到建设一批、储备一批、谋划一批，加快资金拨付和项目建设进度，不断提高资金使用绩效。对标国家部委的支持重点设计谋划项目，争取国家更多补短板项目资金支持。在项目管理费方面，结合实际进行探索创新。

（五）坚持补短板抓示范

坚持抓两头、带中间，培树典型、以点带面，全面推进乡村振兴。全力推进重点帮扶县工作，充分落实项目、资金、土地等方面政策倾斜支持，各类新政策新举措在重点县先试先行。打造一批示范县、示范点，协调各方面加大帮扶力度，大力培育选树郝家桥、金米村、蒋家坪村、锦屏社区等一批行业性、区域性示范点，努力把郝家桥村建设成乡村振兴的楷模。推进非贫困村均衡发展，将符合条件的建设项目纳入项目库，统一安排支持，补齐短板弱项。

（六）久久为功抓群众增收

优化县域营商环境，激发县域经济发展活力，依托本地资源，积极打造特色优势和劳动密集型产业，促进一二三产业融合发展，不断延长产业链条，构建紧密的利益联结机制，通过发展产业带动群众增收，提高生产经营性收入在脱贫地区农民收入中的占比。做好稳岗就业工作，实行就业实名制台账管理，加强就业技能培训，加快培育劳务品牌，做好就业服务保障，搞好有组织劳务输出，合理设置公益岗位，推进就地就近就业。壮大新型农村集体经济，增强村集体经济实力，激发农村资源要素活力。做好易地搬迁安置点产业就业配套，确保搬迁群众有收入、稳得住。

专 题 篇

Special Reports

B.2
陕西巩固提升粮食产能措施研究

陕西省社会科学院课题组*

摘　要： 陕西粮食连年丰收，总产量已多年稳定在1200万吨以上，但粮食安全仍不容忽视。面对耕地和播种面积减少、耕地质量不高、农业基础设施薄弱、农业新技术推广不足、粮食生产主体规模偏小等问题，需要采取严格保护耕地、提升耕地质量、加快农业新技术推广、提高应对自然灾害能力、完善生产经营服务体系、加强应急体系建设、减少各环节损失浪费等措施，巩固提升粮食产能，增强粮食安全保障能力。

关键词： 粮食安全　粮食产能　陕西省

* 课题组组长：于宁锴，陕西省社会科学院农村发展研究所所长，研究方向为农村发展。主要成员：赖作莲，陕西省社会科学院农村发展研究所副研究员，研究方向为农业经济；智敏，陕西省社会科学院农村发展研究所助理研究员，研究方向为农业经济；刘静，陕西省社会科学院农村发展研究所讲师，研究方向为产业经济。

截至2020年，陕西粮食生产实现了“十七连丰”，总产量达1275万吨，并已多年维持在1200万吨以上。但是，同时，陕西粮食生产也面临耕地和播种面积减少、耕地质量不高、农业基础设施薄弱、农业新技术推广不足、粮食生产主体规模偏小等问题。为进一步巩固提升粮食产能，增强陕西省粮食安全保障能力，需要针对目前存在的问题，多措并举加以解决。

一　陕西粮食生产现状与特征

粮食产能是指粮食的潜在产出能力，与粮食产量概念有所不同，其受制于多种因素，如粮食播种面积、化肥施用量、受灾面积、有效灌溉面积、农业机械总动力、农业生产资料价格、农业科技研发投入等。陕西在多年实施“藏粮于地、藏粮于技”战略之后，粮食产能基本趋于稳定。

（一）粮食产量在波动中实现稳步增长

对全省2001～2020年20年间的粮食产量数据进行分析，总体来看，粮食产量呈现波动稳步增长的态势。从图1可以发现，陕西的粮食生产变动大致可以分为三个阶段。第一阶段为2001～2012年，该阶段除2003年外，总体呈增长趋势，粮食产量由976.6万吨上涨到1255.9万吨，年均增长2.31%。第二阶段为2013～2017年，该阶段呈现震荡趋势，2014年为1183.5万吨，2016年达到1264.0万吨，2017年又降为1194.2万吨。第三阶段为2018～2020年，这一阶段呈现缓慢增长的趋势，粮食产量由1226.3万吨上涨到1274.8万吨，年均增长1.96%。2020年，全省统筹推进新冠肺炎疫情防控和农业生产，粮食总产量创1998年以来新高，达到1274.8万吨，比2019年增长了3.6%，增速同比提高了3.2个百分点。样本期间，各年的夏粮产量基本保持稳定，每两年的变化幅度基本保持在50万吨以内。而秋粮产量则呈现稳定增长的态势，从2001年的543.9万吨增长到2020年的821.3万吨，年均增速为2.19%。

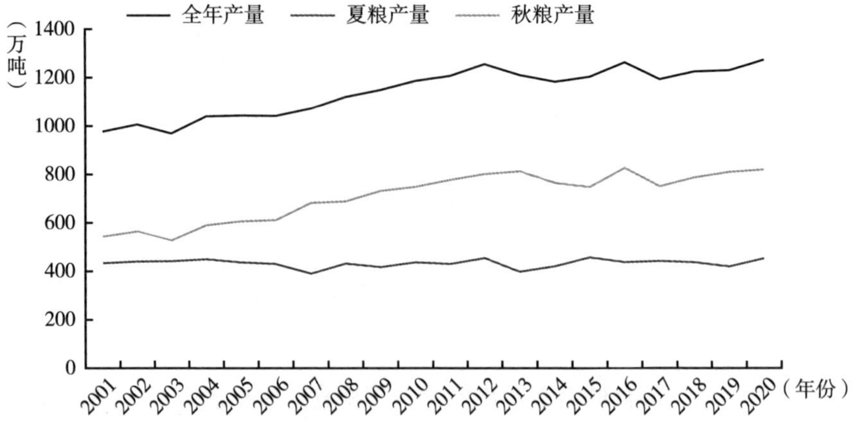

图 1　2001～2020 年陕西粮食产量

资料来源：各年《陕西统计年鉴》。

（二）耕地和播种面积不断减少

随着新型城镇化进程的不断加快，城市建设用地规模不断扩展，再加上从 1999 年开始的退耕还林工程，全省耕地面积和播种面积不断减少。从图 2 可以看出，20 年来陕西粮食播种面积在波动中总体呈现下降的趋势。在耕地面积和播种面积不断减少的背景下，陕西的粮食产量能够实现稳步增长得益于农业科技的应用、机械化水平的提高和农业从业人员素质的提升等因素。

（三）粮食亩产逐年增加

“十三五”期间，在粮食播种面积减少 17.9 千公顷的背景下，全省粮食单产每公顷增加 257.5 公斤，总产量实现 70.1 万吨的增量。从图 3 可以看出，2001～2020 年，陕西粮食亩产从 185.1 公斤增长到 283.2 公斤，无论是夏粮还是秋粮，都呈现稳步上升的趋势，其中秋粮的亩产增长稍快于夏粮的亩产增长。

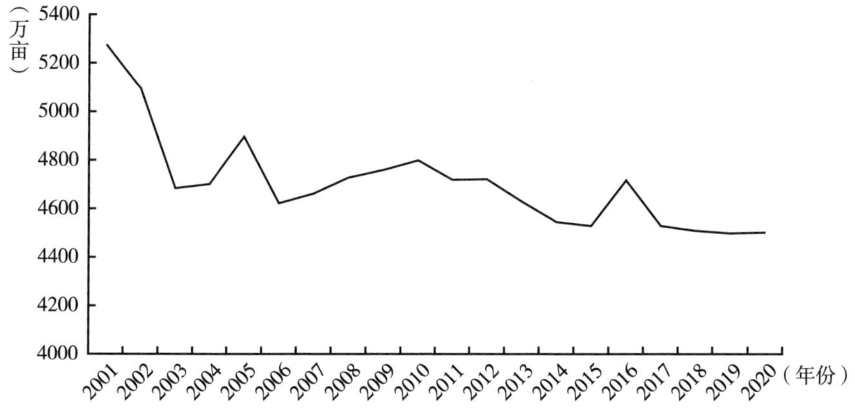

图 2　2001～2020 年陕西粮食播种面积

资料来源：各年《陕西统计年鉴》。

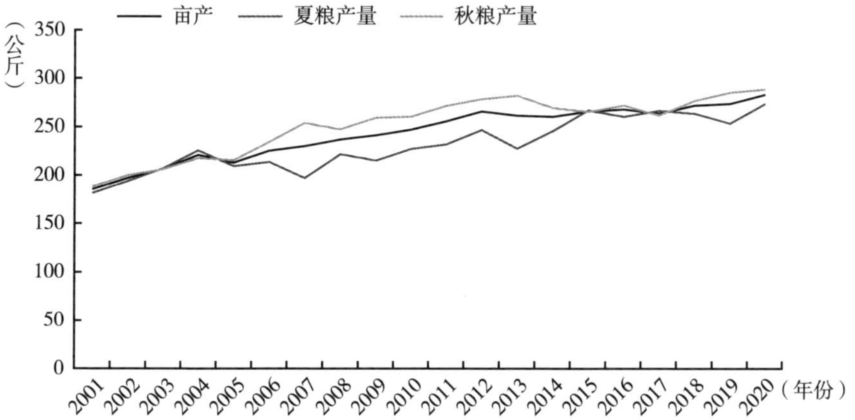

图 3　2001～2020 年陕西粮食亩产情况

资料来源：各年《陕西统计年鉴》。

（四）粮食结构基本稳定

玉米、小麦和水稻是陕西的三大粮食作物。玉米作为第一大粮食作物品种，产量占全省粮食产量的四成左右。在以“密品种、缓释肥、覆厚膜、机械化”为特征的玉米增密度单产提高技术的推广应用下，2020 年，玉米单产实现 5258.1 公斤/公顷，与 2015 年相比提高了 11.4%。“十三五”期间，除 2019 年外，陕西小麦年产量基本保持在 400 万吨左右。2019 年陕西小麦产量下降至 382 万吨的原因在于，前一年关中雨水天气偏多，农田积水情况严重，排水和晒田时间不足造成小麦播种面积减少。2020 年，得益于生长期天气情况和土壤质量有利于小麦种植，产量实现增长，达到 413.3 万吨，2020 年为“十三五”期间的高产年份。陕西的稻谷产量和豆类产量基本保持稳定，稻谷基本保持 105 千公顷的播种面积，单产 7600 公斤/公顷左右，总产量稳定在 80 万吨以上。豆类的播种面积基本保持在 188 千公顷，单产 1500 公斤/公顷左右，总产量稳定在 28 万吨以上。

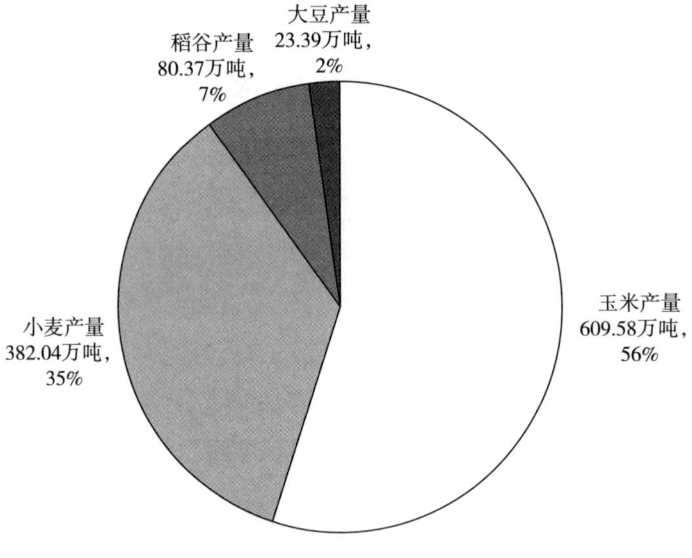

图 4　2019 年陕西粮食生产结构

资料来源：各年《陕西统计年鉴》。

（五）粮食良种选育提供强大支撑

良种是粮食稳产、增产和丰收的关键支撑，我国良种对粮食增产的贡献

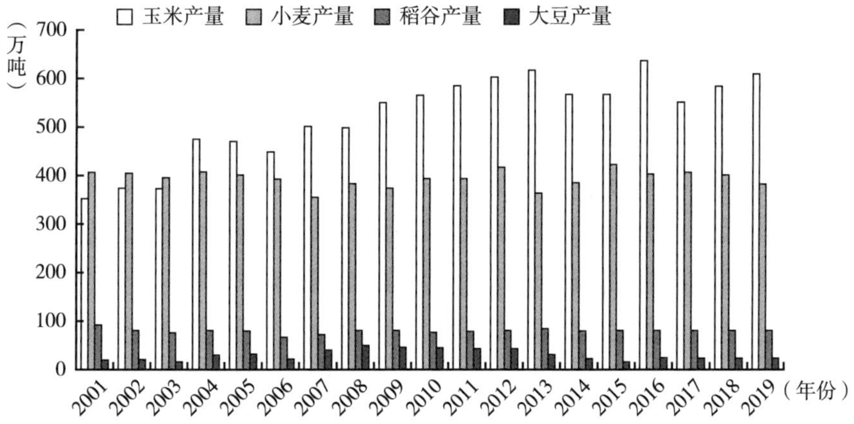

图5　2001～2019年分类粮食产量

资料来源：各年《陕西统计年鉴》。

率达到了45%。[①] 在全省深入落实“藏粮于技”的战略背景下，依托杨凌——首个国家级农业高新技术产业示范区，充分发挥9个作物育种国家重点学科、25个省部级重点学科、66个省部级以上科研平台和1000名左右生物遗传育种研究工作人员的优势和带动作用，投资建设了杨凌种子产业园、国家（杨凌）旱区植物品种权交易中心、2000亩农作物新品种中试（展示）基地和杨凌种业创新中心，积极开展品种选育，加速科研成果的转化。同时，依托具体科研项目，推动科研机构与种子企业组建商业化育种联合体，共同开展良种的培育、生产和推广。选育出小麦品种种植面积最高纪录的“碧蚂1号”和玉米产量全国最高纪录的“陕单609”。2020年，全省有7个小麦新品种和3个玉米新品种通过国家审定，115个作物新品种通过省级审定。

（六）积极推进化肥农药减量增效

“十三五”以来，陕西大力倡导绿色植保理念，加强农业面源污染治

① 农业农村部官网。

理，积极推进化学农药减量工作，化肥农药使用结构呈现化肥和农药用量“双降”（见表1）、有机肥和生物农药用量“双增”的特征，2020年全省化肥、农药使用量比2015年下降了近10%。以专业合作社和种植大户为依托，通过项目补贴，带动农民购买和使用有机肥，为确保农业生态环境安全、生产安全和农产品质量安全提供保障。

表1　2012～2019年陕西农用化肥施用量

单位：吨

年份	陕西农用化肥施用折纯量
2012	2398048
2013	2417343
2014	2301891
2015	2319460
2016	2330545
2017	2321487
2018	2296427
2019	2025193

资料来源：各年《陕西统计年鉴》。

二　陕西粮食生产面临的问题

陕西粮食生产在取得连续多年丰收的同时，面临制约粮食产能巩固提升的问题，如土地和水资源短缺、农业基础设施薄弱、粮食生产效益不高、种植规模化程度偏低等。

（一）农业资源对粮食生产的约束加剧

随着城镇化进程的不断推进，农业土地资源和水资源不断被占用和挤压，对农业尤其是粮食生产的约束加剧。近年来，通过落实最严格的耕地保护政策，全省耕地面积快速下降的趋势得到遏制。但陕西粮食生产仍面临耕地后备资源不足、耕地质量不高和灌溉用水供给偏紧等问题。耕地后备资源不足，粮食复种指数偏高，陕西的复种指数为140%，远远高于62%的世界平均复种指数。参照原国土资源部对耕地质量的等级划分标准，陕西中等和低等地面积占到全省耕地总面积的八成左右，耕地质量显著偏低，中低产田改良的空间很大，水田、水浇地占比偏低，旱地占比高，都制约了粮食生产发展。

（二）农业基础设施薄弱

农业基础设施相对薄弱，仍存在设施落后、老化陈旧和维护缺失的问题，对粮食生产提供持续保障和促进作用难度较大，也影响了抵御自然灾害能力的提高，尤其是近年来旱涝灾害频发，对粮食生产的影响程度更大，加快推动农业基础设施提档升级的需求更加迫切。同时，粮食仓储的物流基础设施相对薄弱，面临着物流渠道单一、应对突发事件的能力较弱、物流服务水平有待提高等问题。此外，非生产性农业基础设施是农村劳动力再生产的必要保障。例如，乡村住宅、乡村医院、村办学校、文化娱乐场馆等农业公共服务机构的缺失从社会服务层面影响了粮食生产者的生活水平，无法长期巩固提升粮食生产活动的生产效率。

（三）粮食生产效益偏低影响农民种粮积极性

随着城镇化进程的加快，城市的“虹吸效应”逐步显现，带来大量的农村人口流失，青壮年劳动力向二、三产业聚集，务农结构趋向于老龄化，粮食生产面临谁来发展和如何持续经营的“双重难题”。一方面，“谁来种地”的问题成为粮食生产积极性的绊脚石。另一方面，“谁来经营”的问题制约粮食生产的可持续良性发展。同时，农业生产资料价格不断上涨，造成粮食生产成本增长快于收益增长的速度，种粮的收益远远低于经济作物，更低于外出打工的收入，只靠种植粮食已经不能维持农户的正常生活消费。虽然财政连续多年给予种粮补贴，但仍难以抵消物价上涨带来的压力，极大地影响了农户种粮的积极性。

（四）粮食生产的规模化经营程度偏低

粮食生产以小农户分散经营为主，受种植规模、资金和自身素质的影响，粮食种植易停留在传统的耕作方式上，机械化水平和生产技术的应用水平有限，生产成本相对较高。粮食生产的现代化程度不高，又进一步制约了农业生产的规模化与集约化，难以提升粮食生产的综合能力，即影响粮食安全技术链、产业链、生产链、价值链的全面构建。同时，部分农民种粮食的目的主要是解决口粮问题，粮食生产商品化程度不高，制约了粮食的规模化生产经营，也影响了农民的种植收益。已有粮食生产土地流转中存在农户与农户、农户与合作社之间合同内容不全面、程序不规范等问题，导致双方责任不明确，再加上农民的契约意识有限，容易产生合同纠纷。

三　巩固提升陕西粮食产能的对策措施

针对已有问题，为进一步保障粮食安全、巩固提升陕西粮食产能，还需要采取以下一些措施。

（一）切实做好耕地保护，提升粮食生产利用率

伴随快速城市化进程，工业用地、城镇住宅及公用基础设施用地不断扩张，导致耕地面积减少。为严格保护耕地，一方面要加快转变城市发展方式，抑制城镇土地扩张冲动，提升土地开发强度，提高土地“亩均效益”；另一方面要强化土地用途监管，防止耕地“非农化”“非粮化”。这其中要特别注意农村集体土地所有权“虚置”问题。土地用途监管不仅是国土执法部门的事，作为农村集体土地资产所有权管理者的村集体组织也要担负相应的监管责任。现在，一些地方土地承包权流转甚至抛开村集体组织，使农村集体土地所有权成了真空地带，导致土地用途监管落不到实处。当然，要使村集体组织担负土地用途监管责任，还要建立一定的激励机制，使其有动力去做，这一问题在农村税费改革后并未得到很好的解决。

（二）加快提高耕地质量，构建粮食生产价值链

由于人多地少，为了多打粮食，精耕细作，复种指数过高，化肥农药施

用量过多，地力开发强度过大，导致土壤有机质含量不足、病虫害多发、耕地质量下降。还有一些地方为了实现城市土地占补平衡，采用占优补劣的办法，导致耕地总体质量不高。为此，一方面要加快高标准农田建设，增施有机肥，增加土壤有机质含量。加强农田水利建设，增加耕地灌溉面积。另一方面要鼓励发展以粮食为主导产业的一二三产业融合产业，充分开发农业经济、生态、文化、艺术等多种功能，发展粮食产品加工业、创意农业、休闲农业等，延长粮食产业链，提升粮食价值链，使种粮农民有利可图。

（三）推动粮食适度规模经营，提高粮食生产效益

经营规模较小是粮食生产比较效益低的重要原因，比较效益低又容易引发撂荒和非粮化。只有具备一定规模，粮食生产效益才能显现。对粮食类家庭农场的调研发现，适度规模经营不仅具有规模优势，而且在亩均产量和亩均效益上也占优势。为此，一方面要推动多种形式的粮食生产适度规模经营，鼓励和引导粮食类新型经营主体采取土地流转、土地股份合作、联耕联种、代耕代种、土地托管等多种形式推动土地适度规模经营。加强基层政府的统筹协调，对个别影响粮食规模经营的农户，鼓励采取换地、合理补偿的办法协商解决，推动土地连片经营。鼓励和支持种植大户、家庭农场、合作社种植撂荒地。另一方面要加强土地流转价格调控。土地流转价格上涨增加了粮食规模生产成本。在坚持土地流转价格由市场决定的前提下，根据土地的区位、土壤肥力状况、土地产出等确立基准土地租金，对于明显高于基准租金的，政府对粮食生产经营者予以适当补贴。同时，防止出现“租金过高—补贴—租金进一步上涨”的恶性循环。

（四）积极推广农业新品种新技术，占领粮食种业制高点

陕西省拥有杨凌农业高新技术产业示范区的独特科技优势，要加快农业新产品新技术的研发和推广应用。一方面要继续加强粮食新品种的研发推广。粮食优良品种在粮食增产中发挥了巨大作用，过去提升粮食单产，除了化肥的作用，主要还是靠新品种的采用。要充分利用陕西省在农业科研方面

的优势，在粮食种业创新中占领制高点。另一方面要加强对新技术推广采用的政策扶持。在实践中，因为采用新技术需要有一定的规模效应才划算，而以家庭为主的粮食种植经营主体规模普遍偏小，导致新技术采用不足。为此，要加快农业社会化服务体系建设，加大对采用新技术的政策支持力度，使新技术能得到较快和较大范围的采用。

（五）提高粮食生产抗灾减灾能力，减少粮农受灾损失

陕西省属于自然灾害多发地区，近几年来，受气候变化影响，霜冻、冰雹、干旱、强降水等极端天气天数明显增多，对粮食生产造成不小的压力。2021 年入秋以来，陕西多地持续降雨，降水量比往年明显增多，导致部分农田积水严重，土壤湿度过大，对正常的秋收秋播进度产生很大影响。为此，应加强农业生产防灾减灾技术的推广应用，以及农业保险等制度保障，避免粮农生产积极性受损。一方面，在农业生产防灾减灾技术的推广应用中，要加大粮食科学化管理的技术支持与资金投入，借助陕西省农业科技优势，运用大数据、智能化完善粮食仓储数字化管理。另一方面，加大农业保险等制度保障。扩充保险服务的覆盖领域，将极端天气、疫情灾害与不可抗力的影响因素纳入粮食生产的保险范畴，满足种粮户多元化保险需求。

（六）完善粮食深加工产业，建立粮食生产经营服务体系

粮食作物相对于经济作物，单位面积经济效益较低，因此，要鼓励种植大户、家庭农场、农民专业合作社、龙头企业等新型经营主体通过土地流转、托管等方式适度扩大粮食种植规模，并且进行粮食精细加工，提高粮食产品附加值，提升种粮效益。政府可对带动能力强、生产效益好的粮食生产新型经营主体，实施“以奖代补”等办法，激励其扩大生产规模，提高经济效益。例如，推进粮食生产副产品加工生产，形成粮食食品生产、粮食饲料生产、特色粮食加工、粮食精细化生产、粮食项目园区建设的深加工生产服务体系。同时，要落实已有的生产补贴政策。统筹规划粮食补贴的种类、范畴、技术规模等，逐步优化粮食补贴方式、提高标准，提高粮食补贴服务效率和精准性。

（七）做好生产金融技术服务，满足粮食生产经营者多样需求

做好生产服务。鼓励社会化服务组织开展粮食生产全过程服务。工商部门要为粮食类生产经营主体推进一二三产业融合发展、申报食品安全生产许可证（QS 认证）提供支持和服务。做好金融服务。建立健全符合新型农业经营主体特点的信用评价体系；适当降低粮食类新型农业经营主体贷款门槛；量身定制金融产品，重点开发土地承包经营权、农机具抵押贷款，以及订单、仓单、保单、应收账款等质押贷款和自助可循环流动资金贷款，满足新型经营主体多层次的融资需求；通过互相联保、引入风险补偿基金等方式，加大小额免抵押信贷产品的投放力度。同时，积极争取在粮食主产县实施小麦、玉米、稻谷三大粮食作物完全成本保险和收入保险试点。做好技术推广服务。为粮食类新型农业经营主体派遣科技特派员，提供“一对一”的跟踪服务，特别是对处于起步阶段的经营主体，要提供保姆式全天候的个性化服务。各级农业科技部门推广试用粮食生产新品种、新技术、新材料、新机具，要优先选择在粮食规模化经营者中进行，并确定专门技术人员对口指导。

（八）加强粮食仓储建设，提高粮食市场应急能力

我国粮食生产始终处于紧平衡状态，粮食市场稍有风吹草动，都会影响到粮食生产。因此，应加强粮食仓储建设，增强应对粮食价格波动风险和极端事件如疫情、自然灾害等导致的暂时粮食供给短缺风险能力。应建立“省级监督、市级主体、县级辅助”的系统化成品粮储备体系，提高粮食生产的综合储备能力。同时，要做好粮仓精细化管理，减少仓储损失。政府有关部门要加强对储备粮的监管，避免出现粮仓“硕鼠”现象。全省各地区应进一步细化《粮食储备专项管理办法》，规范控制粮仓建设的审批制度及单仓价格，逐步将粮仓建设市场化，形成现代化粮食仓储物流建设体系，推进以西安为枢纽的粮食仓储基地建设，增强全省对粮食市场安全的宏观应急调控能力。

（九）减少各环节粮食浪费，改变群众膳食习惯

粮食在生产、运输、仓储、消费各个环节都有不同程度的浪费，联合国粮农组织发布的《2019世界粮食及农业状况》报告显示，全球将近14%的粮食在供应链环节产生损失，主要表现在生产流通、仓储管理、技术加工、零售消费几个环节。为此，一方面要加大对节约粮食的宣传，制定相应政策或管理措施，减少粮食浪费。例如，在粮食生产流通环节，完善粮食生产运输的智能化流程，将数字技术引入粮食产业链，防止季节性霉变或淡旺季转换形成的粮食资源错配。另一方面要加强对健康饮食观念的科普宣传，改变百姓膳食结构，增加蔬菜、水果等食物消费，控制米面等主食产品的消费量。此外，逐步推行土豆主粮化战略，将土豆制作成百姓日常生活食用的“主食”，减少对粮食生产主要作物的单一依赖，并调整现代社会群众膳食“精细化、高热量”的饮食习惯。

粮食安全事关国计民生，习近平总书记指出，“确保重要农产品特别是粮食供给，是实施乡村振兴战略的首要任务”。并且要求“要扛稳粮食安全这个重任”。陕西粮食产量在全国来说虽然不大，但也要自觉扛起这个政治重任，落实好粮食安全省长责任制，巩固提升粮食产能，为谱写陕西高质量发展新篇章打好坚实的农业基础。

参考文献

靳璐岩：《抓好粮食生产 端牢中国饭碗——陕西粮食生产形势分析》，http：//snzd.stats.gov.cn/index.aspx？menuid=4&type=articleinfo&lanmuid=18&infoid=3888&language=cn，最后检索时间：2021年9月27日。

于法稳、黄鑫：《保障我国粮食生产综合能力的对策研究》，《中国国情国力》2020年第5期。

武丹：《陕西省近20年粮食产量变化及预测研究》，《河南农业》2020年第26期。

宋喜芳、姚海荣、张小飞：《陕西省粮食产量影响因素的灰色关联分析——基于面

板数据的实证研究》，《中国农学通报》2020 年第 28 期。

邢学勤：《夏秋两季双增长，粮食安全有保障——2020 年陕西粮食生产分析》，http：//snzd. stats. gov. cn/index. aspx？ menuid = 4&type = articleinfo&lanmuid = 18&infoid = 3889&language = cn，最后检索时间：2021 年 9 月 27 日。

B.3

陕西增加农村居民收入路径研究*

陕西省社会科学院课题组**

摘　要： “十四五”期间，陕西开启全面建设社会主义现代化新征程，增加农村居民收入面临新的困难和挑战，突出表现为：城乡居民收入差距水平始终高于全国水平，实现“十四五”目标任务艰巨；后疫情时代外部环境发展剧烈变化，经济增速放缓影响农村居民收入持续增加；劳动力数量紧缺且整体素质偏低，收入增长后劲不足；财政支持“三农”发展力度相对不足，支撑农民持续增收的保障措施亟待深化。为此，要坚持产业结构与就业结构协调发展、构建合理收入分配格局、改善农民增收外部环境和财政资金与社会帮扶统筹发展的基本思路，在壮大主导产业、推进园区提档、鼓励就业创业、发展集体经济、深推灾害保险等方面重点发力，把促进农民增收放在更为重要的战略地位，促进农民共同富裕。

关键词： 农村居民　增收　陕西省

---

* 国家社科基金项目“西部地区农村脱贫人口可持续生计研究”（立项号：17BRK003）和陕西经济社会发展重大研究课题“增加居民（特别是农村居民）收入路径研究”（立项号：21SXZD03）的阶段性成果。

** 课题组组长：罗丞，陕西省社会科学院农村发展研究所副所长，研究员，研究方向为乡村振兴理论与实践。主要成员：魏雯，陕西省社会科学院农村发展研究所副研究员，研究方向为农村基础设施发展；张敏，博士，陕西省社会科学院农村发展研究所助理研究员，研究方向为农业经济；谈润卿，陕西省社会科学院政治与法律研究所助理研究员，研究方向为农村公共管理。

一　陕西农民增收的环境变化

（一）推动脱贫攻坚成果与乡村振兴有效衔接的核心仍是农民增收

党的十八大以来，以习近平同志为核心的党中央高度重视“三农”工作，将推动农民增收作为一项重要工作来抓，不断强化强农惠农富农政策，培育壮大乡村产业，支持农民外出务工，持续深化农村改革，农民收入持续较快增长。“十三五”期间农村居民收入年均增长6%，增速比城镇居民高1.24个百分点，并且连续11年超过城镇居民；特别是贫困地区农村居民收入增长较快，“十三五”期间年均增长7.87%，高于全国农村平均水平1.87个百分点。农村居民不仅通过务农实现增收，外出打工、在乡创业、盘活资源都成为其增收的新亮点，其中，“十三五”期间家庭经营净收入增加了1573元，增长35%；工资性收入增加2374元，增长52%；财产净收入增加了167元，增长66%；转移净收入增加1595元，增长77%。随着“三农”工作重心由脱贫攻坚转向全面推进乡村振兴，2021年中央一号文件明确了未来五年“三农”工作的方向和任务，提出了“2021年农民收入增长继续快于城镇居民”“2025年城乡居民收入差距持续缩小”的硬指标，意味着推动脱贫攻坚成果与乡村振兴有效衔接的核心和落脚点仍然是促进农民增收，并且包含了持续增长、加快增速、减小差距3个维度的内涵，对增加农民收入提出新的更高层次的要求。

（二）新发展阶段农民增收面临新的困难和挑战

当前，世界处于百年未有之大变局，新冠肺炎疫情加剧了大变局的演变，世界银行预测2021年全球经济增长5.6%，其中，美国经济将增长6.8%，中国和欧元区分别增长8.5%和4.2%，中国以外的新兴市场增长4.4%。尽管全球经济出现复苏，许多新兴市场和发展中经济体仍在与疫情及其影响作斗争，2021年底全球产出仍将比疫情前预测的低2%左右，约2/3新兴市场和发展中经济体的人均收入损失在2022年之前将难以恢复。全球经济发展的不稳定性和不确定性将通过影响我国发展的国际环境和相关产业的市场需求、就业扩张能力，直接或间接地影响我国农民收入的增长，导致新发展阶段实现农民持续增收的难度进一步加大，尤其是我国农村劳动力受教育程度、专业技能、就业经验、知识结构总体层次较低，结构性就业矛盾突出，农民收入占比较高的工资性收入增收空间逐步收缩，加之农民人力资本水平普遍偏低，难以满足深化农业供给侧结构性改革、构建现代农业经营体系所需要的创业创新能力要求，这些困难与挑战也将是农民持续增收的深层障碍。

（三）2025年和2035年陕西省农民增收任务具有艰巨性和紧迫性

陕西省委、省政府坚持把促进农民增收作为“三农”工作的核心，千方百计稳就业保民生，农村经济稳步发展，农民收入持续提高。2020年，全省农村居民人均可支配收入13316元，较2015年的8689元净增4627元，增长1.53倍，年均增速8.92%，比全国平均水平（8.45%）高0.47个百分点。《陕西省国民经济和社会发展第十四个五年规划和二〇三五年远景目标纲要》明确提出，2035年“城乡居民收入较2020年翻一番以上，中等收入群体显著扩大”，2025年“居民收入增速高于经济增速1个百分点，城乡居民人均可支配收入比降至2.8以内”，意味着未来十五年，持续增加农民收入、缩小城乡居民收入差距都是陕西经济社会发展的重头戏和出发点。脱贫攻坚取得全面胜利后，陕西作为曾经的贫困面大、贫困人口多、贫困程度深的省份之一，面临新冠肺炎疫情影响持续发酵、国内外发展环境不稳定性和不确定性增强等挑战，无论是脱贫地区、脱贫农户，还是长期不属于贫困地区、贫困农户的边缘地区、边缘农户，都可能因为发展环境中的风险因素增加，就业增收空间萎缩或出现重大转折性变化，“十四五”期间陕西不仅要将巩固拓展脱贫攻坚成果放在突出位置，而且要全面推进乡村振兴工作，促进农民增收的任务更为艰巨和紧迫。

二 陕西农村居民收入现状

（一）主要收入来源从经营性收入变为工资性收入

2008～2020 年陕西农村居民工资性收入从 1243.6 元提高到 5388.0 元，年均增长 13.0%；占比从 2008 年的 39.65% 上升到 2011 年的 47.42%，后回落至 2020 年的 40.46%，是农村居民收入的主要来源。2008～2020 年，经营性收入从 1475 元增加到 4150.0 元，年均增长 9.0%；占比从 47.03% 降到 31.17%，2008～2010 年是农村居民收入的第一大来源，2010 年之后被工资性收入取代。财产性收入变化不大，2020 年仅为 229.0 元，占比为 1.72%。转移性收入年均增长 21.83%，2020 年为 3550.0 元，比 2008 年增加 3218.1 元，占比从 10.58% 上升到 26.65%（见表 1）。2020 年农村居民工资性收入、经营性收入和财产性收入的占比分别比全国低 0.24 个、4.33 个和 0.68 个百分点，转移性收入占比比全国高 5.25 个百分点。

表 1　2008～2020 年陕西省农村居民人均可支配收入构成情况

单位：元，%

年份	工资性收入		经营性收入		财产性收入		转移性收入	
	收入	比重	收入	比重	收入	比重	收入	比重
2008	1243.6	39.65	1475.0	47.03	86.0	2.74	331.9	10.58
2009	1428.5	41.55	1570.2	45.68	92.6	2.69	346.3	10.07
2010	1734.5	42.25	1882.2	45.85	97.0	2.36	391.3	9.53
2011	2384.0	47.42	2028.5	40.35	165.3	3.29	450.0	8.95
2012	2727.9	47.34	2294.4	39.82	200.1	3.47	540.1	9.37
2013	2887.2	40.71	2529.6	35.67	90.3	1.27	1585.1	22.35
2014	3216.8	40.55	2750.7	34.68	120.1	1.51	1844.5	23.25
2015	3548.3	40.84	2908.6	33.47	152.5	1.76	2079.5	23.93
2016	3916.0	41.68	3057.9	32.54	159.0	1.69	2263.4	24.09
2017	4271.5	41.61	3241.5	31.58	185.1	1.80	2566.3	25.00

续表

年份	工资性收入		经营性收入		财产性收入		转移性收入	
	收入	比重	收入	比重	收入	比重	收入	比重
2018	4620.8	41.21	3508.0	31.29	196.6	1.75	2887.5	25.75
2019	5025.0	40.80	3792.0	30.80	214.0	1.70	3295.0	26.70
2020	5388.0	40.46	4150.0	31.17	229.0	1.72	3550.0	26.65

资料来源：《陕西统计年鉴》（2011～2020）；国家统计局陕西调查总队，http：//snzd. stats. gov. cn/index. aspx。

（二）收入差距较大，低收入户的收入增速相对较慢

农村居民收入差距较大，低收入户的收入增速相对较慢。2013～2017 年低收入户人均可支配收入先升后降，2017 年为 2222.7 元，比 2013 年减少 177.6 元。中等收入户和高收入户人均可支配收入持续上升。2017 年高收入户为 22889.2 元，比 2013 年增加 8041.3 元，年均增长 11.43%，比中等收入户高 13241.5 元（见表 2），中等收入户 2013～2017 年年均增长 10.32%。

表 2　2013～2017 年陕西省农村居民人均可支配收入情况

单位：元，%

年份	低收入户		中等收入户		高收入户	
	收入	增长率	收入	增长率	收入	增长率
2013	2400.3	—	6519.8	—	14847.9	—
2014	2591.5	7.97	7362.2	12.92	17308.7	16.57
2015	2903.3	12.03	7875.8	6.98	18987.4	9.70
2016	2122.4	-26.90	8781.4	11.50	21004.2	10.62
2017	2222.7	4.73	9647.7	9.87	22889.2	8.97

注：统计年鉴中，将所有调查户按人均收入水平从低到高顺序排列，平均分为五个等份，处于最高 20% 的收入群体为高收入户，依此类推依次为中高收入户、中等收入户、中低收入户、低收入户，本文选取了低收入户、中等收入户和高收入户三组进行分析。

资料来源：《陕西统计年鉴》（2014～2018），2019 年后《陕西统计年鉴》不再公布农村居民分组收入数据。

低收入户、中等收入户的工资性收入、转移性收入较高，高收入户的经营性收入、财产性收入较高。低收入户的主要收入为工资性收入，占比从

2013 年的 38.97% 提高到 2017 年的 73.17%，达到 1626.4 元，是工资性收入占比最高的组；经营净收入占比呈下降趋势，2016 年、2017 年出现负值；财产净收入占比不到 2%；转移净收入占比先降后升，2017 年占 45.26%。2013～2017 年，中等收入户的工资性收入占比从 42.86% 提高到 46.25%，2017 年为 4462 元；经营净收入占比下降；转移净收入占比为 22% 左右。高收入户的工资性收入占比降低，2017 年 6839.4 元，占 29.88%，比 2013 年减少 9.7 个百分点；经营净收入占比从 2013 年的 37.60% 增加到 2017 年的 43.99%，达到 10068.8 元；财产净收入占比是三组中最高的，2017 年为 2.41%；转移净收入占 23% 左右（见图 1、图 2、图 3）。

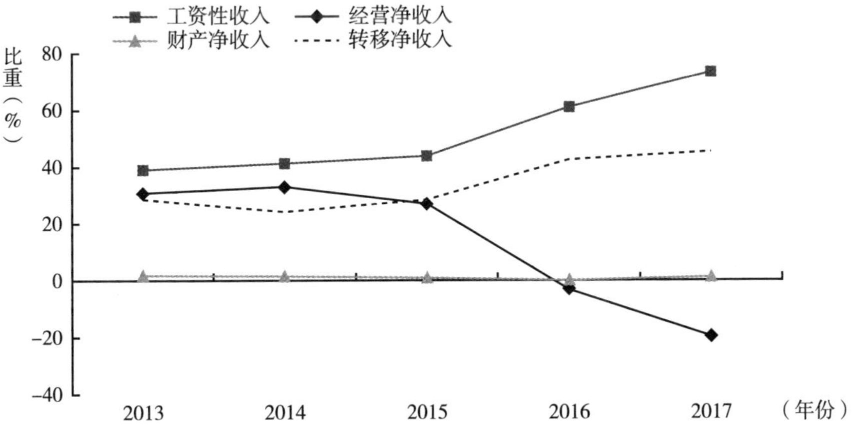

图 1　2013～2017 年陕西省农村低收入居民户收入来源

资料来源：《陕西统计年鉴》（2014～2018）。2019 年后《陕西统计年鉴》不再公布农村居民分组收入数据。

（三）城乡、区域差异较大

农村居民与全省居民的收入水平存在差距，地区差异明显。西安、渭南、宝鸡、榆林和杨凌的农村居民收入分别达到全省农村居民收入平均水平的 1.18 倍、1.03 倍、1.07 倍、1.08 倍和 1.1 倍，达到全省居民收入水平的 50% 以上。铜川、汉中、安康和商洛的农村居民收入不到全省农村居民收入

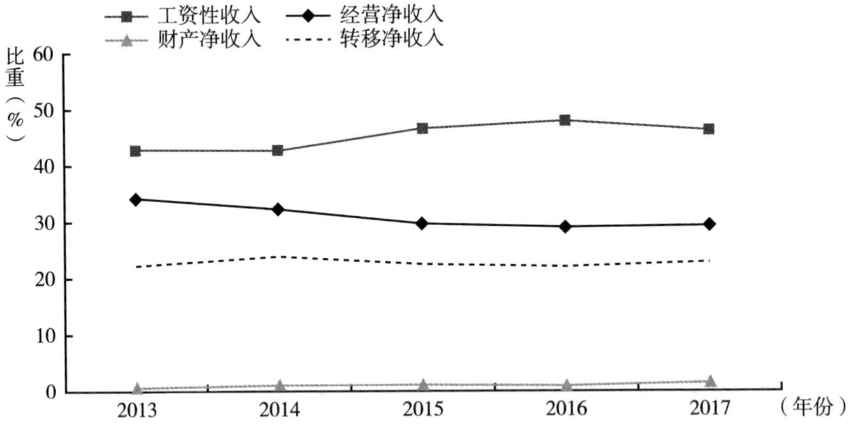

图 2　2013～2017 年陕西省农村中等收入居民户收入来源

资料来源：《陕西统计年鉴》（2014～2018）。2019 年后《陕西统计年鉴》不再公布农村居民分组收入数据。

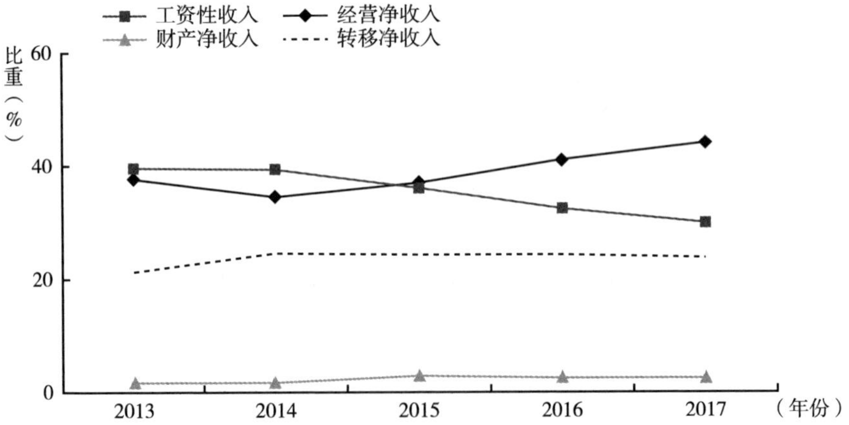

图 3　2013～2017 年陕西省农村高收入居民户收入来源

资料来源：《陕西统计年鉴》（2014～2018）。2019 年后《陕西统计年鉴》不再公布农村居民分组收入数据。

水平的 90%，不足全省居民收入水平的 50%。

不同区域农村居民收入水平差异较大。2020 年农村居民收入水平最高的是西安15749元，其次为杨凌14623元，榆林14319元，位列第三；商洛最低，仅为10773元，比西安低4976元。2014～2020年渭南增幅最大，增加5207元，增长61.01%；其次为商洛，增加3738元，增长53.13%；杨凌增幅最小，增长了4.11%（见表3）。从三大区域来看，关中地区农村居民人均收入水平最高，平均值为14236元；陕北地区农村居民人均收入水平居中，平均值为12739元；陕南地区农村居民人均收入水平最低，平均值为11333元。

表3　2014年和2020年陕西省各市（区）农村居民可支配收入情况

单位：元，%

地区	收入		2014～2020年增长幅度	2020年占全省农村居民收入比	2020年占全省居民收入比
	2014年	2020年			
西安市	14462	15749	8.90	118.35	60.05
咸阳市	9612	12879	33.99	96.72	49.11
渭南市	8534	13741	61.01	103.19	52.39
宝鸡市	9421	14189	50.61	106.56	54.10
延安市	9779	12845	31.35	96.46	48.98
榆林市	9730	14319	47.16	107.53	54.60
铜川市	9169	11054	20.56	83.01	42.15
汉中市	7933	11937	50.47	89.64	45.52
安康市	7468	11288	51.15	84.77	43.04
商洛市	7035	10773	53.13	80.90	41.08
杨凌	14046	14623	4.11	109.82	55.76

资料来源：《陕西统计年鉴》（2015、2020）；国家统计局陕西调查总队，http://snzd.stats.gov.cn/index.aspx。

三　陕西农村居民增收存在的主要困难

（一）城乡居民收入差距水平始终高于全国水平和大多数省（区、市），实现“十四五”目标任务艰巨

改革开放以来，陕西城乡居民收入差距的变化趋势基本与全国城乡居民收入差距的变化趋势保持一致，但是持续高于全国水平（见图4）。从1980

年到2020年40年的变化来看，陕西城乡居民收入差距经历了“下降—上升—再下降”三个阶段，从1980年到1984年，城乡居民收入差距由2.86∶1降至2.10∶1，这也是40年间城乡收入差距的最低点；从1985年至2003年，城乡居民收入差距呈现螺旋式上升，由2.2∶1扩大至3.87∶1，成为40年间城乡收入差距的最高点；从2004年至2020年，城乡居民收入差距逐渐由3.79∶1降至2.84∶1，但仍然高于全国2.56∶1的水平。

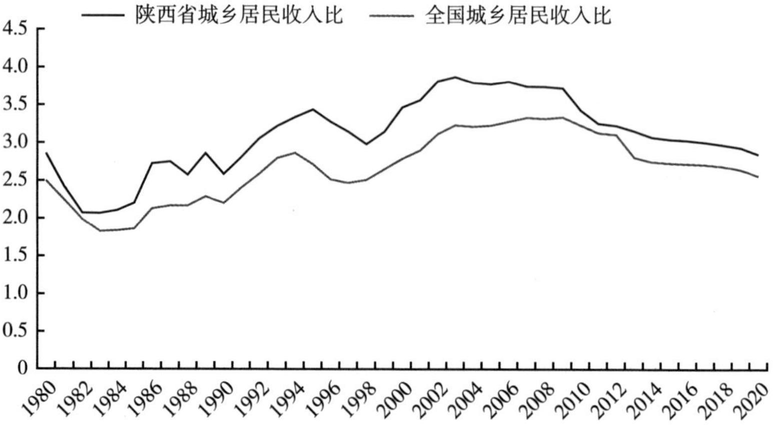

图4　1980～2020年陕西城乡居民收入比和全国城乡居民收入比

资料来源：国家统计局（https：//data. stats. gov. cn/index. htm）和陕西省统计局（http：//tjj. shaanxi. gov. cn/）。

从国家统计局公布的2020年全国31个省（区、市）城乡居民收入情况来看（见表4），与陕西居民人均可支配收入排名第19相比，陕西城镇居民人均可支配收入排名第17，虽然高于居民人均可支配收入排名，但是仍处于全国中等偏下水平，是排名第1的上海市城镇居民人均可支配收入的49.5%；陕西农村居民人均可支配收入排名第27，处于全国倒数第五的水平，远远落后于城镇居民可支配收入和居民人均可支配收入排名，仅为排名第1的上海市农村居民人均收入的38.14%；全国城乡收入差距比高于2.8∶1的省（区、市）仅为甘肃省、贵州省、云南省、青海省、陕西省、西藏自治区，其中，陕西城乡居民收入差距比排名第5。尽管近年来陕西城乡收入差距持续下降，但是从全国水平来看，绝对差距和相对差距都高于全国大部分省（区、市），要实现“十四五”目标任务仍然非常艰巨。

表4　2020年全国31个省（区、市）城乡居民收入情况

地区	城镇居民人均可支配收入(元)	排名	农村居民人均可支配收入(元)	排名	城乡居民收入比
北京市	75602	2	30126	3	2.51
天津市	47659	6	25691	4	1.86
河北省	37286	19	16467	14	2.26
山西省	34793	27	13878	26	2.51
内蒙古自治区	41353	10	16567	13	2.50
辽宁省	40376	12	17450	9	2.31
吉林省	33396	30	16067	20	2.08
黑龙江省	31115	31	16168	18	1.92
上海市	76437	1	34911	1	2.19
江苏省	53102	4	24198	5	2.19
浙江省	62699	3	31930	2	1.96
安徽省	39442	14	16620	11	2.37
福建省	47160	7	20880	6	2.26
江西省	38556	15	16981	10	2.27
山东省	43726	8	18753	8	2.33
河南省	34750	28	16108	19	2.16
湖北省	36706	21	16306	16	2.25
湖南省	41698	9	16585	12	2.51
广东省	50257	5	20143	7	2.50
广西壮族自治区	35859	23	14815	22	2.42
海南省	37097	20	16279	17	2.28
重庆市	40006	13	16361	15	2.45
四川省	38253	16	15929	21	2.40
贵州省	36096	22	11642	30	3.10
云南省	37500	18	12842	29	2.92
西藏自治区	41156	11	14598	23	2.82
陕西省	37868	17	13316	27	2.84

续表

地区	城镇居民人均可支配收入(元)	排名	农村居民人均可支配收入(元)	排名	城乡居民收入比
甘肃省	33822	29	10344	31	3.27
青海省	35506	25	12342	28	2.88
宁夏回族自治区	35720	24	13889	25	2.57
新疆维吾尔自治区	34838	26	14056	24	2.48

资料来源：国家统计局（https://data.stats.gov.cn/index.htm）。

（二）后疫情时代外部环境发展剧烈变化，经济增速放缓影响农村居民收入持续增加

突如其来的新冠肺炎疫情给全球经济、金融乃至地缘政治带来重大影响。2020年海外主要经济体呈现经济深度衰退，美国全年GDP萎缩3.5%，达到二战后的最低点；英国萎缩9.9%，为1709年以来的最低水平；德国萎缩5%；法国萎缩8.3%；欧元区萎缩6.8%。疫情过后预计全球经济缓慢复苏，然而受贸易放缓、人口老龄化等因素制约，全球经济虽然在2021年可能短暂出现高增长，但长期来看仍将处于低位。从经济增长阶段来看（见图5），我国在以加入WTO为标志的参与全球经济发展的历程中，GDP增长速度从2001年至2007年一直保持上升态势，在2007年达到峰值14.2%。从2008年国际金融危机开始，经济增速明显下降，虽然受经济强刺激的作用，GDP增速在2010年有所回调，但之后逐年下滑，到2012年降至7.9%，其后一直呈下行态势，经济增速放缓已是毋庸置疑的事实。相对于全国而言，陕西GDP增速走势与全国保持一致，但是具有一定的滞后性，滞后时长为一年左右，GDP增速于2008年达到最高峰（15.6%），随后逐步回落，经济下行压力逐步加大，疫情影响与经济增速放缓双重叠加不可避免地会对劳动力市场，尤其是以农民工为代表的普通劳动者就业产生明显的影响，促进农民增收难度加大。

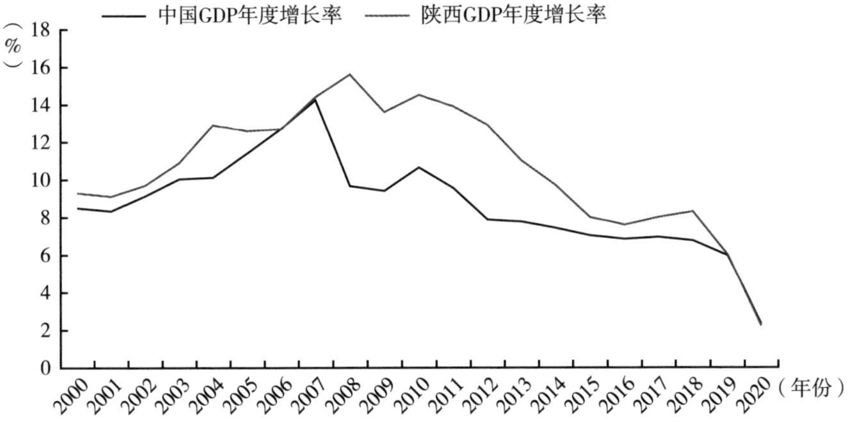

图5　2000～2020年全国GDP增长率和陕西GDP增长率

资料来源：国家统计局（https：//data. stats. gov. cn/index. htm）和陕西省统计局（http：//tjj. shaanxi. gov. cn/）。

（三）劳动力数量紧缺且整体素质偏低，农村居民收入增长后劲不足

2020年，全省农民工总量752.4万人，比2019年下降1.9%，降幅高于全国0.12个百分点，农民工月均收入水平4085元，比2019年增长4.1%，继2018年首次超过全国平均水平后，第二次高于全国农民工人均月收入（4072元）。从总量看，2010～2020年陕西农民工数量整体呈增加趋势，2019年达到峰值766.7万人，增速高于全国平均增速0.9个百分点。但是，从近年来变化趋势看（见图6），全省农民工增速逐渐放缓，在2015年增速为－1.4%后反弹至近十年来最高点，随后又呈现不断下降趋势，说明农村剩余劳动力已经不再是“无限供给”。从陕西农民工受教育水平来看（见图7），2009～2020年，大专及以上学历占比明显上升，但是农民工整体受教育程度不高，一半以上仍为初中文化水平，致使农民工在劳动力市场竞争中处于弱势地位。在农民工数量有限、人口老龄化和劳动者素质普遍不高的现实背景下，作为农村居民收入主要来源的工资性收入持续增收的空间越来越小，后劲不足。

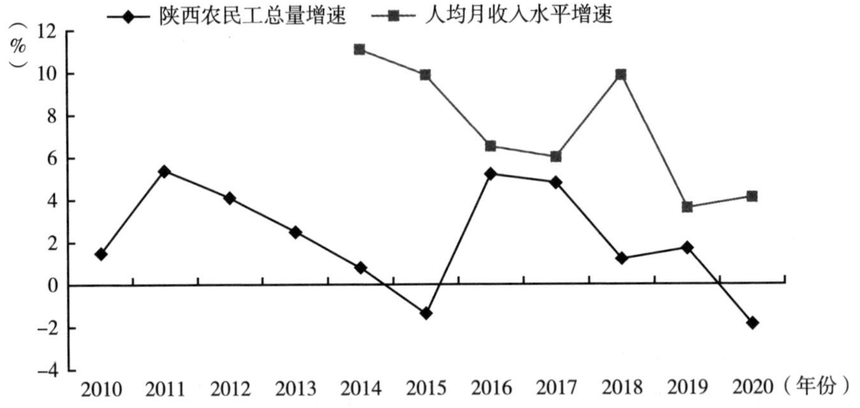

图 6　2010～2020 年陕西农民工总量增速和农民工人均月收入增速

注：陕西农民工人均月收入情况仅为 2014 年至 2020 年的。

资料来源：国家统计局陕西调查总队（http：//snzd. stats. gov. cn/index. aspx）。

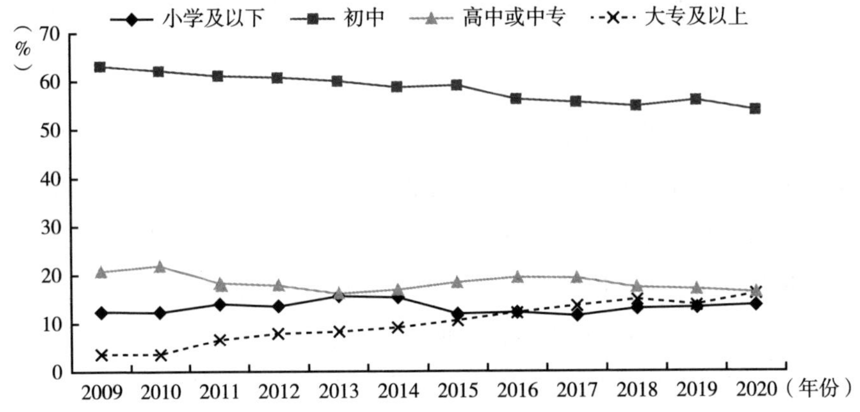

图 7　2009～2020 年陕西农民工受教育水平构成

资料来源：国家统计局陕西调查总队（http：//snzd. stats. gov. cn/index. aspx）。

（四）财政支持“三农”发展力度相对不足，支撑农民持续增收的保障措施亟待深化

政府财政农业支出不仅有利于促进农民收入增长，而且财政农业支出对

农村居民不同来源收入有显著的正向影响，具体体现在三个方面。一是通过救济、扶贫等形式发放补贴性资金，直接增加农民的转移性收入。二是投入农业生产过程的财政农业支出（粮种补贴、农机购置补贴等）直接增加农民家庭经营收入；投入农村公共物品供给的财政农业支出（水利、气象、农村科技等）间接提高农民家庭经营收入。三是投入农民职业技能教育和培训方面的财政支出，使农民掌握一定职业技能并能够拓宽就业渠道，间接提高农民的工资性收入。但是，从陕西财政近年来实际支出情况看（见图8），对农业的投入总量偏低，2019 年财政支农支出为 684.18 亿元，仅高于西藏、宁夏和青海三个省份，约为四川省的 1/2（1288.42 亿元）；财政支农支出占财政总支出的比例也较低，2010～2019 年始终保持在 11.0%～12.5% 的水平，对增加农民收入的拉动效应有限。

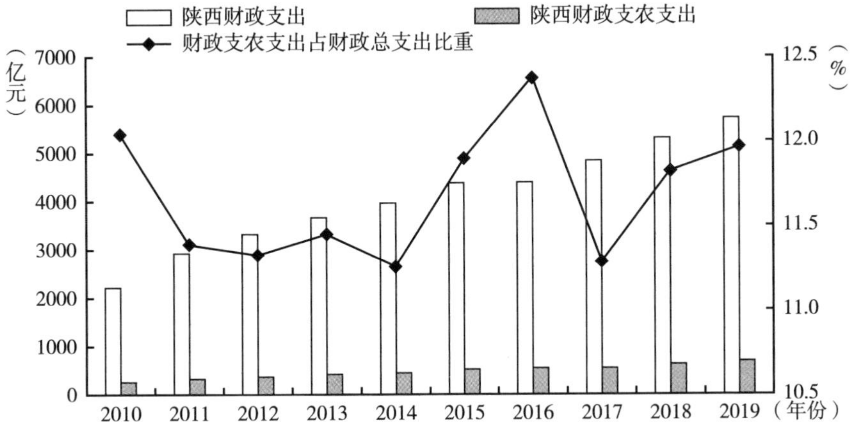

图 8　2010～2019 年陕西财政支出与财政支农支出情况

资料来源：《陕西统计年鉴》（2011～2020 年）。

四　促进陕西农村居民增收的基本思路

（一）产业结构与就业结构协调发展

收入问题的本质是就业问题，调整产业结构是拓宽农民就业渠道、促进收入增加的重要途径。当前陕西省农村产业结构调整迈入新阶段，需要进一步下大力气拓展思路，通过促进产业结构与就业结构协调发展，实现陕西省农民增收致富。2021 年 9 月习近平总书记在榆林调研时强调，要深入贯彻绿水青山就是金山银山的理念，要把生态治理和发展特色产业有机结合起来。陕西省自 2015 年习近平总书记来陕视察后，一直坚持特色现代农业发展定位，深化农业供给侧结构性改革，以绿色发展为导向，以融合发展为路径，在稳定粮食产能的基础上，坚持走特色路、打特色牌，因地制宜布产业，因势利导配资源，加速农业产业结构调整升级，优化现代农业产业体系，以“3 + X”特色产业为抓手，推动全省农业转型发展，促进农民增收致富。目前，陕西省关中、陕南、陕北地区由于地理位置、气候资源优势不同，农村地区产业结构有所差别，但产业结构从一二三产业增长向三二一产业增长空间很大。要大力促进农村产业结构和就业结构协调发展，一要保障农民土地权益，促进土地流转和规模经营；二要加强教育和职业技能培训，促进农业剩余劳动力向劳动报酬回报率较高的行业转移；三要切实加强农民工用工保障中存在的养老、子女教育、工伤保险等问题的解决。

（二）构建合理的收入分配格局

农民收入问题是较多改革难题交集的核心难题。近十年，陕西省农村居民收入增长速度较快，名义增长率都在 8.0% 以上，但从收入分配来看，2019 年陕西省城乡居民收入比是 2.93，2020 年城乡居民人均可支配收入比为 2.84，较上年同期缩小 0.09，城乡收入差距呈缩小趋势，但与 2020 年全国城乡居民收入比 2.6 相比，仍有较大差距。与河南城乡居民收入比 2.26、江苏 2.29 相比，也有较大差距。省内关中、陕北、陕南地区农村居民的收入也存在明显差距。构建合理的收入分配格局，需要建立三次分配合理体系。在脱贫攻坚期内，政府主要从第二次分配着手，解决农村居民收入问题。下一步要继续解决农村居民劳动报酬在初次分配中比重较低的问题，同时，对于缩小城乡收入差距和地区收入差距，第三次分配作为再分配的有益补充，要起到抑制城乡收入分配差距过大的作用。脱贫攻坚完成之后，在第一次和第二次分配中，加强第三次分配的有机结合是乡村振兴阶段有效调节陕西省合理收入分配格局的新思路。

（三）改善农民增收的外部环境

破解农民增收难题，推进农村改革至关重要。激活农村资源要素、培育新型经营主体以及健全社会化服务体系是陕西省农村改革的重点方向。陕西省在全国率先全面完成农村承包地确权登记颁证工作，2020 年全省土地流转面积 1587.4 万亩，承包地流转率增长到 26.9%，农业适度规模经营快速提升。下一步在乡村振兴期间，首先，规范土地流转市场，纠偏土地资本化倾向以及确保流转后土地的民生保障功能是确保农民收入稳定增长的重要内容。其次，陕西省农村集体经济改革要彻底跳出“改革—挂牌”的形式逻辑，特别是在陕南地区要着力降低集体经济“空壳村”比例，创新多种形式的集体经济发展模式。再次，要继续大力促进陕西省家庭农场发展壮大。陕西省家庭农场平均土地经营面积已经初具规模，但在农产品商品化、品牌化程度上未达到较高水平，并且普遍存在管理制度不规范等问题。最后，要继续推进陕西省农业生产社会化服务扩面、提档、升级。2016～2020 年陕西省累计投资 2.4 亿元发展各类农业社会化服务组织 2.56 万个，但在规模和服务能力上仍有较大发展空间。

（四）统筹财政资金与社会帮扶

在陕西省脱贫攻坚与乡村振兴战略有效衔接机遇期内，持续优化财政投入，提高财政资金使用效率，统筹社会帮扶力量是“十四五”期间提升资金使用效率、促进农民转移收入增加的重要途径。脱贫攻坚期间财政资金和社会帮扶是以精准扶贫为靶向的“特惠”性投入，重点以特色产业和绝对贫困人群为主。但在乡村振兴期间，首先，财政资金应重点投入基础设施、公共服务等领域，在产业发展方面以培养新产业、绿色可持续产业和新业态为重点，资金使用也应由“补贴发放”转向如何“循环使用”的良性投入路径。其次，社会帮扶对象在乡村振兴期间要适当增加残疾人、老年人和儿童等特殊困难群体权重，将帮扶目标扩大到事实困难人群和弱势群体，并把积极预防纳入兜底保障的政策制定中。

五　促进陕西农村居民增加收入的措施建议

（一）壮大主导产业

一要继续做大做强优势特色产业。以“3 + X”特色产业为抓手，紧盯市场需求，放大特色优势，针对苹果产业，坚持“北扩西进”，优化区域布局和品种结构，强化冷藏、分拣等产后整理，促进果业提质增效；猕猴桃，加快“东扩南移”，奶山羊，坚持全产业链开发，加快扩群增栏，加强羊乳品牌建设和运营；增强茶叶、魔芋、中药材、核桃、红枣、杂粮等50多个区域特色产业规模化生产能力，促进农民经营性收入增加。二要发展互联网农业与订单农业，建立特色优势主导产业产地品牌，在细化农产品特色下注册品种品牌，借力农业龙头企业影响力形成企业品牌，扶持提升县域仓储、运输和配送物流体系能力，完善电商售后服务机制，吸引返乡大学生、退役军人和城镇退休职工运营农产品电商销售平台，与社区对接，发展“农户—合作社—消费者”的订单农业产供销模式。三要在一产二产基础上，大力发展休闲农业，依托特色主导产业，打造陕西精品茶园旅游、苹果小镇旅游等农业休闲项目，规划设计农旅观光路线，组织农业旅游节、文化节，结合陕南康养产业发展建设农旅康养基地等，延伸农产品产业链，增强价值链，加快促进农民经营性收入渠道多元化。

（二）推进园区提档

农业园区作为现代集约型农业生产方式的载体，能够有效推广农业科技在生产中的应用，带动农村经济发展，提供农民就地就业渠道，保障农民工资性收入增加。目前陕西省农业园区信息化程度较低，部分农业园区没有建立相关的农业科技信息网络系统，包括智慧农业应用服务平台、智慧农业田间二维码，建立农产品源头追溯系统，发展手机端 App 应用及农产品种植生产监控软件等技术。信息技术对农业园区提档升级具有重要作用，信息技术能够促进园区生产方式、产业结构、管理经营方式等多方面向科学化、精细化转变，是“农户—园区—消费者”直接进行订单购买的技术基础。其次，农业规模化生产会导致生物多样性遭到破坏，物种稀少农业系统也难以形成多样田园景观，陕西省要加强有机农业园区建设，在关中、陕南、陕北建设有机果园、有机稻园、有机茶园、有机蔬菜园区等，在提升农产质量的同时，有效促进农民收入增加。最后，要拓展农业园区综合业态，在农产品生产、加工基础上增加休闲旅游、餐饮等经营业态，以园区为载体形成多业态发展的农业综合体，多渠道增加农民收入。

（三）鼓励就业创业

在新冠肺炎疫情冲击下，陕西省农民工返城复工、劳务输出等均面临困难，帮助农民稳定就业，鼓励农民就地创业需要政策精准助力。一要建立农村劳动力就业档案，及时掌握农民基本情况和就业创业动态。充分发挥“第一书记、驻村工作队、帮扶责任人、村两委班子”四支队伍力量，建立农村劳动力资源档案，以县为单位开展返乡农民工信息数据调查摸底工作，掌握劳动力就业创业意愿、困难和培训需求，为精准帮扶农民就业创业打下基础。二要强化创业扶持政策落地，鼓励农村劳动力返乡创业。提高农民工创业补贴、防疫补贴和创业亏损补贴，简化奖补业务程序，鼓励金融机构为创业个体、小微企业提供创业担保贷款扶持，开展农民工创业项目征集工作，征集市场前景好、见效快、风险小的项目，积极面向农民工开展项目推介活动。三要组织开展劳务出省安全返岗服务，开设专列专车输送外出务工人员，组织“线上线下”农民工就业招聘会，对就业扶贫车间进行扩容增岗，助推农民就地就业，同时发展零工市场，规范短期用工服务，建设零工市场、劳务协作服务站等农民工就业服务平台，引入市场化和社会组织力量，促进农民就业增收。

（四）发展集体经济

集体经济薄弱村是壮大村集体经济工作中的难点，也是实施乡村振兴战略的重要任务。陕西省集体经济薄弱村一般地处地理条件较差的秦巴山区和吕梁、六盘山区，空壳村现象严重，可变现、保值增值的经济资源较少。要发展集体经济薄弱村，增加农民财产性收入，一要在财政资金股权化改革方案的基础上，强化薄弱村组织领导和管理服务能力，成立县级联系领导、第一书记、乡镇干部和村干部的服务团队，健全"政府—市场—薄弱村"有效联结机制。二要利用好清产核资成果，对集体闲置的"四边"地、"四荒"地和闲置学校用地进行规范管理，通过成立集体资产运营公司，以发包、出租、股份合作等形式盘活利用，增加村集体收入。三要依靠产业项目和招商引资相结合，做好"生态+"文章，推进农旅深度融合。借鉴浙江联众集团在丽水市经济薄弱村进行整村保护性改造经验，在保持古村落原始风情的同时，传承古村落生态历史文化，通过"古村+众创"模式，打造古村落度假综合体，实现"村集体增收、农民增收"的"双增收"。四要出台政策支持村集体经济组织参与市、县、镇工业和服务业园区建设，制定村集体经济组织共建园区收益的分红办法等。

（五）深推生产灾害保险

生产灾害保险能够对农民增收、农业增效产生积极保障作用。一要财政部门提高保费补贴比例和增加保险品种，在全省深推农业生产灾害保险和农产品收益保险，保障小麦、玉米、马铃薯、生猪、能繁母猪、奶山羊、苹果、蔬菜等陕西省重点农产品的抗灾抗市场风险能力，对于脱贫户参加种养业生产灾害险的，考虑在承担既定保费份额的基础上按一定比例予以补助。二要加快将数字技术向农业保险渗透，将智能感知、智能分析、智能控制等技术引入种植业及养殖业精准承保理赔模式中，构建气象、农业专家和社会服务资源联动的农业服务数据生态。三要发挥农业保险在综合金融中的基础作用，开展"保险+银行"联动模式，发挥农业保险保单质押作用，把农户理赔诚信数据纳入个人征信系统，解决农户贷款难、融资难的问题。

参考文献

王鑫、夏英：《乡村振兴视角下财政扶贫资金股权化改革研究——以湄潭探索为例》，《云南民族大学学报》（哲学社会科学版）2021 年第 5 期。

何秀荣：《小康社会农民收入问题与增收途径》，《河北学刊》2021 年第 5 期。

高鸣、魏佳朔、宋洪远：《新型农村集体经济创新发展的战略构想与政策优化》，http：//kns. cnki. net/kcms/detail/50. 1012. F. 20210831. 1025. 002. html，2021 年 9 月 16 日。

张红宇、胡凌啸：《构建有中国特色的农业社会化服务体系》，https：//doi. org/10. 14150/j. cnki. 1674 – 7453，2021 年 8 月 3 日。

郑雄飞、吴振其：《乡村振兴与农地流转体制机制创新研究——基于地权配置的视角》，《浙江工商大学学报》2021 年第 2 期。

衣帆、陈一正、林子雨、朱磊：《第三次分配与城乡收入差距——基于 2002 年 ~ 2019 年数据的经验分析》，《全国流通经济》2021 年第 2 期。

刘宏玲：《农业经济结构调整与农民收入增长的探究》，《财经界》2020 年第 36 期。

王曙光、邓亚仁：《经济增长与农村就业问题分析——以陕西农村就业现状为例》，《经济界》2019 年第 1 期。

左停、金菁：《“弱有所扶”的国际经验比较及其对我国社会帮扶政策的启示》，《山东社会科学》2018 年第 8 期。

B.4

新阶段制约陕西农民增收的因素与对策研究*

何得桂　韩　雪　公晓昱**

摘　要： 农民增收问题关系到乡村振兴的实现程度。研究表明：从纵向来看，陕西省农民收入不断增加，但是增速呈现放缓态势；城乡居民之间的相对差距已经逐渐缩小，但是绝对差距呈现持续扩大的态势；从来源结构来看，农民收入结构已经呈现多元化的发展趋势；陕南、关中和陕北三个片区来源结构各有特色，农民收入区域之间的差异体现得较为明显。与此同时，农产品价格增长乏力等因素导致农业生产综合成本不断提高；产业结构持续调整升级导致非农就业受到限制；公共财政增收困难加大导致转移性增收问题较为突出；财产性收入缺乏源头影响农民经济收入水平的提高。这些因素都显著影响到陕西农民增收的又好又快发展。在新发展阶段，促进陕西农民增收要依靠农业生产高质量发展，大力挖掘经营性收入增加潜力；加强农民就业创业帮扶，不断拓宽农民增收渠道；深化农村集体产权制度改革，持续增强农民增收新动能；持续强化农村基层党组织建设，稳步增强增收带动作用。

---

* 国家社会科学基金青年项目“乡村振兴中的基层‘动员－参与’协同机制研究”（编号：21CZZ017）、陕西省人大常委会委托课题“促进陕西农村居民增收的思路和路径”的阶段性成果。

** 何得桂，西北农林科技大学人文社会发展学院公共管理系主任、博士生导师，研究方向为反贫困与社会治理；韩雪，西北农林科技大学农村社会研究中心硕士研究生，研究方向为减贫与发展；公晓昱，西北农林科技大学公共政策与发展研究中心助理研究员，研究方向为减贫与发展。

关键词： 农民增收　人均可支配收入　乡村振兴　陕西省

农民增收是农业农村发展的“头等大事”。不论是基于乡村振兴的需要，还是基于高质量发展的要求，要加快构建农民收入增长较快的长效政策机制，从而让广大农民群众尽快富裕起来。推进乡村振兴战略的落实、落地，离不开农村居民可支配收入（简称“农民收入”）持续、稳定增长。受到主客观原因的深刻影响，农民收入偏低是陕西省“三农”工作最突出的短板，全省农村人均可支配收入长期位于全国第26位。有鉴于此，要进一步聚焦“生活富裕”，全面推进乡村振兴，实现共同富裕。

一　陕西农民收入增长形式及主要特点

（一）农民收入不断增加，但增速呈现放缓态势

党的十八大以来，陕西重点开展就业创业、深化农村改革、发展特色产业及推动政策落地等方面的改革，农村居民人均可支配收入不断增长，2020年达到13316元，较2012年的5763元提高1.3倍，年均增长率为11.0%，特别是2012年增速达到14.6%（见表1）。但从纵向对比来看，陕西农村居民人均可支配收入增速波动较大，2013年增速下降，为12.8%；2015～2019年实际增速趋于稳定，年均增长率为9.1%；2020年受新冠肺炎疫情的不利影响，收入增速出现历史最低值，为8.0%（见图1）。

表1　2012年以来陕西城乡人均可支配收入及其增速比较

年份	人均可支配收入(元)			城乡居民收入之比	人均可支配收入较上年实际增速(%)		
	全省居民	城镇居民	农村居民		全省居民	城镇居民	农村居民
2012		20734	5763	3.60	—	13.6	14.6
2013	—	22858	6503	3.51	—	10.2	12.8
2014	15837	24366	7932	3.07	10.2	6.6	22.0

续表

年份	人均可支配收入(元)			城乡居民收入之比	人均可支配收入较上年实际增速(%)		
	全省居民	城镇居民	农村居民		全省居民	城镇居民	农村居民
2015	17395	26420	8689	3.04	9.8	8.4	9.5
2016	18874	28840	9396	3.07	8.5	9.2	8.1
2017	20635	30810	10265	3.00	9.3	6.8	9.2
2018	22528	33319	11213	2.97	9.2	8.1	9.2
2019	24666	36098	12326	2.93	9.5	8.3	9.9
2020	26226	37868	13316	2.84	6.3	4.9	8.0

资料来源：根据陕西省统计局统计报告整理。

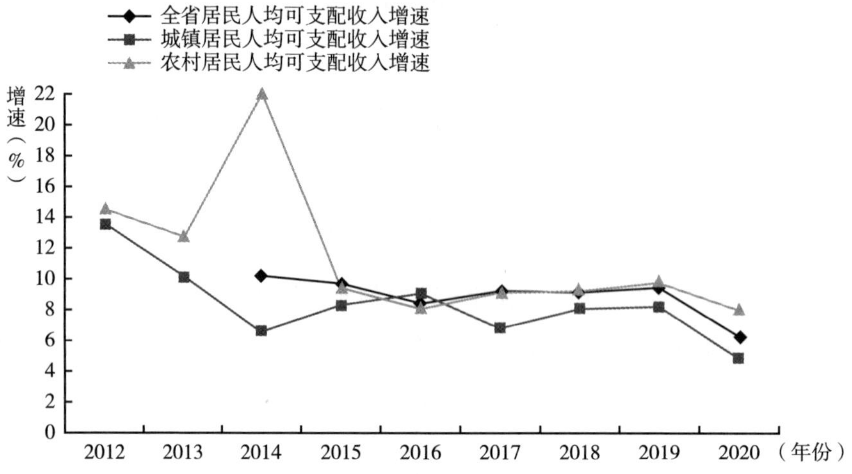

图1　2012~2020年全省城乡居民人均可支配收入增速比较

（二）相对差距逐渐缩小，但绝对差距呈现持续扩大态势

党的十八大以来，陕西省强农惠农富农政策全面实施，乡村产业发展良好，农民外出务工现象增多。在深化农村综合改革背景下，陕西农村居民人均可支配收入的实际增速相较城镇居民明显较快，城乡居民收入的相对差距呈现不断缩小趋势，2012年城乡人均可支配收入之比为3.6，2020年下降到2.84（见图2）。但城乡居民之间人均可支配收入绝对差距呈现持续扩大

态势，2012 年城镇居民人均可支配收入高于农村居民 14971 元，2020 年扩大到 24552 元，幅度扩大了 64.0%（见图 3）。

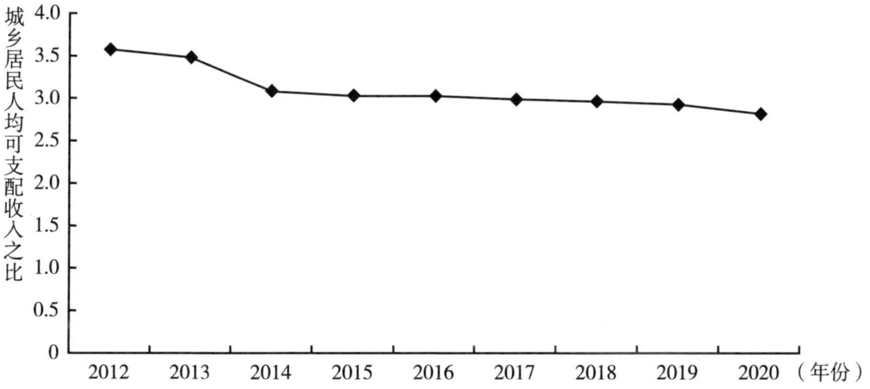

图 2　2012 年以来陕西城镇居民与农村居民人均可支配收入之比的变化

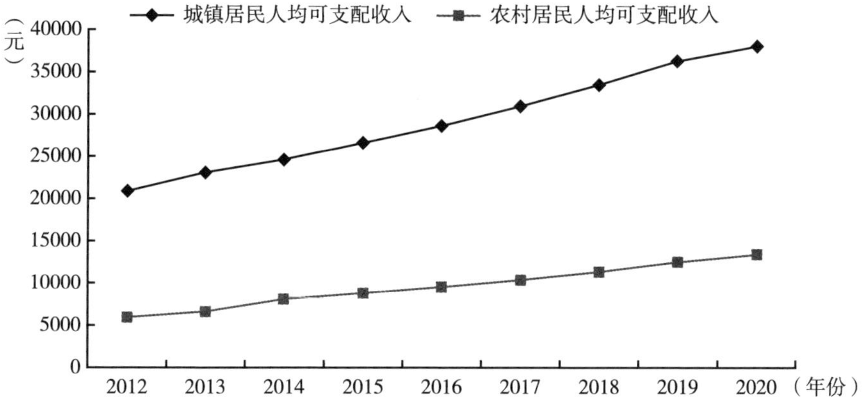

图 3　2012 年以来陕西城镇居民与农村居民人均可支配收入绝对差距的变化

（三）农村传统收入格局被打破，农民收入结构呈现多元化发展趋势

2012 年以来，农产品市场价格持续走低打破农村传统收入格局，农民经营净收入在收入格局中占比不断下降，工资性收入逐渐上升，成为农村居民人均可支配收入的主要来源，而财产净收入的占比下降明显，转移净收入

稳中略升。2020年，陕西省农村居民工资性收入、经营净收入、财产净收入和转移净收入分别占40.5%、31.2%、1.7%和26.7%。2020年相较2012年，经营净收入占比下降8.6个百分点，财产净收入占比下降1.8个百分点，转移净收入占比上升17.3个百分点，转移净收入推动农民增收的作用逐渐显现。一方面，近年来陕西省政府的各类社会救助政策、生产生活补贴较多，带来农户转移性收入增多。另一方面，随着外省务工薪酬的增长，兼业农户家庭收入结构中寄回或带回的外出务工工资使农村居民的转移性收入逐年增长。

表2　2012～2020年农村居民人均可支配收入来源结构的变化

单位：元，%

收入来源结构	2012年	2013年	2014年	2015年	2016年	2017年	2018年	2019年	2020年
农村人均可支配收入	5763	6503	7932	8689	9396	10265	11213	12326	13316
工资性收入	2728	3151	3217	3548	3916	4272	4621	5025	5388
经营净收入	2295	2500	2751	2909	3058	3242	3508	3792	4150
财产净收入	200	213	120	152	159	185	197	214	229
转移净收入	540	639	1844	2080	2263	2566	2887	3295	3550
农村人均可支配收入占比	100	100	100	100	100	100	100	100	100
工资性收入	47.3	48.5	40.6	40.8	41.7	41.6	41.2	40.8	40.5
经营净收入	39.8	38.4	34.7	33.5	32.5	31.6	31.3	30.8	31.2
财产净收入	3.5	3.3	1.5	1.8	1.7	1.8	1.8	1.7	1.7
转移净收入	9.4	9.8	23.2	23.9	24.1	25.0	25.7	26.7	26.7

资料来源：根据陕西省统计局统计报告整理。

（四）农民收入区域差异明显，三大片区来源结构各有特色

陕西境域狭长，各地经济发展与资源禀赋差异明显。陕南地区（汉中、商洛、安康）区域经济发展受地理位置限制，外出就业劳动力较多，因此转移净收入在农民收入格局中占重要地位。2020年安康市、汉中市、商洛市的转移净收入分别占38.9%、29.5%、26.3%（见表3），高于全省平均

转移净收入占比。关中地区（渭南、西安、宝鸡、咸阳、铜川、杨凌）工资性收入占比最高。此外，由于地处平原，种植条件良好，关中地区以农业生产收入为主的农民，其经营净收入占比总体高于转移净收入占比。陕北地区（延安、榆林）工资性收入和经营净收入持平，且出现经营净收入高于工资性收入的现象。

表 3　2020 年陕西各地区农村居民人均可支配收入来源结构的对比

单位：元，%

地区	农村人均可支配收入	工资性收入占比	经营净收入占比	财产净收入占比	转移净收入占比
西安	15749	—	—	—	—
咸阳	12879	47.3	28.2	1.9	22.6
宝鸡	14189	56.4	19.4	0.9	23.3
渭南	13741	44.5	35	—	—
安康	11288	40	20.7	0.4	38.9
汉中	11937	47	22.7	0.8	29.5
商洛	10773	55.1	18.2	0.4	26.3
榆林	14319	38	39.8	5	17.7
延安	12854	—	—	—	—
铜川	11054	—	—	—	—

资料来源：根据陕西省统计局统计报告整理。

二　影响陕西农民增收的关键因素

（一）家庭经营净收入占比持续降低，增长难度加大

在一系列农业农村发展政策措施有效作用下，陕西农村家庭经营净收入不断增长，但与全国相比仍有较大的差距，增长难度较大。一是耕地质量不高，粮食单产水平较低。从 2016～2018 年陕西国土资源统计报告结果来看，在陕西耕地面积构成中，水田占比平均为 3.9%，水浇地占比平均为 26%，旱地占比平均高达 69.7%。二是粮食生产收益较低，农民积极性、主动性

不高。生产资料价格上涨，导致粮食生产成本增速高于收益增速。相较于经济作物，粮食作物生产效益较低，更低于外出务工收入，难以满足农户消费需求，极大地影响了农户种粮的积极性、主动性，种粮存在兼职化、副业化现象，土地撂荒时有发生，耕地的“非粮化”和“非农化”现象多发。三是农业生产经营环境比较脆弱，抗风险能力低。例如，渭南市大荔县2021年冬枣采摘受天气灾害的不利影响，洛灌区出现积水现象，导致冬枣采摘困难。雨水导致冬枣开裂跌落、产量减少、商品率下降、价格下降，农民收入大打折扣。

表4　2016～2018年陕西省耕地面积构成情况

单位：公顷

指标名称	2018年	2017年	2016年
耕地	3976766.21	3982887.32	3989489.65
水田	156279.12	157118.67	157792.19
水浇地	1045041.84	1048818.61	1053218.89
旱地	2775445.25	2776950.04	2778478.57

资料来源：根据陕西省国土资源综合统计报告整理。

（二）经济增速明显放缓，农民增收压力不断增大

根据陕西省统计局公布的数据，“十三五”期间城镇化率提升至59.4%。截至2021年6月，陕西农村居民人均工资性收入3315元，比2020年增加459元，同比增长16.1%，在可支配收入格局中占44.5%，是占比最高的部分，其贡献于可支配收入增长的比例为46.9%，实现收入增长7.1个百分点，是带动农村居民收入增长的重要因素。但从目前情况看，新冠肺炎疫情仍在全球蔓延，全球经济复苏增长面临较多阻力，海外需求依旧不足，不稳定性、不确定性因素依旧较多。新冠肺炎疫情影响下的农产品销售难、农民外出打工难、乡村产业发展难等困境，直接导致农民收入减少。此外，受限制人员流动和聚集等疫情防疫措施影响，乡村旅游产业及其包含的餐饮、住宿、农家乐等行业经营收益受冲击较大，影响第三产业的经营净收入。

（三）财政支农支出存在不足，转移性收入增长面临挑战

近年来，国家与地方政府制定出台多种惠农政策，但政策目标性与针对性不足，导致很多惠农政策没有落地生效。一方面，对比全年财政总支出，陕西用于“三农”事业领域的财政支出远高于财政投入，且波动性较大，2021 年 1 ~8 月陕西农林水支出下降 13%。另一方面，随着国家支农惠农政策的实施及陕西社会保障事业的快速发展，农民转移性收入实现快速增长。但当前财政收入受新冠肺炎疫情影响较大，以加大农民补贴力度来实现转移性收入增长面临较大压力。此外，世贸组织规定的“黄箱”范围内的补贴，以及小麦、玉米等种粮补贴政策已经处于较高水准，缺少上升空间。

（四）农村财产积累不够，财产性收入波动较大

在土地确权及集体产权制度改革背景下，农民财产净收入增长幅度明显下降。从陕西省统计局数据分析来看，农村居民人均可支配收入中财产净收入占比部分自 2012 年以来呈现逐年下降趋势，2020 年占比仅为 1.7%。一方面，农村居民自身财产积累不足，且用于教育花费、日常生活花费以及医疗花费等方面的支出较多，再加上农业生产种植成本的逐年上涨，最终综合导致农民可支配收入水平不高。另一方面，虽然陕西逐步推进农村产权制度改革，但缺乏相应权益保障制度来支持盘活利用宅基地，宅基地盘活利用程度相对仍较低。此外，目前市场上的金融服务大多面向城镇或发展较好的乡村，对于经济欠发达的农村地区来说，金融产品市场与资本市场发展不能满足当地需求，且农村居民缺乏及时接受金融理财知识的渠道，投资渠道也较为狭窄，这些因素都制约着财产性收入的增加。

三　当前陕西农民增收面临问题的主要原因

（一）农产品价格增长乏力，农业生产成本不断提高

一是农产品价格增长乏力。自 2014 年新一轮粮食等重要农产品价格形

成机制改革启动以来，我国稻谷、小麦开始调整完善最低收购价政策。陕西作为小麦主产省之一，粮食价格在一定程度上受到价格波动的影响。除2020年稻谷最低收购价比2019年略有涨幅外，稻谷、小麦近年来的最低收购价稳定增长但有逐年下降的趋势（见图4），除此之外，玉米和大豆价格在总体上呈现下跌态势。二是农业生产成本不断提高。随着城镇化水平的不断提升，用工难问题显现，陕西劳动力成本也随之提升，从事农资产品生产的企业也逐渐提高产品价格，这是农民生产成本提高的直接原因。三是国外农产品冲击国内市场。在全球经济一体化背景下，国外农产品生产企业规模较大、成本较低，因而价格比国内产品便宜，在农产品买方市场中竞争优势强于国内产品，这就带来农产品的被动降价情况及产品积压现象，农民收益也受到冲击。四是农产品深加工、精加工水平不高。农产品加工受体量大的影响，大多是粗加工，而精深加工较少，且经营方式分散化，产业化经营程度低。农产品生产缺乏完整的农业价值链，品牌亮点不足。五是农产品科技成果转化率不高。基层农技推广缺少技术支持，体制老化且资金支持不足，缺少有效的农业科教协同推广路径，农业科技成果不能转化为生产力。

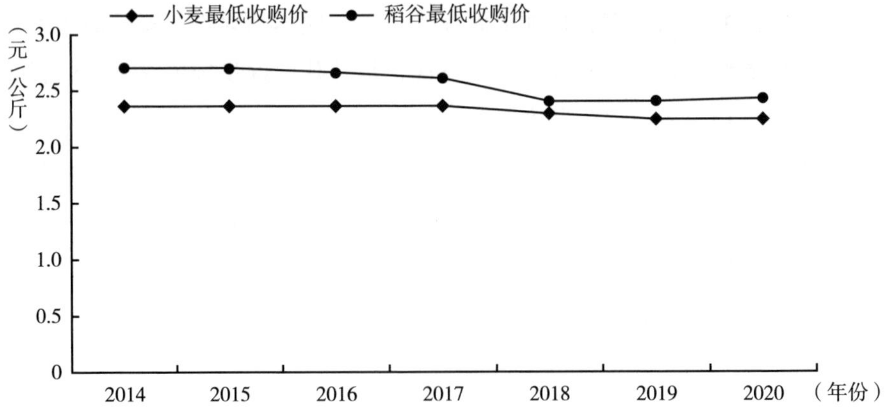

图4　2014～2020年最低收购价执行预案的最低收购价标准

（二）产业结构调整升级，非农就业受到限制

一是资源配置不合理。陕西农村一二三产业融合水平较低、结构不优，

新业态新产业发展程度尚处于起步阶段，发展较慢，大部分地区缺少大型产业集聚的条件及基础，因此缺乏吸收转化农村劳动力的能力，进而带动陕西农民工资性收入提升。二是农民缺少专业劳动技能。陕西农村人口数量较多，大多数农民工缺乏专业劳动技能，只能从事体力劳动，但劳动密集型企业受国家经济发展大环境的影响，出现一定程度上的亏损，导致工资水平持续走低，因此劳动力市场上劳动岗位供给难以满足劳动需求。三是农民文化素质偏低。农民在就业市场上处于劣势地位，且就业流动性强，工资收入缺乏稳定性。例如，商洛市商南县农村富余劳动力 8.4 万人，从文化程度看，初中以下文化程度人数占 54% 左右，高中文化程度人数占 40% 左右，大专以上人数仅占 6% 左右；从技能等级看，初级技能认证 1.4 万人，占 16.7%；中级技能认证 0.27 万人，占 3.2%；高级技能认证仅 0.05 万人，占 0.6%；其余为无技术等级认证人员。此外，随着农民工大量转移到城市，农村留守儿童教育问题较为突出，在一定程度上也制约着劳务输出的稳定性。四是农民维权意识不足。农民工缺乏劳动权益维护意识，没有和企业签订正式的劳务用工合同书，老板压榨农民工、拖欠农民工工资的现象时常出现，严重限制了农民工资性收入的获得，阻碍了农民生活水平的提升。

（三）财政增收困难加大，转移性增收问题突出

一是生活成本在外出务工收入中占比较高。外省务工农民在获得高薪资的同时，也面临大城市高消费支出，主要是价格日益提高的食宿消费，以及部分教育消费、医疗消费使农民务工收入剩余不多。二是涉农补贴扶持力度不足。总体来看，近年来，财政在农业方面的投入，尤其是对农民收入的直接投入总量仍然相对不足。三是财政支农结构不合理。当前财政支出分布于农民供养环节，如对低保农民、退伍农村老兵这类弱势人群的帮扶，以及大型设施的建设环节，如农村道路建设、农民水利建设等。在财政支农的一系列投入中，对于事关农民核心权益的收入提升部分（如病虫害控制、化肥使用、农产品出售、农产品创新）等问题的关注还较为缺失，投入在农民可以直接从中获取利益的小型基础设施建设的环节较少。四是财政收支结构

矛盾突出。地方财政收入规模较小，对惠农政策支撑不足。例如铜川市2020年财政收入42.77亿元，财政一般预算支出132.01亿元，自给率为32.4%。

（四）财产性收入缺乏源头，收入水平普遍不高

一是农民收入水平相较城市居民仍较低。在实施农村产权制度改革之后，虽然陕西农村居民财产积累不断增多、持续加速，但相对城镇居民收入来说，农民收入总体水平还有一定的提升空间。收入水平较低，使农民不敢承担资产被用于投资的风险，这也是农村财产性收入难以增加的原因。二是缺乏完整的农民产权制度。具体表现为农村房屋土地产权难以确认、产权主体不明晰、土地补偿价格不高等情形，导致农民多种经济利益流失。同时，农户的宅基地使用权不能抵押、不能流转，使宅基地资产在市场环境中难以运行，造成土地价值不能充分利用，难以转向资本且没有发挥财富效益。三是农村金融市场发展落后。当前陕西农村金融制度不够完善，金融产品种类较为单一、服务功能不全，难以满足农民的金融需求。此外，农村投资信息体系不健全，农民难以即时获得有利金融信息，难以实现财产性收入增加。四是农民理财意识不强。农民受生活环境及知识水平的制约，大多认为理财风险较高且容易亏损，习惯依靠付出劳动而获得收入，不愿承担风险。

四　立足新发展阶段促进农民增收的对策

农民经营性收入总量偏低是短板，农民工资性收入增速放缓是挑战，农民财产性收入难以扩大是瓶颈，稳定农民转移性收入是现实难题。新发展阶段，加快构建促进农民增收的长效政策机制，让广大农民都尽快富裕起来。

（一）加快农业生产高质量发展，大力挖掘经营性收入增加潜力

实现经营性收入稳定增长，是促进农民增收的重要环节。陕西应根据各地资源禀赋，以特色鲜明、合理分工、精细高质量发展为目标，建设合理产

业布局。一是注重农产品品种增加、质量的稳步提高。陕西贯彻中央振兴种业的精神和要求，认真落实《中共陕西省委 陕西省人民政府关于全面推进乡村振兴加快农业农村现代化的实施意见》，抓牢耕地、种业两个基础，不断加大技术投入，加快解决种源困境问题。建议大力推广贯彻严格的耕地保护制度，强化耕地质量监测，减少、预防乃至杜绝“非农化”“非粮化”现象，加大耕地污染源头防治力度，力争到2025年，高标准农田保有量达到2000万亩以上。二是调整农业结构与提升产品质量。深化“3+X”工程，继续发挥苹果、奶山羊等特色农产品优势，加快推动猕猴桃、陕南茶、食用菌、核桃等产品高标准发展，形成区域性的农产品品牌体系。三是鼓励新型产业发展。村集体经济合作社要发挥示范带头作用，提供相关农业生产性服务，推动农资生产企业融入其他要素，转变为生产服务一体化企业。加快发展一批科技水平高、服务质量优的企业或合作社，搭建区域服务平台以提供社会化服务。推动“农业+”大力发展，积极融入旅游、生态等元素，推动休闲农业与村庄旅游、食品加工等行业协同发展新产业新业态。加快创建一批类似于宝鸡市物流电商产业园、扶风县电子商务产业园等国家电子商务示范基地，构建功能链和价值链不断提升的现代农业体系，保障就业创业、农民收入不断提高等。四是提高互联网利用水平。大力发展智慧农业，提高5G、遥感及物联网等信息技术在农业领域的利用率，建设智慧农牧场，推行精细化作业。拓宽农产品流通渠道，优化农产品生产、投放等产供销对接服务，强化区域农产品的产供销信息化平台建设。大力推广如洛川县的“顶端果业”农业推广模式，鼓励支持各经营主体利用“互联网+”推进城乡生产消费联结，推动农产品加工企业构建与农民的利益联结机制。

（二）加强农民就业创业帮扶，不断拓宽农民增收渠道

工资性收入是农民群体收入的一个重要来源。一方面，要积极建立覆盖全省的“培训+就业+保障”三位一体就业服务体系，全方位构建农村劳动力资源信息平台及重点帮扶对象档案，及时掌握农村居民的就业情况。地

方政府要注重发挥主动性、能动性，建立健全劳务信息发布窗口，依托“互联网+”就业平台、招聘App等多种渠道发布关于用工、复工、交通及疫情防控等方面的信息，积极引导农民外出务工，确保务工人员合理安排务工行程。地方政府要联合社会保障部门、司法机关做好外地务工农民与返乡创业群众的就业服务保障，共同维护农民工群体合法权益。另一方面，加大本地“扶贫车间”的政策扶持力度，主动安排贫困户就地就业。重视小微企业和民营企业在就业链中的重要作用，鼓励其参与产业链、供应链、价值链建设，提升本地就业吸纳能力。建议具体可从以下四方面入手。一是加强农业转移人口技能培训。通过组建农民劳务合作社，做好劳务对接工作，构建“订单式”的劳务培训合作体系，将市场需求放在第一位，加强技能培训的有效性和针对性，实现传统农民向现代农民的转变。二是强化新型职业农民培育。根据产业分布、地区发展趋势及农民自身需求，积极培育符合涉农企业及专业合作社用工需求，以及可以从事农机作业、农技指导等社会化服务工作的专业型、技能型、服务型职业农民。鼓励大学生、能人大户、退伍军人等主体开发农村电商等新业态实业项目。三是鼓励农民创业发展。以“大众创业、万众创新”为指导，吸引较为优质的城市创业培训资源向农村地区推广，建设农村创业见习基地及涉农“创业孵化基地”。四是吸引规范工商资本涉农投资。鼓励引导涉农企业开发就业岗位，扩充农民就业、就近务工渠道，建立合理化的利益分配机制，增加农民务工收入。构建利益联结机制，鼓励农户以土地经营权等形式入股企业，使农民享受企业发展壮大“红利”，确保长远利益。

（三）深化农村集体产权制度改革，持续增强农民增收新动能

从现状来看，作为增速快、活力强的财产性收入，突破其收入短板及弱项是亟须关注的问题。农民收入增长要在坚持农民主体地位、遵循市场规律的基础上实现，要以市场化改革为桥梁，以“三变”改革为路径，发展新型农村集体经济，实现制度环境优化、内生机制完善，形成农民增收新动力。首先，构建集体经济创新型发展机制，集体经济组织要以发挥牵头作用

为目标，组织成立多种类型的土地股份合作社，支持构建“土地股份合作社＋农业职业经理人＋农业综合服务超市”等多种形式的农业共同经营制度，不断提升农户股权收入。其次，分类开展农村集体资产改革，重点确保全方位、高质量地完成承包土地确权登记颁证工作，推动资源性资产管理台账建立健全，预防资产流失或空闲浪费。开展资产折股量化工作，全面构建资产运行管理、监督保障和收益分配的相关机制。最后，大力开展农村宅基地改革试点工作，重点从宅基地的使用权、资格权及所有权的“三权分置”入手，适度扩展宅基地和房屋的使用权，探索一条“有偿退出、有偿进入”的实施路径，充分发挥新型城镇化的引领带动作用。

（四）持续强化基层党组织建设，稳步提升增收带动作用

基层党组织，是实施乡村振兴战略的“主心骨”。一是强化基层党组织的公共事务核心统筹作用，明确党组织引领下的村民委员会强化自治管理体制机制。例如实施“四议一审两公开”工作程序时，必须明确完成村级党组织和村党员大会的各个审议环节；必须有上级党员参会，并以上级政策为基础，对村庄公共事务展开探讨，形成一份适用于当地农业发展、群众支持、执行力强、代表性强的决议，以提高基层党组织和党员在基层中的地位和影响力，促进农民增收致富和乡村振兴战略有效实施。二是在补齐公共服务供给短板上下功夫，加快构建多元主体协同机制，确保“两不愁三保障”成果得到巩固，满足农民在生活、经济上最直接、最现实的需要。三是提升基层党组织的经济发展指导能力。一方面，以新理念为基础，以新知识、新技术为重要纽带，强化党员干部的系统培训，让基层党员干部在农民增收致富领域发挥示范引领作用；另一方面，积极创新农村基层治理模式，开展项目化的工作改革，确保集体经济项目在实施过程中实现考核评价高、量化实施强、可控追溯行。保障各级财政投入做到稳中提升，实现政策统一、力度加大 ，以保障转移性收入稳定增长。

参考文献

姜长云、李俊茹、王一杰、赵炜科：《近年来我国农民收入增长的特点、问题与未来选择》，《南京农业大学学报》（社会科学版）2021 年第 3 期。

李莹、何得桂：《贫困治理背景下贫困县（区）县域经济发展评价——以陕西省为例》，《特区经济》2019 年第 4 期。

何得桂、公晓昱：《行政推动向内源发展：农村产业扶贫的长效机制》，《开发研究》2020 年第 4 期。

马莉、钱金云：《陕西财政支农支出对农民收入的影响分析》，《陕西行政学院学报》2021 年第 2 期。

费之光：《农民财产性收入和转移性收入增长的路径研究》，《农业经济》2020 年第 1 期。

B.5

陕西县域农业产业创新发展报告*

马建飞**

摘　要： 2021年中共中央一号文件提出了农业现代化的目标，陕西省委也发布了推动县域经济发展的若干政策。本文从六个方面对县域农业产业发展的政策及成效进行总结。县域农业产业发展，重点要培育家庭农场、农业合作社和龙头企业三类主体，并通过区域发展对策、产业集群发展、差异化园区建设，提升产业链整体发展水平。继续强化乡村振兴人才支持，结合电子商务、乡村旅游、品牌战略等新兴举措，提升农业现代化水平。

关键词： 农业产业　乡村振兴　县域经济　陕西省

为贯彻习近平总书记来陕考察重要讲话精神，奋力谱写高质量发展新篇章，2021年8月陕西省委省政府发布《关于推动县域经济高质量发展的若干政策措施》，提出到2025年全省县域经济发展的具体目标是：全省县域生产总值合计超过1.6万亿元，生产总值超过200亿元的县（市）数量达到24个；常住人口城镇化率提高5个百分点以上；力争省级以上产业园区在县域全覆盖，产业园区产值占县域总产值比重超过50%；AA级以上县域投融资平台达到20家。

2021年10月16日，《求是》杂志发表习近平总书记的重要文章《扎实推动共同富裕》，指出共同富裕是社会主义的本质要求。发展县域经济，是

* 本报告为2021年陕西省重大经济社会问题研究项目“陕西激发县域经济发展活力研究”成果。

** 马建飞，陕西省社会科学院农村发展研究所副研究员，研究方向为农村贫困及发展。

提高农民收入水平、实现共同富裕的根本措施。到2030年，我国县域的主要目标是乡村振兴，因而繁荣农业经营主体、拓展农业发展平台、促进农业现代化，是发展县域经济的重点内容。

一　发展农业经营主体

2021年中央一号文件《中共中央国务院关于全面推进乡村振兴加快农业农村现代化的意见》，对于县域各类经营主体分别提出建设重点。

（一）家庭农场

家庭农场是指以家庭成员为主要劳动力，耕种家庭承包土地或流转土地的新型农业经营主体。目前仍需坚持家庭经营在农村基本经营制度中的基础性地位，坚持适度规模经营，防止片面追求土地过度集中。

陕西省已纳入家庭农场名录管理数量达到5.7万家，县级以上示范农场达到6167家，其中省级示范家庭农场达到2065家，渭南市合阳县、延安市志丹县、汉中市汉台区、安康市汉阴县、商洛市丹凤县被省农业农村厅命名为“陕西省家庭农场省级示范县”。从2019年开始，农业农村部开展全国家庭农场典型案例征集活动，分为种植类、养殖类、种养结合类，截至目前两批发布了76家典型案例，陕西省共有3家典型案例入选（见表1）。

表1　全国家庭农场典型案例（陕西省）

序号	名称	具体内容
1	陕西榆林市榆阳区四娃圆梦家庭农场	以“水稻+综合生态养殖”为基础产业，以“水稻加工+托管服务”为发展方向，延长产业链，拓宽发展渠道，提升稻田综合种养质量和效益，开展集约化育苗、标准化生产、销售信息共享等发展模式，农场种植富硒水稻600亩、玉米500亩，稻田养蟹1800多公斤，年纯收入200多万元
2	西安市长安区瓜大姐家庭农场	集果蔬种植、休闲观光、采摘体验、科普研学、电商销售于一体的集约化农业生产的家庭农场。农场经营土地面积70余亩，年经营收入达120多万元，辐射带动种植面积达3000余亩，解决劳动力就业2000余人

续表

序号	名称	具体内容
3	汉中市南郑区灯盏窝家庭农场	逐步形成了集采摘体验、休闲观光、生态种植、养殖加工、餐饮住宿于一体的特色融合发展模式。农场经营土地面积200余亩，年经营收入100多万元，辐射带动种植面积达1000余亩，带动55户贫困户脱贫致富，解决劳动力就业200余人

（二）农民合作社

合作社是劳动群众自愿联合起来进行合作生产、合作经营所建立的一种合作组织形式。陕西省“十三五”时期，新增农民合作社3.01万家，总数达到6.13万家。我国的农民合作社多为能人带动型，而非互利合作型，大多运行效果欠佳。近年来，随着国家对于家庭农场、产业联合体政策支持力度加大，一些合作社转型发展，出现了一个组织多块牌子的现象。2021年8月30日，陕西省农业农村厅等十部门发布《关于公布新认定和取消监测不合格省级农民合作社示范社资格名单的通知》，认定271家合作社为省级农民合作社示范社，取消127家合作社省级农民合作社示范社资格，取消2家省级农民用水合作组织示范组织资格（见表2）。

表2　陕西省合作社种类及发展简况

序号	种类	简介	示范社情况
1	农民合作社	农民专业合作社是同类农产品的生产经营者或者服务的提供者、利用者，自愿联合、民主管理的互助性经济组织	每两年召开全国农民合作社发展部际联席会议，认定国家示范社，分为农业、林业、供销3个大类。陕西省2020年监测合格的国家级示范社有194家，省级示范社1119家
2	农机合作社	农机专业合作社组织机械化生产、收割，并进行农产品初加工，提供信息、技术、维修、培训、咨询等服务	“十三五”期间，陕西共建成14个“全国农机合作社示范社”、39个“省级现代农机专业合作社”
3	农民用水合作组织	农民用水合作组织由农户、新型农业经营主体等各类农村水利服务的提供者、利用者组建	监测标准主要是具备法人资格，农民用水户达到200户以上，管理有效灌溉面积1000亩以上。陕西第三次监测合格的国家级示范组织有6家，集中在关中地区

（三）农业龙头企业

农业龙头企业一般具有较高的技术水平、较大的经营规模和较好的经济效益。龙头企业在产业链上处于控制地位，通过原材料收购、雇用劳动力等对县域经济产生较大的影响。一个地区农业龙头企业的数量，是衡量该地区农业发展水平的重要标志。

2020 年 12 月 15 日，农业农村部对农业产业化国家重点龙头企业开展了第九次监测，1120 家监测合格，123 家企业因监测不合格取消资格。陕西省监测合格的国家级农业产业化重点龙头企业达到 34 家，在全国处于第 19 位，而首位的山东省达到 78 家。2021 年 10 月 12 日，农业农村部公示第七批农业产业化国家重点龙头企业名单，陕西省实现大突破，共有 11 家企业进入名单（见表 3），国家农业龙头企业总数达到 47 家。

表 3　2021 年第七批农业产业化国家重点龙头企业公示名单（陕西省）

序号	名称	序号	名称
1	陕西秦龙乳业集团有限公司	7	陕西汉晶粮油股份有限公司
2	白水县润泉现代农业科技开发有限公司	8	陕西省紫阳县和平茶厂有限公司
3	陕西红星软香酥食品集团有限责任公司	9	丹凤县华茂牧业科技发展有限责任公司
4	陕西石羊农业科技股份有限公司	10	陕西富强宏图牧业有限公司
5	洛川美域高生物科技有限责任公司	11	陕西果业科技集团有限公司
6	陕西华西牧业有限责任公司		

2021 年 10 月 11 日，陕西省农业农村厅发布《关于公布监测合格及递补省级农业产业化重点龙头企业名单的通知》，认定 497 家企业动态监测合格，递补 164 家企业，“陕西省农业产业化经营重点龙头企业”总数达到 661 家。

二　吸纳乡村振兴人才

当前农村优质劳动力外流，留守农民文化水平低、技术接受能力差，必须导入新型人才支持乡村振兴。人才兴旺是乡村振兴的基础条件。

（一）各类人才下乡

2021 年 5 月 11 日，中共中央办公厅印发《关于向重点乡村持续选派驻村第一书记和工作队的意见》，要求为全面推进乡村振兴、巩固拓展脱贫攻坚成果提供坚强组织保证和干部人才支持。陕西省继续选派优秀干部到乡村振兴重点帮扶县挂职，加大乡村振兴重点帮扶县的脱贫村第一书记和工作队选派力度。

自 2006 年起，根据《关于组织开展高校毕业生到农村基层从事支教、支农、支医和扶贫工作的通知》文件，每年选派大学生在毕业后到农村基层工作。2021 年，陕西省计划招聘 555 名“三支一扶”人员，其中宝鸡 70 人、咸阳 75 人、渭南 50 人、延安 45 人、榆林 45 人、汉中 70 人、安康 60 人、商洛 140 人。

2021 年 5 月 17 日，中共陕西省委组织部等三部门印发《百名科技特派员助力百村振兴行动实施方案》，组织科技特派员以成果入股、技术入股、资金入股等形式与村级经营主体建立利益共同体，驻村开展科技成果转移转化，发展壮大特色产业，推动产业提质增效。

2021 年 9 月 6 日，陕西省人社厅、省卫健委发布公告，面向社会为县及县以下医疗卫生机构定向招聘 2000 名工作人员。此次定向招聘人员在县及县以下医疗卫生机构最低服务期限为 5 年，一次性补助安家费 3 万元。服务期内向上浮动一级薪级工资，在脱贫县、山区县工作的浮动两级薪级工资。

（二）返乡创业人员

2020 年陕西农民工共 752.4 万人，出省到全国其他地区从业的农民工有 144.6 万人，其中到东部地区就业的占 66.9%。农民工的学历水平有所提升，大学专科及以上学历农民工占 16%，同比增加 2.2 个百分点。调查数据显示，近年来，陕西农民工就业向省内回流趋势明显。加强农民工返乡创业服务能力建设，利用好返乡人员带回的资金、技术、管理经验，奠定乡村振兴的人才基础。

国家政策层面也大力支持返乡创业。陕西省人力资源和社会保障厅等三部门印发《关于进一步推动返乡入乡创业工作的若干意见》（陕人社发〔2020〕14号），重点支持农民工、高校毕业生和退役军人三类人员返乡创业，提出了加强创业载体建设、加大创业融资支持、增强创业培训效果、提高创业服务质量、提供有效人才支撑、强化组织实施力度等六个方面的措施。2020年，陕西省推荐认定全国农村创新创业典型县7个、园区（基地）68家、优秀带头人10个。2020年，陕西省返乡农民工累计有74.93万人次实现就地就近就业。

（三）新型职业农民

新型职业农民是指具有科学文化素质、掌握现代农业生产技能、具备一定经营管理能力的农业从业人员。新型职业农民与传统农民的显著区别是：传统农民是生而为之；新型职业农民是主动选择的。国家的新型职业农民主要包括生产经营型、专业技能型和社会服务型三类。陕西省还增加了第四类新型职业农民——新生代型职业农民，是指经过农科专业教育和实训培育的具备一定农业生产经营管理能力的年轻化、专业化、知识化的新生代群体，主要包括农科大中专毕业生、返乡青年农民工、复转军人等。

认证新型职业农民，包括年龄、职业、学历、收入和知识技能等六方面的标准，具体又分为初级、中级、高级等三级认证。陕西省前五批总计认证高级职业农民1129人，2020年12月第六批认证2741人，总数达到3870人，实现了大突破。2020年，陕西省累计给2000户中、高级职业农民发放贷款3.3亿元，余额2.2亿元，化解农民贷款难问题。

2021年中央一号文件提出“培育高素质农民”。2021年2月23日，中共中央办公厅、国务院办公厅印发《关于加快推进乡村人才振兴的意见》（中办发〔2021〕9号），对于培养高素质农民队伍，提出了实施现代农民培训计划、利用现有网络教育资源、实施农村实用人才培养计划等三方面内容。2021年3月12日公布《中华人民共和国国民经济和社会发展第十四个五年规划和2035年远景目标纲要》进一步明确“实施高素质农民培育计划，运用农业农村资源和现代经营方式增加收入”。截至 2020 年 11 月，陕西省共认定高素质农民 107232 人，其中高级 1063 人、中级 9561 人、初级 96608 人。

三 培育各级县域产业

县域主要有县、镇、村三级行政单位，产业聚集呈现不同的特点，需要制定不同的产业发展重点、政策。

（一）县域产业

2021 年 6 月 18 日，中共陕西省委农村工作领导小组印发《国家乡村振兴重点帮扶县和省级乡村振兴重点帮扶县名单》，原 11 个深度贫困县被列为国家级重点帮扶县，原贫困县中有 15 个县被列为省级重点帮扶县，有 30 个原贫困县未被纳入乡村振兴重点帮扶县。30 余个省级相关部门共同研究制定了《关于支持国家和省级乡村振兴重点帮扶县的实施意见》，加强重点县的帮扶措施和帮扶力量，每年每县提供不低于 1000 万元的产业发展、乡村建设资金。同时，要确保所有脱贫县一并支持、一体帮扶、不掉队。

陕西省级有关部门、各市按照“一县一策”的原则，共制定一县一产业清单、一县一园区清单、一县一平台清单、创新发展清单、城镇建设示范清单、乡村振兴示范清单、县城城镇化补短板清单等七类清单，加强统筹协调和分类指导，制定有针对性的支持政策。陕西省发展和改革委员会的公告显示，截至 2020 年，76 个县（市）主导产业总产值达到 1.7 万亿元，累计带动 415 万人就业。

2021 年 7 月 30 日，农业农村部根据《关于开展全国休闲农业重点县建设的通知》（农产发〔2021〕1 号）文件要求，将 60 个县（市、区）列为 2021 年全国休闲农业重点县，陕西省有大荔县、礼泉县入榜。目标任务是到 2025 年建设 300 个休闲农业创业福地、产业高地、生态绿地、休闲旅游打卡地，后续每年将创建 50 个。

（二）产业小镇

2016 年 7 月 1 日，住建部、国家发改委、财政部联合发布通知，决定在全国范围开展特色小镇培育工作。之后，陕西省共有两批 14 个小镇进入名单，由于乱象多发，2018 年开始规范整顿。2021 年 9 月 16 日，陕西省发展和改革委员会印发《陕西省特色小镇培育创建方案（试行）》（陕发改规划〔2021〕1412 号），将全省特色小镇划分为先进制造、科技创新、创意设计、商贸流通、文化旅游、体育运动、三产融合等七种类型，支持具备条件的主体创建数字经济类、金融服务类等特色小镇。严控特色小镇房地产开发倾向。

2018 年，农业农村部启动实施农业产业强镇示范建设。截至 2021 年，全国已批准 1109 个农业产业强镇，每个镇补助资金 1000 万元；农业产业强镇每年 300 个创建名额，五年内全国要批准创建 1500 个。陕西省目前四批共计 34 个镇进入创建名单（见表 4）。2019 年，陕西省农业农村厅启动农村特色产业小镇项目；2021 年继续支持 9 个农村特色产业小镇，每个项目省级安排资金 220 万元。

表 4　国家农业产业强镇示范建设名单（陕西省）

单位：个

时间	批次	名单	数量
2018	第一批	定边县白泥井镇、周至县马召镇、千阳县南寨镇、印台区红土镇、临渭区下邽镇、黄龙县三岔镇、柞水县下梁镇	7
2019	第二批	彬州市北极镇、宝塔区甘谷驿镇、富平县刘集镇、大荔县范家镇、留坝县江口镇、石泉县池河镇、丹凤县棣花镇、岐山县益店镇、洋县马畅镇	9
2020	第三批	华阴市华西镇、旬邑县清塬镇、礼泉县昭陵镇、商南县富水镇、安康市汉滨区五里镇、子洲县老君殿镇、延长县交口镇、洛南县永丰镇	8
2021	第四批	陇县天成镇、三原县陵前镇、耀州区小丘镇、澄城县庄头镇、安塞区高桥镇、横山区党岔镇、山阳县户家塬镇、韩城市芝阳镇、杨陵区揉谷镇、省农垦集团朝邑农场	10

（三）“一村一品”

2021 年 10 月 20 日，农业农村部公示第十一批“一村一品”示范村镇，陕西省 14 个村镇进入名单（见表 5），累计达到 190 个。“一村一品”是发展乡村产业的有效模式和组织方式，通过规模化与特色化结合，培育地标化品牌优质农产品，提升农民收入水平。要在产品属性、品牌形象、功能价值、营销方式等方面寻求特色优势，实现差异竞争、错位发展。

表 5　2021 年农业农村部认定“一村一品”名单（陕西省）

序号	村镇	产业
1	陕西省西安市高陵区通远街道办事处何村	设施蔬菜
2	陕西省西安市西咸新区秦汉新城窑店街道办事处刘家沟村	窑洞文化
3	陕西省咸阳市淳化县十里塬镇十里塬村	食用菌
4	陕西省铜川市宜君县彭镇西洼村	食用菌
5	陕西省延安市甘泉县下寺湾镇闫家沟村	瓜菜
6	陕西省汉中市略阳县黑河镇	乌鸡
7	陕西省汉中市南郑区黄官镇水井村	藤竹编
8	陕西省安康市石泉县后柳镇中坝村	手工作坊文化
9	陕西省安康市白河县宋家镇	茶叶
10	陕西省宝鸡市陇县东风镇	奶山羊
11	陕西省渭南市富平县庄里镇	柿饼
12	陕西省渭南市蒲城县龙阳镇	瓜果
13	陕西省榆林市府谷县武家庄镇	肉羊
14	陕西省商洛市丹凤县峦庄镇	中药材

2021 年 10 月 20 日，农业农村部遴选推介 427 个全国乡村特色产业十亿元镇和亿元村。陕西省有 6 个镇进入十亿元名单：西安市蓝田县华胥镇、咸阳市泾阳县云阳镇、榆林市定边县白泥井镇、榆林市靖边县东坑镇、渭南市韩城市芝阳镇、宝鸡市眉县金渠镇；4 个村进入亿元名单：咸阳市礼泉县袁家村、宝鸡市岐山县蔡家坡镇唐家岭村、咸阳市礼泉县西张堡镇白村、宝鸡市眉县年第村。

四 壮大优势产业集群

通过一定的组织形式，将产业链横向和纵向联合，集聚化发展，是提升农业产业发展水平的重要手段。

（一）农业产业化联合体

农业产业化联合体是龙头企业、农民合作社和家庭农场等新型农业经营主体以分工协作为前提，以规模经营为依托，以利益联结为纽带的一体化农业经营组织联盟。2021 年 5 月 26 日，农业农村部出台《关于加快农业全产业链培育发展的指导意见》，明确将育种育苗、生产基地、仓储设施、科研院所、加工流通、产业协会、服务机构、电商平台、融资机构等产业链上各类主体组成产业联合体，打通产业上中下游的各个环节。截至 2021 年，全国已培育创建农业产业化联合体 7000 多个。2018 年 1 月 31 日，陕西省农业厅等八部门发布《关于促进农业产业化联合体发展的实施意见》（陕农业发〔2018〕6 号）。2019 年、2020 年，陕西省分别认定了 28 家和 31 家省级农业产业化示范联合体。

2021 年 9 月 13 日，陕西省政府办公厅印发《提升全省重点产业链发展水平若干政策措施》，对年度营业收入首次突破 100 亿元、500 亿元、1000 亿元的产业链重点企业，将分别给予 300 万元、500 万元、1000 万元奖励。对产业转型升级技术改造项目最高给予 500 万元资金支持；每年征集一批产业链重点项目，按照项目固定资产投资额的一定比例，最高给予 500 万元奖补。陕西省农业农村厅围绕粮食、苹果等 10 个农业主导产业建立现代农业产业链“链长制”，推动各类资源要素向全产业链聚集，加快推进农业全产业链发展。

（二）优势特色产业集群

2020 年农业农村部、财政部开展优势特色产业集群建设，培育结构合理、链条完整、聚集度高、竞争力强的优势特色产业集群。提出建设优势特色标准化生产基地、发展优势特色农产品加工营销、健全经营组织体系、加强要素集聚支撑、搭建信息服务平台和培育农业产业化联合体等六项主要工作。

自2020年开始，全国每年批准建设50个优势特色产业集群，2020年，陕西黄土高原苹果产业集群和陕西关中奶山羊产业集群入选；2021年，陕西秦岭猕猴桃产业集群和陕西陕茶产业集群入选。优势特色产业集群要统筹功能布局，聚焦关键环节和重点区域，推进全产业链开发、全价值链提升，形成集群发展新格局和市场竞争新优势。

（三）特色农产品优势区

2017年4月14日，农业部中央农村工作领导小组办公室等8部门发布《关于开展特色农产品优势区创建工作的通知》（农市发〔2017〕3号），提出资源禀赋独特、产业基础扎实、产品优质安全、带动作用较好等四个方面的创建条件。2020年7月20日，国家林业和草原局等7部门联合印发《中国特色农产品优势区管理办法（试行）》的通知（农办市〔2020〕9号），进一步细化管理措施。截至目前，陕西省四批共有12个特色农产品优势区进入国家级名单。2021年9月14日，陕西省农业农村厅等7部门联合印发通知，发布首批15个省级特色农产品优势区名单（见表6）。

表6　陕西省首批15个特色农产品优势区名单

序号	名称
1	西安市阎良区阎良甜瓜特色农产品优势区
2	宝鸡市凤县凤县大红袍花椒特色农产品优势区
3	宝鸡市陇县陇县奶山羊特色农产品优势区
4	宝鸡市陇县陇州核桃特色农产品优势区
5	咸阳市咸阳马栏红苹果特色农产品优势区
6	铜川市铜川大樱桃特色农产品优势区
7	铜川市宜君县宜君核桃特色农产品优势区
8	渭南市蒲城县蒲城酥梨特色农产品优势区

续表

序号	名称
9	延安市安塞区安塞地椒羊肉特色农产品优势区
10	榆林市横山区横山羊肉特色农产品优势区
11	汉中市城固县城固柑桔特色农产品优势区
12	安康市安康富硒茶特色农产品优势区
13	安康市白河县白河木瓜特色农产品优势区
14	商洛市柞水县柞水木耳特色农产品优势区
15	商洛市镇安县镇安板栗特色农产品优势区

（四）农业现代化示范区

2010 年农业部启动了“国家现代农业示范区”的创建工作，2013 年印发《国家现代农业示范区建设水平监测评价办法（试行）》，重点在优势农产品区域、大中城市郊区和特色农产品区域择优创建国家现代农业示范区。采取“目标考核、动态管理、能进能退”的考核管理机制，对考核不合格的示范区撤销“国家现代农业示范区”称号。截至目前，先后分三批认定了 283 个国家现代农业示范区，陕西省有长安、富平、汉滨、陈仓、泾河新城、平利等 6 个示范区名列其中。

2021 年中央一号文件提出：把农业现代化示范区作为推进农业现代化的重要抓手，以县（市、区）为单位开展创建，到 2025 年创建 500 个左右示范区，形成梯次推进农业现代化的格局。农业农村部《关于落实好党中央、国务院 2021 年农业农村重点工作部署的实施意见》提出“首批创建 100 个左右”。2021 年中共陕西省委一号文件也提出“加强资源整合、政策集成，争创一批国家级农业现代化示范区”。后续申报创建工作仍在进行中。

五　完善农业园区功能

园区化发展，是农业产业的高级形式。目前由各部门指导创建的各类农业园区，均有不同的主题目标，呈现差异化发展定位。

（一）现代农业产业园

现代农业产业园创建工作始于 2017 年，是指在一定的区域范围内，以农业产业为主导、以规模化种养基地为基础、以产业化龙头企业为带动的现代农业发展平台。国家级现代农业产业园认定条件包括八个方面的内容：主导产业发展水平全国领先、中央财政奖补资金使用高效规范、技术装备水平区域先进、绿色发展成效突出、带动农民作用显著、政策支持措施有力、组织管理健全完善和无“一票否决”情况。

自 2017 年以来，农业农村部和财政部批准创建了 151 个国家现代农业产业园，其中已认定 87 个。中央财政对每个国家现代农业产业园安排 1 亿元专项资金予以扶持。2021 年 7 月 1 日，陕西省农业农村厅、陕西省财政厅按照《关于开展省级现代农业产业园绩效评价和认定工作的通知》（陕农业发〔2020〕124 号），认定第一批省级现代农业产业园 6 个（见表 7）。8 月 18 日，陕西省农业农村厅确定在大荔县等 13 个县（市、区）创建省级现代农业产业园，建设期为两年。

表 7　陕西省现代农业产业园国家级创建名单和省级认定名单

国家级		省级	
1	陕西省洛川县现代农业产业园*	1	平利县现代农业产业园
2	榆阳区国家现代农业产业园	2	泾阳县现代农业产业园
3	杨凌示范区现代农业产业园*	3	西安市阎良区现代农业产业园
4	眉县现代农业产业园*	4	合阳县现代农业产业园
5	陇县国家现代农业产业园	5	乾县现代农业产业园
6	陕西省柞水县现代农业产业园	6	西安市高陵区现代农业产业园

注：* 为已经认定。

（二）产业融合示范园

2017 年 8 月 1 日，国家发展改革委等七委（部局）印发《国家农村产业融合发展示范园创建工作方案》（发改农经〔2017〕1451 号），分为农业内部融合、产业链延伸、功能拓展、新技术渗透、产城融合、多业态复合等六种类型，原则上由县级政府申报创建。2019 年认定第一批 100 个单位，陕西有渭南市大荔县、榆林市榆阳区 2 个地方的示范园入选；2020 年认定第二批 100 个单位，陕西有榆林市米脂县、商洛市洛南、杨陵区 3 个地方的示范园入选；2021 年认定第三批 116 个单位，陕西有汉中洋县、铜川王益区、延安南泥湾、榆林神木市、榆林定边县 5 个地方的示范园成功入选。2021 年底总数已达到 10 个。

2021 年 2 月 7 日，陕西省发展改革委等 8 个部门印发《陕西省农村产业融合发展示范园创建三年行动计划（2021～2023 年）》（陕发改农经〔2021〕216 号），提出用 3 年时间，创建 100 个左右省级农村产业融合示范园。力争用 10 年时间，使全省现代农业板块产值跨上万亿元台阶。目前正在抓紧开展省级农村产业融合示范园第一批创建工作，计划 2021 年创建 30 个。

（三）科技类农业园区

1997 年，杨凌高新区成为中国首个“国字号”农业高新区。2018 年，陕西省人民政府办公厅发布《关于推进农业高新技术产业示范区建设发展的实施意见》，提出到 2025 年，全省建成省级示范区 8～10 家，新增国家级示范区 1 家。目前，渭南大荔县、铜川印台区正在制定省级农业高新技术产业示范区的发展规划和环境评价体系。

农业科技园区创建工作始于 2001 年。2020 年 7 月 9 日，科技部等六部门对《国家农业科技园区管理办法》进行了修订，园区建设期为三年，每三年进行一次评估。截至 2021 年底，已经公布了九批国家级农业科技园区，陕西省有渭南、杨凌、榆林、汉中、咸阳、宝鸡、商洛、安康等 8 个地方的园区入选。2020 年 11 月 18 日，陕西省科学技术厅印发《陕西省农业科技园区管理办法》（陕科办发〔2020〕103 号）。2021 年 3 月 5 日，陕西省科学技术厅公布 2020 年度省级农业科技园区评估结果，24 个园区中 4 个为“优秀”，16 个为“达标”，4 个为“不达标”。

农业标准化示范区是指按照一定的种植或养殖标准组织生产和管理，其产品达到相关质量标准要求的农业生产区域。1996 年，原国家技术监督局开展大规模农业标准化示范区建设工作。截至 2020 年，已经发布十批国家级农业标准化示范区建设项目。截至 2020 年，陕西已建成国家级农业标准化示范区 164 个，正在建设的国家级农业标准化示范区项目 6 个、省级项目 23 个。这些项目在推进陕西省农业特色产业发展和助力脱贫攻坚中发挥了积极作用。

六　推进农业现代化

农业农村现代化，是 2021 年中央一号文件的主题，涉及的工作重点较多，对于农业生产经营体系提出了全方位的发展要求。

（一）电子商务

2021 年 2 月 25 日，全国脱贫攻坚总结表彰大会上，陕西省共有四个电子商务典型受到党中央、国务院表彰。分别是咸阳市武功县电商服务中心、宝鸡市眉县齐峰果业有限责任公司董事长齐峰、咸阳市长武县洪家镇姜曹村村级电子商务负责人姜西武、延安市宜川县云岩镇辛户行政村高楼村人付凡平。

2021 年 7 月 29 日，商务部公布了 2021 年电子商务进农村综合示范县名单，陕西省华阴市、蓝田县、兴平市、耀州区、洛川县、扶风县、富平县、山阳县、镇巴县、岚皋县、武功县等 11 个县（市、区）成为 2021 年电子商务进农村综合示范县，其中武功县为激励县。2021 年 7 月 16 日，陕西省商务厅、省财政厅发布《2020 年省级农村电子商务激励县推荐名单公示》，拟将宝塔区、太白县、白河县、商州区、周至县作为 2020 年省级农村电子商务激励县推荐对象。2021 年 9 月 7 日，陕西省商务厅、陕西省财政厅、陕西省乡村振兴局印发《2021 年电子商务进农村综合示范项目实施方案和资金管理办法及项目管理制度的通知》（陕商函〔2021〕480 号），省财政先期拨付资金计划1000万元，待项目中期评估通过之后再给予1000万元资金支持，并对示范县提出了具体的工作目标。

（二）乡村旅游

2021年8月25日，文化和旅游部、国家发展改革委公布第一批100个全国乡村旅游重点镇（乡）名单，陕西省有三镇入选，分别是石泉县后柳镇、商南县金丝峡镇和礼泉县烟霞镇。自2019年起，文化和旅游部、国家发展改革委发布全国乡村旅游重点村，三年来陕西省共有40个村入选（见表8）。

表8　全国乡村旅游重点村（陕西省名单）

单位：个

市(区)	第一批	第二批	第三批	合计
西安市		长安区王曲街道南堡寨村	鄠邑区石井街道蔡家坡村	2
咸阳市	礼泉县烟霞镇袁家村	旬邑县张洪镇西头村 泾阳县安吴镇龙源村		3
商洛市	商南县金丝峡镇太子坪村 商洛市柞水县营盘镇朱家湾村	柞水县小岭镇金米村 洛南县四皓街道南沟社区 丹凤县棣花镇棣花社区	山阳县法官镇法官庙村	6
榆林市	佳县坑镇赤牛坬村	绥德县满堂川镇郭家沟村		2
铜川市	耀州区石柱镇马咀村	宜君县哭泉镇淌泥河村 印台区金锁关镇何家坊村		3
渭南市	白水县杜康镇和家卓村	华阴市华山镇仙峪口村 华阴市孟塬镇司家村 临渭区桥南镇天刘村 潼关县太要镇秦王寨社区	合阳县黑池镇南社社区	6
汉中市	留坝县火烧店镇堰坎村	勉县勉阳街道天荡山社区 佛坪县长角坝镇沙窝村 汉台区河东店镇花果村	南郑区汉山街道汉山村	5
安康市	石泉县饶峰镇胜利村 岚皋县四季镇天坪村	宁陕县筒车湾镇七里村 石泉县后柳镇中坝村		4
延安市		延川县文安驿镇梁家河村	宝塔区万花山镇佛道坪村	2

续表

市（区）	第一批	第二批	第三批	合计
宝鸡市	太白县黄柏塬镇黄柏塬村	眉县汤峪镇汤峪村 凤县红花铺镇永生村	金台区金河镇周家庄村	4
韩城市	西庄镇党家村	板桥镇王村		2
杨凌区		五泉镇王上村		1

历史文化名城、名镇、名村，是重要的旅游资源。截至2021年底，陕西省共有历史文化名城六处——西安、延安、韩城、榆林、咸阳、汉中；历史文化名镇七处——澄城县尧头镇、宁强县青木川镇、神木县高家堡镇、石泉县熨斗镇、铜川市印台区陈炉镇、旬阳县蜀河镇、柞水县凤凰镇；历史文化名村三处——韩城党家村、米脂县杨家沟村、三原县新兴镇柏社村。

住房和城乡建设部、文化部、财政部于2012年组织开展了全国第一次传统村落摸底调查，确定了第一批中国传统村落名录。截至2019年共公布五批中国传统村落，陕西省共有113个村庄入选，目前第六批正在申报中。从2010年开始，农业农村部开展中国美丽休闲乡村评选活动，要求特色优势明显、服务设施完善、乡风名俗良好、品牌效应明显，陕西省目前共有41个村庄入选。

（三）民间文化

2021年8月2日，中共中央办公厅、国务院办公厅印发《关于进一步加强非物质文化遗产保护工作的意见》，提出挖掘民间文化资源，发展文化产业助力乡村振兴。

推动非物质文化遗产与旅游融合发展、高质量发展，利用非物质文化遗产资源发展乡村旅游等业态。鼓励建设非物质文化遗产就业工坊，促进当地脱贫人口就业增收。2020年10月，陕西省文化和旅游厅与陕西省扶贫办联合下发《关于支持设立省级非遗扶贫就业工坊的通知》，并公布了首批52家省级非遗扶贫就业工坊。2021年10月，陕西省文化和旅游厅与省乡村振兴局联合下发《关于支持设立第二批省级非遗就业工坊的通知》，启动第二批非遗工坊申报工作。

陕西拥有得天独厚的红色文化资源，包括陕北的陕甘宁革命老区和陕南的川陕革命根据地。传承弘扬红色文化，推动红色旅游高质量发展，提高红色旅游产业经济占比。支持革命老区积极申报国家级示范区，支持各类媒体通过新闻报道、公益广告等多种方式宣传推广红色旅游。

2018 年 1 月 4 日，文化部印发《“中国民间文化艺术之乡”命名和管理办法》，命名周期为 3 年。2021 年 10 月 19 日，文化和旅游部公示 2021 ~ 2023 年度“中国民间文化艺术之乡”名单，分别是榆林市榆阳区（陕北民歌）、延安市安塞区（安塞腰鼓）、渭南市华州区（皮影）、榆林市绥德县四十里铺（石雕）、铜川市印台区陈炉镇（陶艺）、渭南市富平县宫里镇（石刻）和汉中市汉台区龙江街道（龙舞）。除安塞腰鼓是上期延续外，其他六个项目均是新调整入选。

2005 年，联合国粮农组织（FAO）发起全球重要农业文化遗产保护项目，我国目前有 15 个项目进入目录。陕西省仅有“陕西佳县古枣园”入围。从 2012 年开始，我国每两年发掘和认定一批中国重要农业文化遗产，陕西省有 6 处入选。目前，仅有汉阴凤堰古梯田开发力度较大，建成 4A 级风景区，知名度较高；佳县古枣园、凤县大红袍花椒栽培系统、蓝田大杏种植系统、临潼石榴种植系统等其他农业遗产项目旅游开发尚未起步。

（四）品牌建设

2021 年 3 月 15 日，农业农村部办公厅印发《农业生产“三品一标”提升行动实施方案》（农办规〔2021〕1 号），启动实施农业生产“三品一标”（品种培优、品质提升、品牌打造和标准化生产）提升行动，更高层次、更深领域推进农业绿色发展。2021 年 4 月 11 日，陕西省农业农村厅印发《陕西省农产品区域公用品牌管理办法（试行）》（陕农发〔2021〕22 号），将绿色食品认证、有机产品认证，地理标志登记保护目录内的初级鲜活农产品，均纳入认定范围；《陕西省农业品牌目录制度实施办法（试行）》（16 –

21〔2021〕2号），包括农产品区域公用品牌和企业（包括农民专业合作社、家庭农场等主体）产品品牌。

全国名特优新农产品目录编发工作从2013年开始，每两年发布一次。2021年4月16日，农业农村部农产品质量安全中心发布公告，陕西省37个农产品成功入选全国名特优新农产品名录，产品涵盖果品、蔬菜、粮油、茶叶、肉蛋及加工类等。截至2021年底，陕西省共有152个名特优新农产品纳入国家名录。

截至2020年，陕西省共有230家企业的370个产品处于绿色食品认证的三年有效期内。2020年，陕西省获得有机认证的单位为7家10个产品，认证面积为0.62万亩。除认证面积为倒数第二（海南省为0.19万亩）外，单位数和产品数均为全国倒数第一。截至2020年，陕西省登记国家农产品地理标志产品合计109个，居全国第13位；其中种植业102个，畜牧业7个。

参考文献

陕西省委办公厅、陕西省政府办公厅：《关于推动县域经济高质量发展的若干政策措施》，《陕西日报》2021年8月5日。

中央农村工作领导小组办公室、农业农村部、国家发展改革委、财政部、自然资源部、商务部、人民银行、市场监管总局、银保监会、全国供销合作总社：《关于实施家庭农场培育计划的指导意见》（中农发〔2019〕16号），2019年8月27日。

陕西省农业农村厅：《关于命名第一批家庭农场省级示范县的通知》，2021年9月17日。

国家统计局陕西调查总队：《务工规模略有下降，就业形势总体趋稳——基于2020年农民工“输出地”调查》，2021年3月4日。

陕西省农业厅：《陕西省新型职业农民认定管理办法》（陕农业办发〔2016〕48号），2016年7月1日。

农业部、国家发展改革委、财政部、中国人民银行、税务总局、自然资源部：《关于促进农业产业化联合体发展的指导意见》（农经发〔2017〕9号），2017年10月13日。

农业农村部办公厅、财政部办公厅：《关于开展国家现代农业产业园创建工作的通知》（农计发〔2017〕40号），2017年3月29日。

陕西省人民政府：《新时代支持革命老区振兴发展若干措施》（陕政发〔2021〕13号），2021年8月12日。

B.6
陕西现代农业发展研究

黄 懿*

摘 要： 实现农业现代化，事关我国全面建成小康社会和建设社会主义现代化强国的大局，是新时代中国特色社会主义思想和基本方略之一，是新时代经济发展的重要基础和必然选择。本报告分析了现代农业的内涵，提出从产业体系、生产体系、经营体系3个方面入手，探讨陕西现代农业的发展状况，并提出了进一步推动现代农业发展的对策建议。

关键词： 现代农业 农业现代化 陕西省

党的十八大首次提出工业化、信息化、城镇化、农业现代化“四化同步”。推动农业现代化，是保持经济持续健康发展的必然要求，也是适应我国社会主要矛盾变化的必然要求。一直以来，农业现代化都是“四化同步”的短板。新时代，农业发展的内外环境发生深刻变化，加快建设现代农业的要求更加迫切。构建现代农业体系，加快推进经济高质量发展，不断壮大经济实力和竞争力，是陕西谱写高质量发展新篇章的根本要求。近年来，陕西积极贯彻落实中省精神，深入实施各项“三农”战略，现代农业取得长足发展。同时，现代农业发展受自然资源与环境、经济发展水平和社会功能完善性等多重因素影响。研究如何准确评估现代农业发展现状和水平，梳理推动与阻碍现代农业发展的关键因素，对

* 黄懿，陕西省社会科学院农村发展研究所助理研究员，研究方向为农村经济、可持续发展。

实现农业现代化、构建现代农业体系具有十分重大的理论意义和应用价值。

一　现代农业的内涵

党的十六大报告提出“建设现代农业，发展农村经济，增加农民收入”。随后，历次全会、中央及国务院召开的农业农村工作会议，都把推进现代农业建设作为扎实推进新农村建设的着力点。2007 年中央一号文件《关于积极发展现代农业与扎实推进社会主义新农村建设的若干意见》明确提出“积极发展现代农业”。党的十八大首次将农业现代化纳入“四化同步”。党的十九大报告在实施乡村振兴战略中提出“加快推进农业农村现代化”，我国“三农”工作进入新时期，农业农村发展也迎来新契机。同时，在规划层面，2011 年编制了《全国现代农业发展规划（2011 ~ 2015 年）》，2016 年编制了《全国农业现代化规划（2016 ~ 2020 年）》。

《国民经济行业分类》（GB/T4754 – 2017）中的农业，包含各类种植业（如谷物种植，豆类、油料和薯类种植，水果种植，等等）和其他农业，与林业、牧业、渔业有区分，主要用于对行业分类需要精确描述的场景，如统计部门的数据统计。但是，大多数时候农业指广义农业，等同于“农、林、牧、渔业”，主要用于与工业、服务业等产业相区分的场景。

农业现代化就是用现代物质技术要素（包括人力资本）替代传统要素投入，使传统农业转变为现代农业的过程。而现代农业侧重体现农业发展阶段。目前，农业发展阶段提法较多，如原始农业、古代农业、近代农业和现代农业，石器时代农业、铁器时代农业和工业化时代农业，传统农业阶段、低资本技术农业阶段和高资本技术农业阶段，等等。现代农业的内涵暂无统一标准。本报告按照党的十九大提法，拟从产业、生产、经营三方面阐述现代农业，发展现代农业就是构建现代农业产业体系、生产体系、经营体系。

可以说，发展现代农业、构建现代农业体系是农业现代化的目标，农业现代化是对实现现代农业发展过程的描述；而农业农村现代化的内涵更加丰富，不但包括产业，还包括农村生活等内容。本报告拟从产业结构、产业链条、三产融合等方面探讨现代农业产业情况，从生产能力、科技、要素投入效率、农业园区等方面探讨现代农业生产情况，从经营主体、品牌建设、电子商务发展等方面探讨现代农业经营情况（见表1）。

表1　陕西现代农业发展指标

指标	内容	备注
产业水平	农林牧渔业总产值	反映现代农业产业整体水平
	农业产值占比、林业产值占比、牧业产值占比、农林牧渔服务业产值占比	反映产业结构，即农业产值/农林牧渔业总产值、林业产值/农林牧渔业总产值、牧业产值/农林牧渔业总产值、农林牧渔服务业产值/农林牧渔业总产值
	农副食品加工业与农业总产值之比、农产品深加工占比	反映产业链条延伸、附加值提升，以及二、三产业发展情况
生产水平	农业机械总动力	反映农业机械化程度
	有效灌溉率、高标准基本农田面积、设施农业用地面积	反映农业生产基础设施建设情况
	投入产出率、土地产出率、农业劳动生产率	反映农业生产要素投入产出情况，即农林牧渔业增加值/（农林牧渔业固定资产投资额+农副食品加工业固定资产投资额+食品制造业固定资产投资额）、农林牧渔业增加值/耕地面积、农林牧渔业增加值/农业从业人口
经营水平	农业园区、规模养殖场	反映适度规模经营情况
	家庭农场、农民合作社、高素质农民、省级以上农业产业化龙头企业	反映新型农业经营主体情况
	“两品一标”品牌	反映品牌发展情况，即绿色食品、有机产品、农产品地理标志

二　陕西现代农业发展现状

（一）产业体系

1. 空间布局特色鲜明

陕西农业主要包括玉米、小麦等粮食生产，以及苹果、猕猴桃、梨等经济作物；牧业则以猪、羊为主。2020 年，陕西农林牧渔业总产值为 4056.61 亿元，比 2019 年增加 14.70%，比全国高 3.55 个百分点；其中，农业、林业分别增加 14.77%、10.22%，比全国高 6.17 个、7.00 个百分点。从产值构成来看，农业和牧业合计占比 91.22%（见图 1）；从区域分布来看，农业、牧业、农林牧渔服务业主要集中在关中，林业、渔业主要集中在关中和陕南（见表 2）。“十三五”以来，陕北长城沿线、渭北旱塬、关中灌区、

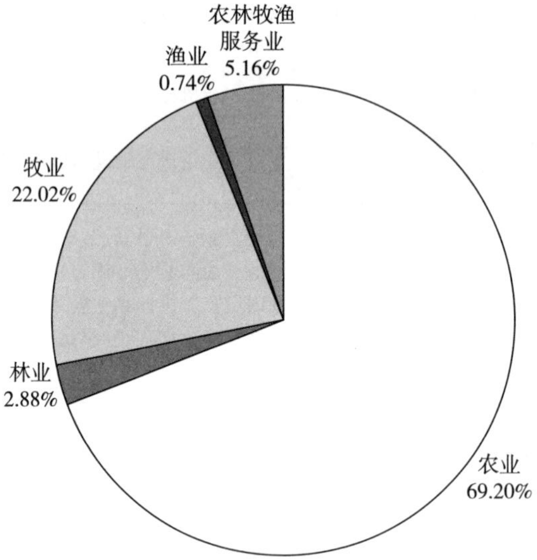

图 1　2020 年陕西农林牧渔业总产值构成情况

资料来源：陕西省统计局、国家统计局陕西调查总队：《陕西统计年鉴（2021）》，http://tjj.shaanxi.gov.cn/upload/2021/zk/indexch.htm。

陕南川道区“四大粮食功能区”，渭北陕北苹果、陕北肉羊、关中奶畜、陕南生猪、秦巴山区茶叶“五大特色产业带”，西咸都市农业、秦岭北麓猕猴桃、渭南设施瓜菜、宝鸡高效果菜、渭北樱桃、黄河沿岸红枣“六大产业板块”的农业产业格局基本形成。

表2　2020年陕西各地区农林牧渔业产值及省内占比情况

单位：亿元，%

地区	农业		林业		牧业		渔业		农林牧渔服务业	
	产值	占比	产值	占比	产值	占比	产值	占比	产值	占比
关中	1641.89	58.49	57.38	49.08	417.19	46.70	12.30	41.00	146.83	70.16
西安	392.43	13.98	23.61	20.19	84.99	9.51	1.89	6.30	61.50	29.38
铜川	42.50	1.51	0.84	0.72	9.64	1.08	0.30	0.99	2.32	1.11
宝鸡	235.86	8.40	15.77	13.49	98.04	10.97	1.47	4.90	17.06	8.15
咸阳	462.31	16.47	8.32	7.12	90.88	10.17	1.69	5.62	37.74	18.03
渭南	498.21	17.75	7.55	6.46	130.21	14.58	6.96	23.20	26.91	12.86
杨凌	10.59	0.38	1.28	1.09	3.42	0.38	—	—	1.30	0.62
陕南	581.88	20.73	41.75	35.71	285.89	32.00	14.78	49.25	36.11	17.25
汉中	293.49	10.46	16.60	14.20	132.53	14.84	6.92	23.07	13.71	6.55
安康	167.82	5.98	10.85	9.28	85.32	9.55	6.86	22.85	11.24	5.37
商洛	120.57	4.30	14.30	12.24	68.04	7.62	1.00	3.33	11.16	5.33
陕北	583.30	20.78	17.77	15.20	190.27	21.30	2.93	9.75	26.34	12.59
延安	285.55	10.17	6.97	5.96	36.14	4.04	0.75	2.50	6.68	3.19
榆林	297.75	10.61	10.81	9.24	154.13	17.25	2.17	7.25	19.67	9.40

资料来源：陕西省统计局、国家统计局陕西调查总队：《陕西统计年鉴（2021）》，http://tjj.shaanxi.gov.cn/upload/2021/zk/indexch.htm。

2. 粮食产业稳步发展

2020年，粮食生产实现“十七连丰”，达到历史最高产量1274.83万吨。近5年，全省粮食作物播种面积一直保持在3000千公顷，总产量一直保持在1200万吨左右（见图2），且以秋粮为主。2020年，谷物单位面积产量4659公斤/公顷，比全国低1637公斤，比西北五省区平均水平低590.6公斤，单位面积产量有待提高①。

① 国家统计局：《中国统计年鉴（2021）》，中国统计出版社，2021。

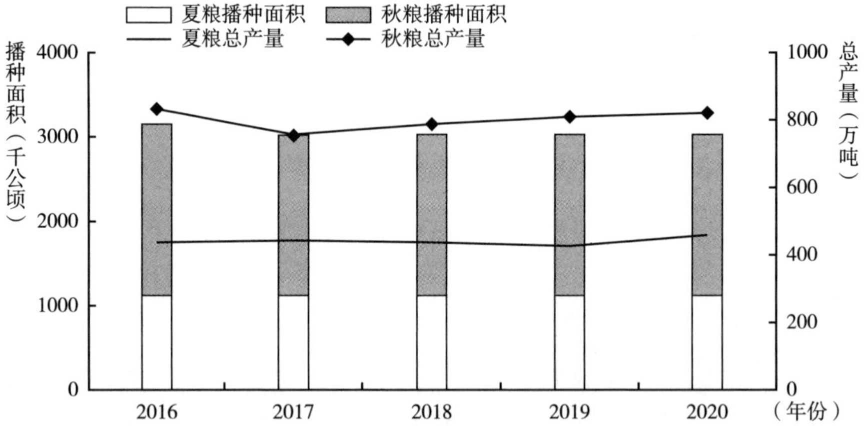

图 2　近 5 年陕西粮食产业发展情况

资料来源：陕西省统计局、国家统计局陕西调查总队：《陕西统计年鉴（2021）》，http：//tjj. shaanxi. gov. cn/upload/2021/zk/indexch. htm。

3. 特色产业优势突出

陕西农村生态类型多样，人文资源、动植物资源和自然景观丰富，形成了苹果、奶山羊、猕猴桃、茶叶等优势特色产业。自 2018 年以来，陕西深入推进农业特色产业“3 + X”工程，提出“以千亿级苹果为代表的果业、以千亿级奶山羊为代表的畜牧业、以千亿级棚室栽培为代表的设施农业”的发展目标。截至 2020 年，陕西苹果产量连续十二年居全国第一；猕猴桃面积、产量稳居全国第一；陕西是全国最大的奶山羊养殖基地、羊乳加工基地；花椒产量全国第一；核桃、油用牡丹的种植面积居全国第二。

4. 三产融合初具雏形

立足三产融合、全产业发展，坚持主体带动、示范引领和模式集成，实施百库百线工程，支持新型农业经营主体建设冷贮设施和初加工生产线。同时，引导新型农业经营主体向乡镇聚集，推进原料生产、加工物流、休闲服务等业态融合发展。创建了西安市临潼区、宝鸡市凤县、渭南市白水县、安康市汉滨区和榆林市佳县 5 个全国农村一二三产业融合发展先导区。休闲农业和乡村旅游蓬勃发展。打造中国美丽休闲乡村 25 个、全国休闲农业示范县13个、特色产业小镇24个，带动了休闲农业和乡村旅游规范发展。休闲农业示范点已覆盖陕西10个设区市以及杨凌和韩城的57个县（区），涉及农业、林业、牧业、渔业的各方面。乡村旅游创新创业活动持续活跃，袁家村、马嵬驿、茯茶镇成为中国乡村旅游创客示范基地，乡村运动、康养、研学、度假成为新时尚。宝鸡大水川“旅游+生态+扶贫”模式受到李克强总理高度肯定，安康宁陕县全域旅游脱贫模式被文化和旅游部、国务院扶贫办肯定和推广。

（二）生产体系

1. 农业综合生产能力显著增强

2020年，陕西农业机械总动力2387.96万千瓦，比2012年（十八大以来）增加了11.25%；以粮食生产大县和粮食功能区为重点，累计建成高标准农田1421万亩；农用化肥使用量（折纯量）201.91万吨、农药使用量1.2万吨，分别比2012年减少31.94%、15.80%。但是，农作物耕种收综合机械化率有待进一步提升，全国综合机械化率在2018年达到67%，其中主要粮食作物综合机械化率达到80%，2019年陕西主要农作物耕种收综合机械化率才68%。主要农产品中，水果、奶类的人均产量远高于全国平均水平，粮食、肉类、油料低于全国平均水平，推进集成技术转化应用，单产提升潜力较大。

2. 要素资源支撑能力逐渐增强

农业资源丰富。地形条件多样，气候适宜。陕西地跨长江、黄河两大水系，渭河盆地、汉江盆地、月河川道等区域适宜发展种植业和畜牧业。关中、陕北大部分地区属于暖温带季风气候，四季干湿冷暖分明，昼夜温差大，适宜水果种植生产。土地资源富足。2020年，陕西耕地面积397.68万公顷，占全省总面积的19.34%。劳动力资源丰富。从第七次全国普查数据来看，2020年陕西人口在全国所占比重，比2010年上升0.01个百分点；15岁及以上人口平均受教育年限为10.26年，比2010年上升0.9年，比全国多0.35年。第一产业就业人员达632万人，占就业总人数的30.02%，比全国平均水平高4.92个百分点。

农业投融资规模不断增长。2020年，农林牧渔业固定资产投资额增长6.2%，比全省总投资额增长率高2.1个百分点；民间投资增长2.0%，比2019年高0.7个百分点；农林水支出占一般公共预算支出的12.49%，比2019年高0.53个百分点。

承包地确权登记颁证全部覆盖，农村集体产权制度改革整省推进。陕西已基本完成清产核资工作，实现县级交易中心全覆盖。以县级农村产权交易中心建设为重点，健全了农村产权交易市场体系，因地制宜推广了多种建设方式，包括借用金融机构场地实现资源互补的华州模式、与国企西部产权交易中心联办联营的白水模式、县级财政出资自建的泾阳模式等。西安市阎良区土地延包、4县区农村宅基地改革（高陵、神木等）、12个县区闲置宅基地和住宅盘活利用（高陵、礼泉、神木、城固、柞水、杨凌等）等试点有序开展，农村集体经营性建设用地入市制度不断完善。

3. 农业科技合作效果日益明显

2020年，陕西有地方公有经济企业专业技术人员为19.94万人，其中农业技术人员仅1151人，占比0.58%。2018年，陕西综合科技创新水平指数为66.58，居全国第9位，其中科技活动产出指数为76.06，居全国第4位，科技进步贡献率为58.3%；登记科技成果3152项，其中农林牧渔业科技成果427项，占比13.55%①。

（三）经营体系

1. 新型农业经营主体稳定增长

规模不断扩大，农民合作社基本实现全覆盖。2020年，陕西有国家级龙头企业44家，其中，西安12家；从产业类型来看，以瓜果和畜禽为主，分别为12家、11家。农民合作社6.1万家，其中，国家级示范社290家，省级示范社1142家，百强社310家，入社农户202万余户，带动非社员农户

① 陕西省农业农村厅：《陕西农业农村经济结构分析报告》。

390多万户；从产业类型来看，种植业占58%，养殖业占29%，林业占8%，服务业占6%，其他占6%。纳入名录管理家庭农场8.2万个，县级以上示范家庭农场6225个；其中，种植业占61.23%，畜牧业占23.11%，种养结合占11%①。

高素质农民队伍发展良好，示范引领作用逐渐显现。到2019年，陕西累计培育高素质农民20.6万人，认定了11万人，高素质农民队伍已成为发展现代农业、实施乡村振兴战略的重要力量，成为发展新产业新业态的先行者、应用新技术新装备的引领者、创办新型农业经营主体的实践者，86%的为家庭农场主，76%的为合作社负责人，73%的为农业企业负责人。

2. 农业品牌价值显现

"两品一标"认证发展迅速。2020年，陕西有效期内绿色食品认证、有机产品认证的数量分别为369个、165个。绿色食品以果品类为主，关中最多。从食品类型来看，以农林品及其加工产品类为主，占75.88%，饮品类占12.74%，畜产品和其他产品占比均低于6%；从产品级别来看，以初级产品为主，占比68.02%，初加工产品和深加工产品占比分别为28.73%和3.25%；从区域分布来看，关中农林品及其加工产品、畜禽类产品都高于陕北和陕南，占比均超过70%，饮品类主要集中在陕南，陕北的其他产品数量较多；79.28%的初级产品和全部深加工产品在关中，65.09%的初加工产品在陕南。② 农产品地理标志登记保护的产品有117个，其中种植业类107个，畜牧业类8个，水产业类2个③。

公用品牌以果品类为主，陕南最多。2021年，陕西共有全国农产品区域公用品牌100个，汉中最多，达22个；其中，果品类包括洛川苹果、眉县猕猴桃、大荔冬枣、凤翔苹果、户县葡萄、蒲城酥梨、富平尖柿等，还有

① 农业农村部政策与改革司：《2020年中国农村政策与改革统计年报》，中国农业出版社，2021。

② 陕西省农业农村厅：三品一标，http://nynct.shaanxi.gov.cn/www/nyzysjk1185/，最后检索时间：2021年12月25日。

③ 全国农产品地理标志查询系统，http://www.anluyun.com/，最后检索时间：2021年12月25日。

畜禽类的兴平关中黑猪、茶叶类的汉中仙毫、中药类的镇巴天麻、食用菌类的商洛香菇等。以区域公用品牌为引领、以企业品牌为主体的品牌集群式发展格局已经形成，为陕西发展品牌农业打下了较为坚实的基础。

3. 电子商务初具规模

西安高新技术产业开发区、西安国际港务区、宝鸡物流电商产业园、扶风县电子商务产业园等入选国家电子商务示范基地名单。陕西打造了丝路商旅、利安电超市、西域美农、熊猫伯伯、土豆姐姐等一批电商品牌，在京东、阿里巴巴建设了一批地方特色馆。京东县级电子商务服务中心、农村淘宝等合作项目积极推进。

三　陕西现代农业发展的形势及展望

我国正处于“两大实现”“三大衔接”的叠加期，即全面建成小康社会实现、绝对贫困消灭的按期实现，全面建成小康社会与建成社会主义现代化国家“两个百年目标”的衔接、精准脱贫与乡村振兴的衔接、“十三五”收官和“十四五”谋划的衔接。“两大实现”是对现代农业高质量发展的重要考核。现代农业是“三农”发展的重要基础，“三农”发展水平是检验全面建成小康社会是否实现的关键指标。2020 年绝对贫困消灭的按期实现，是对现代农业发展水平的重要检验。“三大衔接”对现代农业发展提出了新要求。习近平总书记指出，没有农业现代化，没有农村繁荣富强，没有农民安居乐业，国家现代化是不完整、不全面、不牢固的，同时强调，解决好“三农”问题，根本在于深化改革，走中国特色现代化农业道路。因此，全面建成小康社会与建成社会主义现代化国家“两个百年目标”的衔接中，真正实现农业强、农村美、农民富，现代农业发展要做好开篇布局。“十三五”收官和“十四五”谋划的衔接中，在“十三五”农业现代化取得进展、城乡发展融合性增强、农民生活水平普遍提高的基础上，对“十四五”提出了农业农村现代化迈上新台阶、筑牢小康社会的新要求。精准脱贫与乡村振兴的衔接中，实现乡村产业振兴，把农业发展成最有魅力的希望产业，保证已脱贫人口不返贫、已摘帽贫困县不返贫，对现代农业发展提出了新要求。陕西谱写高质量发展新篇章，提升农业生产效率，促进农村生产目标从高产量转向高质量，推动现代农业的机械化、信息化、智慧化发展，势在必行。

四　加快陕西现代农业发展的对策建议

（一）顶层设计：完善扶持政策

政策支持要统筹考虑农业农村发展。新时代，在支持产业发展的同时，可适当向农村人居环境改善、农村社会事业等倾斜，坚持农业产业支持和农村发展协调并行。只有农村居民的土地承包经营权、宅基地使用权、集体资产收益分配权，以及就业创业、医疗卫生、养老社保、教育等方面的权利得到保障，土地政策改革成效才能落实，千方百计盘活农村资源资产才能实现，才能促进农村集体资源资产保值增值并创造实实在在的红利，才能推动适度规模经营，才能促进农业农村“双创”落地。政策支持要坚持保供给、调结构、转方式并行。既要保障农产品供给，让城乡居民在物质上和经济上获得足够、安全和富有营养的食品；也要促进农业结构、生产方式与资源环境承载力相匹配，确保农业资源休养生息。因此，制定支持政策不但要考虑发展规模的扩大，还要考虑单位产量的提升。

（二）强化动能：做大做强特色产业

持续推进“一村一品”“一县一业”建设，扶持引导发展水果、畜牧、设施农业等优势特色产业，坚持产业链延伸和提档升级同步进行。推动农产品深加工，开发小麦马铃薯面食产品、苹果猕猴桃终端果饮、高端乳制品、高档牛羊肉制品、多元化茶饮品等农产品。优化粮经饲种植结构，确保粮食产能前提下，加大粮改饲、粮改经步伐；采用良种良法配套、农机农艺融合，创建集中连片高效粮食生产功能区。集中建设一批叫得响、有影响的区域公用品牌作为特优区的“地域名片”，整合形成省级十大区域公用品牌。促进新型农业经营主体迅速发展，确保其在农业供给侧结构性改革、优化农业要素组合、提升农业规模化经营水平等方面的积极作用，使其成为现代农业发展的主力军。

（三）聚集要素：科技创新、体制创新

发挥杨凌示范区作用，围绕生物技术、资源利用、病害机理、节水机理、生态修复、农业工程、食品加工与营养安全等关键领域，大力开展农业科技协同创新，抢抓战略竞争制高点。鼓励组建面向旱区的国家级农业标准化研究推广服务机构，探索公益性和经营性农技推广融合发展机制。

探索财政支农资金集约化、市场化使用途径。在目前经济形势下，财政对农业农村投入的增速大幅增长的空间有限，未来财政支农资金需要进一步整合集约使用，发挥杠杆作用，激发社会资本和市场主体投入积极性。开展信贷、保险等市场化投入试点，结合大数据追踪、预测，实现市场化精准支持。充分发挥财政资金杠杆作用，采取以奖代补、贷款贴息、保费补贴等方式，撬动金融和社会资本更多投向现代农业。加大金融服务现代农业力度，创新金融服务产品，降低融资成本，把更多金融资源配置到现代农业发展的重点领域和薄弱环节。

持续推动农村产权制度改革。落实现有政策，盘活存量用地，完善现代农业发展用地政策。积极探索，稳步开展“点状用地”试点，优化现代农业用地管理。在符合国土空间规划前提下，通过村庄整治、土地整理等方式节余的农村集体建设用地，采取入股、租用等方式盘活的农村集体经济闲置建设用地，优先用于发展现代农业项目。发展多样化的联合与合作，积极引导农民在自愿基础上，通过经营权流转、股份合作、代耕代种、土地托管等多种方式，推动适度规模经营发展。

（四）提升效能：加强信息技术应用

重视农业生产及管理信息化的基础设施建设，建设现代农业供应链数据

体系。加大物联网、大数据、移动互联网、云计算、人工智能、区块链等技术的使用力度，如区块链技术在农产品电商的质量安全控制方面的使用，可自动实现农产品质量安全可追溯。建立统一农业信息监测网络，强化主导特色产业数据采集和即时利用，充分运用大数据、云计算等现代信息技术，实现农业生产、流通、消费和农产品质量安全的全面实时监测。整合农业信息服务资源，促进农业生产、经营、管理、决策领域各类数据的高效利用。

加快推进农业生产智能化、经营网络化、管理数据化、服务在线化，实现信息技术与农业生产、经营、管理、服务全面深度融合。加快省、市、县三级农业信息综合服务体系建设，开展农技服务、农产品质量安全监管、农产品电子营销等服务，提升土地托管、农用机械、农业技术的商业化服务网络在村镇的覆盖率。

参考文献

中国农业科学院：《全国农业现代化监测评价指标体系方案》，中华人民共和国农业农村部网站，http：//www.moa.gov.cn/sy_23468/sydt/201711/P020171128346919514892.docx，最后检索时间：2021年12月25日。

程彬芮：《平昌县现代农业发展水平评价研究》，《四川农业科技》2019年第6期。

冀钦、杨建平、徐满厚：《山西吕梁山连片特困区现代农业发展水平综合评价》，《中国人口·资源与环境》2018年第S1期。

陈林生、鲍鑫培：《现代都市农业背景下农业产业融合水平测度及评价研究——以上海为例》，《经济问题》2019年第12期。

郭涛、赵德起：《中国现代农业经营体系发展水平测度及收入效应》，《山西财经大学学报》2018年第10期。

B.7

陕西城乡融合发展的基础、存在的问题和优化路径*

智　敏**

摘　要： 城乡融合是我国经济社会发展进入新阶段的客观要求，也是破解城乡二元结构、释放乡村活力、推动乡村振兴的有效举措。陕西城乡融合发展，还面临城乡收入差距较大，城乡公共服务水平均等化任务艰巨，城乡基础设施差距明显，农村产业支撑不足，区域差异显著等困难和问题。本文结合陕西城乡融合发展现状与存在的问题，提出了树立城乡融合发展观，畅通城乡要素双向流动通道，搭建城乡产业协同发展平台，推进城乡基本公共服务均等化，差异化推动城乡融合发展的对策建议。

关键词： 城乡融合　乡村振兴　新型城镇化　陕西省

城乡融合发展是顺应时代要求、有效破解我国城乡发展不平衡和农村发展不充分的有效途径；也是推动农业农村现代化、实现乡村振兴的重要举措。党的十九届五中全会明确提出要“全面实施乡村振兴战略，强化以工补农、以城带乡，推动形成工农互促、城乡互补、协调发展、共同繁荣的新型工农城乡关系”。城乡融合发展就是要消除城乡二元结构，让城市与乡村

---

* 本文为陕西省社科基金招标课题（编号为2016ZB006）、陕西省社会科学院重点项目（编号为20ZD01）的阶段性成果。

** 智敏，陕西省社会科学院农村发展研究所助理研究员，主要研究方向为农村经济。

实现政治、经济、社会、文化和生态的协调发展，同时在城乡良性互动中实现城市与乡村的共生、共荣与共享。科学研判城乡融合发展现状，分析存在的问题，对于构建城乡融合发展新格局具有重要的理论与实践意义。

一　城乡融合的发展实践

近年来，陕西高度重视城乡区域协调发展，积极探索城乡融合发展机制，在城乡经济、公共服务、基础设施和乡村治理等方面进步显著，城乡居民收入实现持续较快稳定增长，城镇化率稳步提高，重点示范镇建设持续推进，农村人居环境大大改善，城乡互动逐步增强，城乡要素双向流通的规模和范围不断扩大，城乡融合发展的基础不断夯实。

（一）空间格局初步形成

1. 大力推动城乡规划一体

在城乡二元结构体制下，城市和农村分属两个规划体系和管理制度，存在城乡规划脱节和农村规划缺位的现象。实现城乡融合发展，首先要把城市和农村作为一个有机整体，对城市和农村发展的空间规划、产业发展规划等统筹考虑，科学布局。从2016年开始，陕西省作为住房城乡建设部省级空间规划试点，积极探索省域城镇体系规划编制路径，努力促进相关规划的有机衔接，建立健全覆盖城乡、事权清晰、上下衔接的省域空间规划体系，基本建立了省、市、县、乡镇四个层级和总体规划、相关专项规划和详细规划的全省国土空间规划体系。

2. 扎实推进以县城为载体的新型城镇化建设

县城是城市与乡村的联结点，发挥着承上启下的作用，在优化城乡经济结构、吸纳剩余劳动力、完善公共服务等方面有极大的辐射带动能力，是实现城乡融合发展的重要空间和关键环节。但陕西大部分的县城还面临基础设施欠账多、产业基础弱和公共服务水平有限等问题，县域承载能力和辐射能力有待进一步提高。结合国家县城公共服务和市政基础设施规划指标，针对全省县域城镇化过程中的弱项和短板，制定出台了《陕西省推进县城城镇化补短板强弱项实施方案》，分类推进县城扩容提质，壮大县域经济，不断提高县域综合承载能力和辐射能力；出台了《关于促进陕西省特色小镇规范健康发展的实施意见》，不断规范省级特色小镇发展，培育发展了袁家村关中民俗风情村、泾河新城茯茶镇、照金红色革命小镇等一批特色鲜明的小城镇，为实现大中小城市与小城镇协调发展、县域经济特色化发展提供了有力的支撑。

3. 西咸接合片区积极开展城乡融合发展试验

作为 11 个国家城乡融合发展试验区之一，陕西西咸接合片区（包含西安市西咸新区、高陵区、阎良区，富平县，咸阳市兴平市、杨凌农业高新技术产业示范区、三原县和武功县）承担着探索城乡产业协同发展机制、科技成果入乡转化机制、进城落户农民依法自愿有偿转让退出农村权益制度和农村集体经营性建设用地入市制度等试点任务。2020 年编制出台了《西咸接合片区城乡融合试验区实施方案》，推动各试验点建立统筹协调机制，细化实施方案，结合自身发展基础和特色，建立健全城乡融合发展工作机制，确保试验任务取得实效。

（二）体制机制日趋完善

在城乡二元结构体制下，城市与农村被人为分割，体制和机制的差别限制了生产要素在城乡间的合理流动，主要表现为生产要素从农村到城市的单向流动，并逐步形成了城乡间发展的不平衡。为了打破城乡二元结构的制约，围绕城乡一体化、城乡统筹和城乡融合，陕西相继出台了一系列文件和政策来加以引导和促进，人才、资金和土地等城乡要素双向流通机制逐步完善。

1. 逐步建立城乡统一的土地资源流通市场

城乡土地实现平等交换和增减挂钩，有利于城市先进生产要素向农村地区的注入。2021 年发布的《中共陕西省委　陕西省人民政府印发〈关于建立健全城乡融合发展体制机制和政策体系的实施方案〉的通知》中明确提出，要修订《陕西省实施〈中华人民共和国土地管理法〉办法》，逐步建立公平合理的集体经营性建设用地入市增值收益分配制度。农村土地制度改革是土地要素城乡融合的关键，对农村集体土地进行登记确权、盘活农村闲置宅基地等基础性工作，为建立城乡统一的土地流通市场打下坚实的基础。作为全国试点，陕西已经全面完成了农村土地确权登记颁证工作，集体资产清产核资登记也基本完成，全省向617.32万户颁发了确权证书，确权登记了5835.65万亩家庭承包耕地，占到总面积的98.89%。[①] 陕西积极开展集体产权制度改革，在宅基地“三权”分置、集体经营性建设用地入市、农村土地征收方面探索先行，高陵区作为全国农村土地制度改革试点，统筹协调推进“农村土地征收”“集体经营性建设用地入市”“宅基地制度改革”三项试点，探索出“老村规范提升”“新村建设转移”“整村退出融合”三种模式，引导农村宅基地退出，以协议出让、就地入市的方式，实现集体经营性建设用地入市，为全省乃至全国盘活农村土地资源共建共享提供了有益的参考。

2. 引导劳动力要素合理畅通有序流动

实现人口的双向流动，关键在于要打通人口从城市向农村流动的渠道。陕西不断深化户籍制度改革，取消了全省（除西安市外）的落户限制，逐步实现省内（除西安市外）户口通迁；并逐步探索实施农村籍大学生“来去自由”的落户政策，鼓励原籍高校毕业生、外出农民工及经商人员返乡就业创业。2020年发布的《关于鼓励引导人才向基层流动的若干措施》中提出，要支持科技人才通过互联网远程技术为艰苦边远地区提供技术指导，并鼓励科技人才在基层兼职或提供公益性志愿服务，城乡劳动力合理流动的机制逐步完善。念好“任、派、引、培”四字经，从产业大户、致富能人、返乡创业等群体中选任一批，从机关、企事业单位选派一批，从乡村“能人”、离职赋闲人员等新乡贤中引回一批，通过高素质农民培育等各类涉农培训培育一批，探索构建优秀干部、驻村工作队等选人用人留人机制，为乡村振兴持续输送、培养优秀人才，化解人才短缺难题。

---

① 陕西省农业农村厅：《承包地确权登记颁证工作：陕西8地区2单位5人受国家表扬表彰》，http：//www.shaanxi.gov.cn/xw/ldx/bm/202011/t20201105_2112163_wap.html。

3. 畅通资金城乡流动渠道

鼓励城市资本下沉，农行陕西省分行、长安银行等银行与政府签署服务乡村振兴战略全面合作协议，对全省农村重点区域和农业薄弱环节进行金融支持，强化金融产品支撑和服务渠道建设，不断提高基层金融服务能力。同时，落实农村金融机构定向费用补贴政策，鼓励农村商业银行、农村合作银行、农村信用社围绕农业全产业链，针对龙头企业、合作社和种植、养殖大户开展金融服务，大力推进农业再保险制度和农村数字普惠金融发展，强化城乡融合的资金保障。

表1　陕西近年来与城乡融合相关的政策文件

发布时间	政策文件	主要内容
2009	《陕西省人民政府关于神木县、府谷县、高陵县和杨陵区建设城乡统筹省级示范区改革试点总体方案的批复》	要求试点全面推进体制改革，率先建立完善统筹城乡发展的体制机制，建成城乡统筹改革示范区，在城乡统筹发展中发挥带动示范作用
2010	《陕西省人民政府关于加大力度推进有条件的农村居民进城落户的意见》	加大力度推进有条件的农村居民进城落户
2011	《关于促进农村土地承包经营权流转的指导意见》	明确了陕西农村土地流转的基本原则，流转范围、方式、期限，促进土地流转的措施和服务管理
2013	《中共陕西省委　陕西省人民政府关于加快推进城乡发展一体化　促进城乡共同繁荣的若干意见》	提出要加快推进城乡发展一体化步伐，城乡政策一致、规划建设一体、公共服务均等、收入水平相当，实现城乡共同繁荣
2017	《关于进一步健全特困人员救助供养制度的实施意见》	贯彻城乡统筹发展理念，将原农村五保供养和城市“三无”人员救助制度统一为特困人员救助供养制度，实现城乡特困人员公平获得救助供养服务
2018	《陕西省人民政府关于统筹推进县域内城乡义务教育一体化改革发展的实施意见》	基本消除城乡二元结构壁垒，构建与城乡空间布局和常住人口增长趋势相适应的城乡义务教育建设机制，基本实现城乡基本公共教育服务均等化
2018	《中共陕西省委　陕西省人民政府关于加强和完善城乡社区治理的实施意见》	促进城乡社区治理能力和治理体系现代化，提高城乡社区治理专业化、法治化、社会化和组织化程度
2018	《中共陕西省委　陕西省人民政府关于实施乡村振兴战略的实施意见》	明确提出要加快城乡融合发展，建立健全城乡融合发展体制机制，构建融合发展的新型工农城乡关系

续表

发布时间	政策文件	主要内容
2020	《中共陕西省委 陕西省人民政府印发〈关于建立健全城乡融合发展体制机制和政策体系的实施方案〉的通知》	积极开展城乡融合发展试验,推动乡村产业振兴,推进生产要素在城乡间合理流动
2020	《关于鼓励引导人才向基层流动的若干措施》	搭建有利于科技人才干事创业的平台,畅通科技人才基层流动渠道,加强对一线科技人才的帮扶协作
2020	《2020年推动关中平原城市群和新型城镇化发展重点工作任务》	取消全省(除西安市外)落户限制,逐步实现省内(除西安市外)户口通迁
2021	《陕西省构建更加完善的要素市场化配置体制机制的实施方案》	破除体制机制障碍,实现土地、劳动力、资本和技术等要素价格市场决定、流动自主有序、配置高效公平
2021	《关于改革完善社会救助制度的若干措施》	积极推进全省社会救助制度改革,建立健全分层分类、城乡统筹的社会救助体系

（三）城乡产业融合基础不断坚实

产业融合是城乡融合发展的关键，城乡产业充分融合就是要依托城乡良性互动关系，积极利用资金、技术和人才等资源优势反哺农村，充分发挥城市产业转移、产业结构升级辐射对农村产业的带动和引领作用，在保持城乡产业差异的基础上，激发农村产业的内生动力，实现一二三产业在城乡融合发展过程中的升级和增值。

1. 深入推进富民乡村产业提质增效

围绕“首位主导、龙头牵引、园区承载、要素聚集、整县推进”的发展思路，依托特色资源禀赋优势，持续实施“3 + X”特色产业攻坚行动。水果生产稳居全国首位，2020 年苹果产值突破 1000 亿元，猕猴桃产量占全世界的 1/3，羊乳制品产销量稳居全国第一，中药材和茶叶等特色农业产业不断向优势产区聚集，成为带动农民增收的重要来源。强化科技支撑，围绕农业信息化建设、农机农艺融合和种业攻关等项目，推进数字化、装备化和科技化在农业农村的发展，推动乡村产业链纵向延伸，由生产销售环节向精深加工和仓储物流等环节延伸，不断提高农产品附加值，促进富民乡村产业转型升级，先后创建了国家级农业产业强镇16个、农村特色产业小镇24个、农村三产融合发展先导区7个，为承接城市产业的转移与辐射提供了基础和保障。

2. 培育发展新产业、新业态与城乡生产、消费对接

充分挖掘乡村特有的农耕文明和生态文明，实施“互联网+现代农业”行动，跨界配置农业生产要素，发展以良种供给、农资配送、农技服务为重点的产前服务产业，和以仓储物流、终端销售为重点的产后服务产业，推动农业与旅游、休闲、文化传承、民宿、教育体验和康养等业态的深度融合，拓展农业多种功能，创建了24个特色产业小镇、13个休闲农业示范区和34个中国美丽休闲乡村。推动电子商务进农村，强化村级电商服务站点建设，拓展村级服务站快递代收发、生活缴费、小额助农取款等功能，鼓励和引导大型电商与第三方物流在农村建立物流配送中心与冷链物流，解决农村物流“最后一公里”问题，为实现农产品进城和工业品下乡提供高效物流服务，实现乡村产业与城乡生产消费的多层次对接。

（四）努力推动乡村基础设施提档升级

党的十八大以来，我国加快了乡村治理体系和能力建设的步伐，其中农村人居环境整治是乡村治理体系建设的重要内容。陕西以“净美三秦”为主题，围绕厕所革命、垃圾处理、污水管网、乡村道路等方面，开展“村庄清洁”行动，改善乡村公共基础设施和环境，群众生产生活条件改善明显。

1. 统筹推进农村水、电、路、通信、污水垃圾处理等基础设施建设

不断推进“四好农村公路”建设，创建2个省级“四好农村路”示范市和36个示范县，其中有9个为国家级示范县。“十三五”以来，全省农村公路总里程达到15.4万公里，实现了100%乡镇和100%建制村通沥青（水泥）路的目标。深入推进农村饮水安全工程建设，全省农村饮水安全问题基本解决。实施新一轮农村电网改造升级工程，97.78%的自然村通动力电。大力开展农村生活垃圾治理专项行动和“厕所革命”，农民的生产生活

便利性不断提高。围绕“三化一片林”开展绿色家园建设，改善村庄公共空间和庭院环境，村容村貌显著提升。

2. 完善农村文化基础设施

推动包含文化娱乐、健康保健、文化交流及宣传教育等在内的多功能的农村公共文化服务体系建设，增加农村公共文化服务供给总量，基本实现了五级公共文化服务设施全覆盖，丰富和提升了农民的文化休闲生活。

二　存在的问题

（一）城乡收入差距仍然较大

近年来，陕西居民收入保持了较快的增长速度，尤其是农村居民人均可支配收入增长速度比城镇居民人均可支配收入增长速度要快，城乡居民收入的鸿沟有所缩小，但较大的城乡收入差异没有根本扭转。从收入绝对差额来看，2013～2020 年，陕西省农村居民人均可支配收入由 7092 元上升至 13316 元，增加了 6224 元；同期城镇居民人均可支配收入由 22346 元上升至 37868 元，增加了 15522 元，增幅为农村的 2.49 倍。2020 年，城乡居民人均可支配收入差额由 2013 年的 15254 元上升至 24552 元，约是 2013 年差额的 1.61 倍，城乡居民收入差距仍然较大。从城乡居民可支配收入比来看，2020 年陕西省城乡居民可支配收入比为 2.84，与 2013 年相比差距有所缩小，但与全国平均水平和小康社会的城乡居民收入合理差距标准（2∶1）相比，差距仍然较大，城乡可支配收入差距依旧明显（见图 1）。

（二）城乡公共服务和基础设施均等化任务艰巨

长期受到二元体制的影响，城乡居民在享受公共服务方面的差距较大，一是城乡居民所享受的社会保障差异明显。目前，农村居民所能参与的社会保障内容与城市居民相比偏少，且保障水平有限，城镇居民的参保体系更为完善，基本囊括了常见的五大险种，而大多数农村居民只有新农村合作医疗

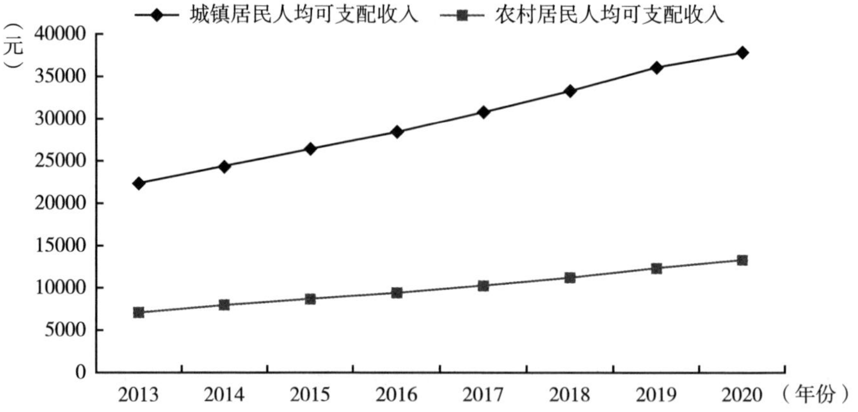

图1　2013～2020年陕西城乡居民可支配收入

资料来源：国家统计局陕西调查总队网站。

保险和新型农村社会养老保险两大险种。二是城乡教育在师资力量和硬件设施等方面存在显著差异，优质教育资源长期向城镇高度集中，农村地区投入有限，农村地区的教育事业水平亟待提升。三是城乡医疗服务差距明显。在医疗资源方面，三甲及以上的医院、经验丰富的专家及先进的医疗设备均聚集在城市，2019年陕西农村与城市的每千人卫生技术人员比为1∶1.59，医疗机构床位比为1∶1.49，农村医疗资源和服务能力相对薄弱，难以满足乡村医疗服务的需求。

国家和地方高度重视乡村基础设施建设和农村人居环境改善，城乡差距有所缩小。但是，离城乡融合发展的要求还有距离，农村人居环境改善仍然面临较大挑战。农村地区在网络升级、电网改造、仓储物流等基础设施建设方面，还远远滞后于城市，公共产品配置效率较低。截至2019年底，全省城市污水处理率为95.5%，垃圾处理率为99.1%，而仅有36.6%的行政村实现污水处理，[①] 远远低于城市水平。基础设施差距明显是城乡发展不平衡的重要表现，直接影响农村居民对现代化发展成果的共享。

① 赵瑞利：《截至去年年底陕西城市生活垃圾处理率达99.1%》，http：//news.hsw.cn/system/2020/0610/1193450.shtml。

（三）乡村产业支撑不足

产业融合是城乡融合的经济基础，推进农业与二、三产业融合发展，是加快转变农业发展方式的重要抓手，也是拓宽农民收入渠道的重要途径。非农产业和农业劳动生产率的显著差异是形成城乡经济差距的基础。从三次产业贡献率变化看，陕西非农产业比重达到了92.5%，农业增长长期落后于二、三产业，一产小、散、弱的问题还没有得到根本改善。具体看三次产业对经济增长的贡献率，陕西农业的贡献率长期保持低位徘徊，基本在5%左右，并且出现了下降的趋势。2019年，陕西第一产业贡献率低于全国1.2个百分点。在农业内部，传统农业占比过大，农林牧渔业发展较不均衡，与全国相比，农业占比较高，林业、牧业、渔业占比均低于全国平均水平。2019年，陕西农林牧渔业中农业总产值占比高达69.1%，高于全国平均水平15.8个百分点。以种植业为主的传统农业占比高，一定程度上影响了农业附加值和经济效益，也影响了三产之间的融合。

三　对策建议

（一）搭建城乡产业协同发展平台，激发参与主体合作共赢的内生动能

城乡融合发展的关键在于提高城乡系统内部的可持续发展能力，并确保城乡区域和城乡参与主体之间的公平性。参与城乡融合发展主体有政府、涉农城镇企业和个人、新型经营主体、农民等，要实现城乡产业的良性互动，必须搭建参与主体之间互利合作和协同发展的平台。

1. 聚焦新产业新业态，推动农业全产业链发展

2021年中央一号文件明确提出要构建现代乡村产业体系，首先要依托乡村特色优势资源打造农业全产业链。深化以“3+X”为特色的陕西现代农业工程，围绕农业特色主导产业，聚焦新产业新业态，组建由龙头企业、

农民合作社、种植/养殖大户、农民和育种公司、农资农技供应和担保贷款主体等组成的联合体，跨界配置生产要素，发展特色农产品产地初加工、精深加工、储运、销售和服务等各个环节，挖掘农业在生态涵养、观光旅游、文化体验、科普教育、健康养老等方面的功能和价值，促进产业深度融合，探索农产品个性化定制服务、会展农业和农业众筹等新模式，推动农业强链、补链和延链，实现农业农村服务功能增收渠道的拓展，让农民分享更多的产业增值收益，实现多元主体价值需求点的对接和互利合作活力的迸发，筑牢城乡融合的产业基础。

2. 把农业园区作为促进农业全产业链发展的重要平台

持续开展国家、省、市、县级现代农业产业园“四级联创”，整合城乡优质资源，推动生产要素跨界配置与融合，发挥产业集聚效应，激发多元主体的活力与创造力，推动农业生产和经营体系转型升级。

（二）以制度改革为突破，畅通城乡要素双向流动

城乡要素的自由流动是城乡融合的本质要求和重要体现。城乡间流动的要素主要包括人、钱、地、技等方面，只有从根本上打破要素从城市流向农村的体制和机制障碍，才能实现要素在城乡之间的充分融合与自由流动。

1. 完善人才双向对流机制

继续深化户籍制度改革，完善农业转移人口、在城镇稳定就业生活的新生代农民工和学生的落户政策，引导公共服务随人口流向供给，围绕进城就业安家需求，保障进城落户农民与市民享有同等的公共服务。在积极引导农村富余劳动力向城市转移的同时，科学设计人才下乡和农民工返乡就业激励机制，搭建广阔的就业平台，完善激励政策，支持青年人才和乡贤等社会力量返乡创业，引导专业人才向农村流动，实现人才在城乡间双向顺畅流通。

2. 支持引导工商和金融资本下乡

充分发挥中央预算内投资和国家城乡融合发展基金的引导作用，科学配置、利用和引导社会资本、金融资本和自筹资金等下乡发展。同时，依据农业产业特征建立风险分担机制，发展农业保险，减少资本下乡的后顾之忧。

3. 健全农村土地配置机制

在稳定土地家庭联产承包经营权的基础上，深化土地三权分置改革和农村集体产权制度改革，不断探索和深化农村集体经营建设用地和闲置宅基地等土地资源的合理开发与利用，建立城乡统一的土地要素市场，激发农村土地资源要素活力。

（三）完善支持政策，推进城乡基本公共服务和基础设施均等化

坚持农业农村优先发展，加大财政支持力度，重点完善农村的基础设施和公共服务体系，统筹公共资源在城乡间的均衡配置。

1. 逐步实现公共服务制度并轨

加大涉农资金整合力度，建立省级层面统筹整合长效机制，推行“大专项+任务清单”管理方式，推进行业内资金整合与行业间资金统筹相互衔接配合。推进社会事业经费向农村倾斜，统筹教育、医疗卫生、养老、就业、文化服务、社会救助等城乡基本公共服务标准统一和制度并轨，让基本公共服务惠及更多的农村百姓。

2. 统筹城乡基础设施网络体系建设

依托新型城镇化和新农村建设，以县城、中心镇和农村为重点，促进城乡公共设施联动发展。统筹推进城乡交通、电力、供水、供气、垃圾、污水处理、公共文化设施等基础设施建设和一体化联动发展，并推进城乡基础设施一体化高效管护，实现城乡基础设施互通。

（四）因地制宜，差异化推动城乡融合发展

新时代城乡融合发展虽然强调城乡关系的“平等性”和“整体性”，但并不意味着完全追求城市和乡村发展的“平均化”和“标准化”。在城乡融合发展过程中，应该重视城市和乡村之间的分工差异和功能特征，将城乡发展视为一个分工有别又相互依存、互为促进的有机整体。受区域发展差异的影响，各大区域板块城镇化推进程度差异明显，各种类型城市以及离城市不同距离的地区城乡融合状况迥异。因此，有针对性地探索适合自身实际的区

域城乡融合发展模式十分重要。陕西分为陕南、关中、陕北三地，集大城市、大农村、大山区于一体，城乡发展差距大，协调发展任务重。资源的差异性造就了不同区域乡村的多样性，资源的稀缺性造成了不同区域乡村产业结构的差异性、多样性，各地区面临的机遇和挑战也各不相同，因此城乡融合要走差异化道路。积极落实《国家城乡融合发展试验区改革方案》和《中共陕西省委 陕西省人民政府印发〈关于建立健全城乡融合发展体制机制和政策体系的实施方案〉的通知》，重点推进国家城乡融合发展试验区——西咸接合片区城乡融合试验，杨凌示范区、西安市高陵区、富平县、三原县等结合本地实际，聚焦科技成果投入转化、城乡产业协同发展平台、城乡基础设施一体化、农村集体经营性建设用地入市等方面，因地制宜，先行先试，并示范带动全省城乡融合发展。

参考文献

文丰安、王星：《新时代城乡融合高质量发展：科学内涵、理论基础与推动路径》，《新视野》2020 年第 3 期。

李茜：《推进陕西城乡一体化发展的战略思考》，《理论导刊》2011 年第 10 期。

乔润芳、刘江波：《陕西：城乡统筹发展的路径与选择》，《人民公仆》2015 年第 3 期。

吴丰华、白永秀：《陕西县域城乡发展一体化水平评判》，《西北农林科技大学学报》（社会科学版）2016 年第 3 期。

周江燕、白永秀：《中国省域城乡发展一体化水平：理论与测度》，《中国农村经济》2014 年第 6 期。

辛宝英：《城乡融合的新型城镇化战略：实现路径与推进策略》，《山东社会科学》2020 年第 5 期。

曲延春：《从“二元”到“一体”：乡村振兴战略下城乡融合发展路径研究》，《理论学刊》2020 年第 1 期。

王桂芹、郑颜悦：《我国城乡融合存在的问题及对策》，《江淮论坛》2020 年第 5 期。

李国正：《城乡二元体制、生产要素流动与城乡融合》，《湖湘论坛》2020 年第 1 期。

B.8

推进农业生产托管服务 促进小农户与现代农业有机衔接

陕西省农业农村厅课题组*

摘　要： 作为农业生产托管起步最早的省份，陕西通过政策体系构建、服务主体培育和托管项目实施，大力推进以生产托管为主的农业社会化服务，形成百花齐放的服务格局和四大典型模式，在保障粮食安全、发展规模经营、壮大集体经济和建设现代农业等方面发挥了积极重要的作用，通过“藏粮于服”实现了“藏粮于地”“藏粮于技”的有机结合，促进了小农户与现代农业的有机衔接。调研组基于省内外实地走访所得，分析当前托管服务在质量规模、主体培育、配套支持和项目实施方面的问题和不足，并参考兄弟省份的先进做法，因地制宜提出陕西发展农业生产托管建议，在财政奖补、示范建设、主体推进、服务领域和服务环节等方面加快推进落实，实现农业生产托管高质量发展。

关键词： 生产托管　小农户　现代农业　陕西省

---

* 课题组组长：张旭锋，陕西省农业农村厅总经济师，高级经济师，研究方向为农业社会化服务与农民合作社规范发展。主要成员：庹书炜，陕西省农业农村厅二级主任科员，研究方向为农业社会化服务；张凤，陕西省农牧良种场科员，研究方向为作物良种繁育技术推广；黄浩，陕西省农产品质量安全中心科长，农艺师，研究方向为农产品质量安全提升；康宁，中化现代农业有限公司战略与发展部政府事务经理，研究方向为 MAP 现代农业模式与农业社会化服务。

加快发展农业生产托管，目的是推进农户自种、流转之外的又一种适合“大国小农”国情农情的适度规模经营新方式，对强化农业社会化服务体系建设、促进小农户与现代农业发展有机衔接意义重大。按照厅党组要求，课题组于 2021 年 3 ~6 月先后在咸阳、渭南、榆林、汉中等 4 市 12 县和河北等省开展调研和考察，现报告如下。

一　陕西省推进农业生产托管服务的主要做法

农业生产托管是农户等经营主体在不流转土地经营权的前提下，将农业生产中的耕、种、防、收等全部或部分作业环节委托给服务主体完成或协助完成的农业经营新方式。生产托管在陕西省起步很早，2008 年西安长丰农机合作社开始为小农户种粮托管服务，随后成立长丰现代农业托管公司，仅仅三年在长安区托管粮田 2.39 万亩，开了农业生产托管服务先河，理事长薛拓还被评为中国十佳农民、誉为“托管第一人”。近年来，在农业农村部的大力支持下，陕西省农业生产托管获得长足发展，各地因地制宜推广单环节、多环节、关键环节综合托管和全程托管等服务形式，初步形成社会化专业化托管服务良好局面。截至 2020 年底，全省共有各类服务主体 2.6 万个，托管面积 4570.2 万亩次，其中粮食托管 3610.5 万亩次，惠及小农户等 222.7 万个，覆盖玉米、小麦、油菜、水稻、苹果、猕猴桃、中药材、樱桃、花椒等产业。

（一）多层次搭建政策支持体系

一是陕西省委省政府高度重视。先后出台培育新型农业经营主体、推进适度规模经营等 4 个意见，明确要求推进农业生产托管服务。二是省级部门大力支持。省农业农村厅、省财政厅联合印发《关于进一步做好农业生产社会化服务工作的通知》，通过政策扶持、项目安排等鼓励各地结合实施“3 + X”工程推进生产托管，提升农业生产集约化、标准化、专业化水平。三是县区全力抓好落实。农业社会化服务示范县成立县级领导为组长的领导机构，以县级政府名义印发实施方案，明确服务范围、收费标准、质量要求等，开展服务主体名录库建设，多方联合验收，大力推进农业生产托管，发展服务带动型适度规模经营。

（二）多元化培育托管服务主体

按照主体多元、形式多样、服务专业、竞争充分的原则，生产托管从自发、零散向有组织、有规模转变，服务主体由农民合作社、技术服务队扩大到服务企业、村集体经济组织、家庭农场、供销社、托管联盟等，生产托管已渐入人心。一是大力提升合作社服务水平。每年安排8000多万元，支持合作社为农户提供产贮销等托管服务。二是充分发挥龙头企业服务引领。支持龙头企业通过粮果基地建设为农户提供全产业链托管服务。三是积极发挥村集体经济组织统一服务功能。每年拨款近5亿元支持1000个村集体股份经济合作社购置托管机械，或者入股、融资给专业合作社服务农户。四是依托中化现代农业（陕西）有限公司（简称“中化现代农业”）MAP模式提升服务效益。中化现代农业MAP与服务主体构建县、镇、村三级站点，联合经营，为农户提供测土施肥、农资供应、技术指导、信托融资、产品收购等服务，已与117家合作社建立合作伙伴关系。五是深化“政银”合作。推动邮储、中行、建行、农行、信合等金融机构，为托管服务主体和农户定制优惠、简便、快捷的信贷产品，优惠政策达30多类110多种，对服务组织授信额度最高达1000万元。

（三）多举措推进托管项目实施

一是精心确定示范县。选择党政领导重视、农经力量较强、服务主体实力突出、主导产业优势明显的县区作为示范县承担生产托管项目，每个县安排资金200万元以上。全省累计确定社会化服务示范县91个，已安排资金4.51亿元。二是叠加扶持涉农项目。将土地深松、产业发展、农民培训等涉农项目支持示范县。将合作社发展项目向示范县倾斜，每个县叠加扶持200万元，推进合作社等服务主体为社员和农户开展托管服务。三是深入推进项目实施。除部分贫困县项目资金整合外，多数示范县认真组织实施，按照约定有合同、服务有标准、过程有记录、人员有培训、质量有保证、项目有监管的“六有”标准实施项目任务，并依托中国农服平台开展服务主体名录库建设和项目管理，发挥典型示范引领作用。四是严格落实绩效考核。对示范县区开展年度绩效评价，评价结果作为下年度资金分配的重要依据，推动生产托管提质增效。2019 年绩效评价位列全国第 6，财政部资金评审中心专家高度肯定，农业农村部通报表扬。

二　陕西省农业生产托管服务的主要模式

各地聚焦粮食作物服务小农户，依托资源禀赋因地制宜推广生产托管服务模式，初步形成了陕北玉米、马铃薯托管，关中小麦、玉米托管，陕南水稻、油菜托管，白水、礼泉、洛川、眉县果园托管和韩城市花椒托管等百花齐放的格局，涌现许多典型案例（其中 6 个被农业农村部向全国推广），形成了四大服务模式。

（一）以农业企业为引领，构建“3 +1 +1”服务站整镇推进模式

中化现代农业、渭南福康农服、金丰公社等一批龙头企业发挥行业优势，带动合作社为农户开展托管服务。尤其是中化现代农业把优秀的合作社作为合伙人，设立 MAP 乡村星级服务站，以乡镇为单位将 3 家种植合作社、1 家农机合作社、1 家粮食集并主体连成利益共同体，形成服务农户的“3 + 1 + 1”星级服务站机制。通过服务站把中化现代农业的良种、肥料、农药、先进种植技术、MAP 数字农业系统和金融保险等成套技术方案，用于为农户全托管服务。仅在渭南市大荔县已挂牌 30 家 MAP 乡村星级服务站，为 11 个镇 120 个村的 15 万亩耕地提供现代农业综合服务，联农带农近 3500 余户，帮助小农户平均提高综合收益超过 15%，农户增收超过 2400 万元。

（二）以合作社为主体，形成“1 +N”个“托管员”专业化服务模式

合作社以农户为成员，熟悉农情、数量众多、服务农民，是当之无愧的

托管服务主要力量。特别是示范社凝聚力、带动力、服务力较强，通过组织种植大户、农村能人、村干部，近两年与村集体股份经济合作社联手，托管服务面大幅增加。西安长丰农机合作社是国家示范社，在农村遴选种田能手、“土专家”、农机手和村干部为“托管员”，推行“1 个合作社 + N 个托管员”服务机制。每个托管员负责 1 个区域，每年完成 300 亩以上的集中连片托管业务，工资与托管面积和服务质量挂钩，并有加价不超过 10% 收购托管小麦、降价不超过 10% 收服务费的权限，目前已形成 80 多人托管员团队。2019 年开始探索将村集体股份经济合作社作为“托管员”，与村集体签订“保底分红”合同，实行良种、化肥、耕种、灌溉、防虫、除草、防病、收割、粮食收购“九统一”托管服务，实现了粮食产量、农民收入、机械化效率、农机户效益、科技兴农水平、劳动生产率、水电设施利用率的“七提高”，粮食成本、农资用量、机械化成本、水电设施投入的“四降低”，为 6 个乡镇 120 个村 6000 余农户 3 万亩耕地全托管服务。

（三）村集体为主导，推进“1 +1 +N”整村托管模式

集体产权制度改革激活了农村生产要素，增强了集体经济组织实力，把农户承包地集中连片整村托管。榆林市榆阳区在推进“一户一田”和产权制度改革的基础上，建立“区乡政府引导、村集体主导、农户参与”的组织形式，形成“村集体股份经济合作社 + 农机专业合作社 + 全村农户”的“1 +1 + N”整村托管服务机制。目前该区补浪河乡逐村全域推进玉米托管 5. 5 万亩，服务农户 4580 户，农户亩均托管收入较土地流转高出 600 元以上。

（四）托管协会为依托，建立县、镇、村三级服务网络果园托管模式

渭南市白水县成立果园托管协会，建立县、镇、村三级果园托管服务体系，形成“协会组织、主体服务、农户受益”的果园托管机制。该协会已组织 35 家企业和合作社，对兜底贫困户提供产供销全托管服务，对缺技术少资金的贫困户实行管、防、收和提供生产资料的半托管，对非贫困

户采用收费全托、半托和果品入股、售后付款及盈余分红等方式托管。全县托管果园 4.8 万亩，惠及 7132 户，其中贫困户 1739 户，亩均增收 1500 元。

三 农业生产托管服务的积极作用

调研中，从农民群众的欢迎程度，到基层干部的支持力度，无不感受到农业生产托管服务通过经营方式的改变，用服务规模化很好地弥补了土地流转规模经营的不足，找到了小农户和现代农业有机衔接的基本途径和主要机制，成为构建现代农业经营体系、转变农业发展方式、加快推进农业现代化的重大创新。实践证明，托管服务是让专业的人干专业的事，在陕西实现了五个“有利于”。

（一）有利于破解“谁来种地、怎么种地”的难题，保障粮食安全

生产托管既解决了种地“兼业化”“老龄化”的问题，又规避了流转后跑路及“非农化”“非粮化”等弊端，还能解决撂荒地扩种复种问题，将“藏粮于地”“藏粮于技”战略落实到“藏粮于服”上，扩大了播种面积，提高了管理水平，增加了粮食产量。大荔县托管小麦亩产 746 公斤，创关中夏粮高产新纪录。礼泉县借助托管项目实施，整治复耕土地 2120 亩，打造撂荒地示范园 50 亩。

（二）有利于丰富和完善农村基本经营制度，发展规模经营

生产托管加快了村组集体集中农户土地步伐，将小农户的“绺绺田”集中连片种植，把田间沟渠、小路、田坎等应种尽种，平均增加种植面积 10% 以上。有的地方依托生产托管配套农业基建，改一年一收为一年两收，种粮效益大幅提高，收入倍增。托管让农户继续参与家庭经营的同时还分享到规模经营的收益，真正实现“种地打工两不误”“增产增收不丢地”，形成了既不流转土地又能发展适度规模经营的新方式。

（三）有利于实现节本增效增收，壮大集体经济

据调查，渭南市临渭区粮食托管后亩均生产成本下降 60～100 元，亩均增产 50～100 公斤，亩均收益增加 100～200 元。白水县苹果托管后亩均年产量增加 19%，优果率增加 16%，产值增加 19%。特别是发挥村集体经济组织作用，集中连片种植，节本增效更明显，村集体还拓宽了增收渠道。榆林市榆阳区补浪河乡整乡推进玉米托管，生产成本下降 10%，农民收入较全区高出近 8 个百分点，村集体股份经济合作社获得 10% 的服务费，实现了小农户、村集体、服务组织和政府多方共赢，为壮大村集体经济找到了新路径。

（四）有利于促进小农户与现代农业有机衔接，发展现代农业

服务主体通过托管将先进适用的技术、装备等要素导入农业生产，切实解决小农户经营方式粗放、生产效率低下等问题，推进农业高质量发展。同时，通过增加服务环节，从耕、种、管、收环节向烘、储、加、销、贷等方面延伸，向农业全过程全链条覆盖，有效增强了小农户融入现代农业的能力。在小麦蚜虫和条锈病大面积暴发时，渭南市经开区通过优质农资、无人机植保、智能农机等托管服务，及时有效地挽回了损失，托管麦田亩产较周边小农户高 100～200 斤。无人机植保年减少化学农药使用量达 5%，减少用水量 80%，比传统人工防治效率提高 10 倍，防治效果提高 5%。

（五）有利于通过“藏粮于服”落实“藏粮于地”“藏粮于技”战略，提高种粮效益

通过生产托管服务调研，更为深刻地感到“藏粮于地”“藏粮于技”战略的极端重要性。服务主体在为小农户开展生产托管服务中，有效地将农户手中的“地”和专家手里的“技”有机结合，使“藏粮于地”“藏粮于技”融为一体，用“藏粮于服”增加播种面积、提高粮食单产、生产优质粮食，保障粮食安全的“最后一公里”。尤其是全程托管将小农户粮食生产由产品性生产变为商品性生产，到现在“一签二分”（和农户把“保底分红”托管

合同协议一签，收割前给农户预分一半保底收益，年底前把粮食销售或加工增值后扣除费用分配另一半保底收益和分配二次分红剩余收益）的产业性生产，让农民“一份地获三份利（土地保底、务工工资、二次返利）”。

四　其他省份农业生产托管服务的经验

党中央、国务院高度重视以农业生产托管为主的社会化服务体系建设。习近平总书记指出，多数地区要通过健全农业社会化服务体系，实现小规模农户和现代农业发展有机衔接。在中央财政压减支出的情况下，2020 年生产托管项目资金从 40 亿元增加到 45 亿元，2021 年增加到 55 亿元。各省围绕农业生产托管，不断探索创新经验做法，值得学习借鉴。

（一）山西经验

山西省是全国实施托管项目试点最早的省，已覆盖 94 个县区，在 8 个市整市推进，托管面积超过 1 亿亩次。已发布《农业生产托管服务规范》《农业生产性服务指南》地方标准，将“全面推进农业生产托管服务，开展农业生产托管示范县创建”列入“十四五”规划和 2035 年远景目标，省政府制定《大力发展农业生产托管服务的指导意见》，省人大把《山西省农业生产托管服务促进条例》列入 2021 年立法计划。省农业农村厅与建行山西省分行签订战略合作协议，建行每年预留不低于 20 亿元的融资额度支持生产托管。落实托管项目省、市、县三级管理责任制，试点县政府对工作经费配套作出书面承诺。

（二）河北经验

河北省农业农村厅制定《粮食生产三年行动》，将托管服务作为重要举措，每年省级财政安排托管项目 3500 万元，中央财政扶持合作社项目资金的 60% 共 1.8 亿元支持合作社托管。实施“85322”工程，明确托管项目的八条底线、五个必须、三个优先坚持、两个减少和两个协调的工作要求，创新“托管险”，配套推行粮食生产“政策性保险＋商业保险”。总结推广全产业链托管、菜单式多环节托管、土地股份合作分红、股份托管并行、专业化托管服务、供销社“为农服务中心”6种托管服务模式。同时开展100家省级示范托管服务组织认定，实行制度化、动态化管理，评选托管服务品牌“二十强”，全省托管面积达到2亿多亩次。

（三）山东经验

山东省整省开展中国农服平台试点，用大数据为生产托管提供便利服务。先后制订农资服务规范、气象服务规范、农产品购销服务规范等11个农业社会化服务地方标准，发布《农业社会化服务标准体系建设指南》，支持服务主体制定大棚蔬菜等生产规程，坚持标准化托管、精细化管理。推行建好一个平台、管好一个组织、签好一份合同、推广好一套保险、用好一张服务券的“五个一”托管服务机制。发挥乡镇服务优势，按照服务半径三公里、辐射面积3万~5万亩的标准，建设乡镇农业社会化服务中心，使托管服务更为便捷高效，全省托管面积超过1.5亿亩次。

（四）黑龙江经验

建立以省委常委、副省长为召集人的农业社会化服务工作联席会议，深入开展“我为群众办实事，黑龙江托管联农行动”。引入中原农险公司开展托管合同履约保证保险和托管大豆种植保险，与建行研发“托管快贷”“托管云贷”，实现在线签订服务合同与线上审批放贷的无缝对接。在全省推广“生产托管＋金融保险＋粮食银行”的全闭环托管“兰西模式”，全省托管类贷款余额已超过10亿元。推行“农业生产托管＋菜园革命”的特色庭院经济，逐级完善“基地＋牧场＋企业终端”的农牧业一体化托管模式，通过全程托管赋能从农业单项生产环节向全产业链持续增收拓展，促进了乡村产业融合升级。

（五）安徽经验

安徽省委、省政府将农业社会化服务纳入全面建成小康社会“三农”

工作必须完成的硬任务，省农业农村厅成立农业社会化服务体系协调小组，高位推动生产托管。省财政连续3年安排资金660万元在33个县开展托管服务规范化试点。制定《社会化服务行业管理办法》和《托管服务规范》，出台《关于加快构建新型农业社会化服务体系的意见》《促进小农户和现代农业发展有机衔接的实施意见》。围绕合作服务、订单服务、专业服务和全产业链服务，分别发展1.8万家服务型合作社、3500家服务型龙头企业、2万多家专业服务户和2300多家全产业链服务公司，成立省农业社会化服务产业联合会，促进融合发展。推行“新型农业经营主体+村集体经济组织+小农户”服务模式，开展“农户入股+保底分红”整村托管和全产业链托管，全省托管面积超过2亿亩次。

五　陕西省农业生产托管服务的不足之处

相比国家的发展要求和兄弟省份的快速进展，陕西省农业生产托管整体上还处在初级发展阶段，在服务规模、质量、主体、指导、支持等方面都存在明显短板。

（一）托管规模偏小，服务质量不高

全国有6个省托管面积超过1亿亩次，而陕西省还不到5000万亩次，服务规模还相对较小，特别是综合托管及全程托管比重较低，主要提供植保、农资、机耕机收等一般性服务。能够通过托管引领农户种植优质品种并进入高端市场的服务太少，开展工厂化育苗、烘干仓储等现代农业关键环节的服务更少，拓展到秸秆还田、地膜回收等实现农业绿色发展的服务很不充分。

（二）主体实力不强，行业管理滞后

90%的服务主体装备单一，人才缺乏，能力有限。指导服务主要是县级农经站唱独角戏，人力不足，合力不够，价格监管和质量监督欠缺，服

务水平参差不齐。服务主体对信息服务认识不足，中国农服平台推广应用缓慢，大部分县区未通过平台发布供需信息，服务主体名录库建设整体滞后。

（三）土地集中困难，配套支持不够

服务主体普遍反映托管的最大困难是土地难以集中连片。一是上年龄农户恋土情结严重，观望托管服务。乾县、三原县等地存在坟墓分布在耕地正中，大型机械无法操作的情况。二是村集体经济组织发挥统一服务能力有限，将农户土地集中了却难以打破地界，有的种植品种不统一，形式集中、实质分散。三是农田基本建设、水利设施等配套支持不到位，制约托管扩面提升。汉台区褒河水库对农户每年每亩收取水费一律 40 元，却不能根据农时供水，导致服务主体不敢轻易扩大托管服务面积。

（四）基层重视不够，项目推进缓慢

托管服务存在中省重视、农民欢迎、县乡推进实施和宣传培训不够等问题。一是资金整合较多。三年来大多数贫困县托管项目资金被整合，通过项目补助培育托管服务主体的效果有限。二是资金下达和兑付较晚。既错过农时影响项目进度，又让服务主体承担很大的资金垫付风险。部分县区资金到位才开展工作，导致项目移到下年度实施。三是验收兑付手续复杂。个别县区反映财政部门要求承担项目的服务主体招标、验收，还要提供税票，增加服务成本，导致部分服务主体积极性受挫。四是缺乏专人和工作经费。乡镇没有农经人员，县级农经站没有工作经费，遴选主体、验收兑付、绩效考评等支出成为负担，影响实施效果。

六　加快推进陕西农业生产托管服务的五点建议

2018～2021 年，中央财政为陕西省转移支付托管项目 4.51 亿元，下达服务面积 464.3 万亩，但省级财政未安排专项资金，市县没有工作经费，托

管服务工作有滞后退后的趋势。随着现代农业加快发展，托管服务“恰逢其时，前景广阔”，已经到了快速发展机遇期。目前各地也在积极尝试果园、茶园、花椒、中药材托管以及畜禽代养托管等，非常有必要逐步改变农业生产支持方式，让小农户种粮、务果、种菜只出力不掏钱，让合作社、农业企业等服务主体在服务农民中实现规模经营，降本增效，还挣政府的钱（补贴），不断发展壮大，逐步实现对小农户生产经营的全覆盖。陕西省应抓住机遇，乘势有为，加快推进。

（一）以奖代补，“组合拳”推进

调研发现农民群众对托管服务需求旺盛，合作社等服务主体热情很高，但补贴资金仅限中央财政，只有少部分地区的少部分粮食种植户享受。应该加大奖补金，扩大覆盖面。一要增加财政支持。省级财政每年至少安排5000万元专项资金，实现托管服务覆盖所有粮食生产县区。二要转变与托管服务相近的涉农项目的扶持方式。将耕地保护资金、农机深松、冷库建设等由补主体、补装备、补作业向补服务转变，考核验收以服务农户生产面积或产生收入为标准进行补助。三要实行“以奖代补”。运用托管服务机具作业定位等大数据与群众满意度调查相结合的办法，直接奖补到符合条件的服务主体，避免不必要的招标、验收等复杂程序，促进“阳光”服务。四要加大配套金融服务。探索利用财政补助撬动金融资本支持托管服务新方式，对服务主体进行授信，推行“托管贷”，解决大型设施装备资金需求。同步跟进“政策性保险+商业保险”，发展互助保险，共同支持托管服务。五要允许服务主体享受叠加扶持或补贴。只要实实在在服务小农户的主体，就可以享受当前不同的扶持或补贴。将托管服务与高标准农田建设、合作社扶持、集体经济发展等项目资金紧密结合，实现“藏粮于地”“藏粮于技”与“藏粮于服”的有机统一，通过托管服务，最终让小农户种粮不掏钱还赚钱，实现国家补贴产粮食、农民种粮有钱赚。

（二）以“点”示范，整县乡推进

在全省开展农业生产托管示范县区、示范乡镇建设，实施整区域托管服务全覆盖“111”三年行动，即全省确定10个以上省级示范县区、每市确定10个以上市级示范乡镇、每县区确定10个以上县级示范村组，与乡村振兴示范、农民合作社示范、冷链建设示范等有关农业产业发展的示范建设相结合，财政重点支持，项目资金给予倾斜，因地制宜创新托管模式、拓展托管领域，探索不同产业、不同类型的服务典型模式，开展整县区、整乡镇、整村组生产托管服务，用三年时间实现对小农户托管服务全覆盖，打造一批生产托管全覆盖示范县，发挥示范引领作用。

（三）以“社”为主，多主体推进

农业生产托管服务主体实现了多元化，有农业企业、专业合作社、家庭农场，还有省农牧良种场、陕西农垦的国有农场以及产改后的村集体经济组织等。其中专业合作社是农民自愿组建、数量众多、贴近农民、法定服务的组织，村组（股份）经济合作社由集体经济组织的全体成员自然组成，有组织农户、综合应用村组各种资源、提供居间服务的优势。这两个“社”就是农户身边的服务主体，拥有组织农民、统一服务等功能，要支持鼓励其发挥各自优势、取长补短、相互补充，共同组织小农户接受托管等社会化服务。同时支持中化MAP、金丰公社、福康农服等服务企业，与邮政、农垦、供销社、国有农场等以资金、技术、服务等要素为纽带，加强合作，直接或间接引领小农户和现代农业有机衔接。

（四）以粮为“纲”，果畜菜推进

生产托管首先要聚焦粮油等重要农产品生产关键薄弱环节，发展规模化种植，努力打造粮食生产现代组织化方式、高效种植模式，保障粮食安全和重要农产品的有效供给。同时，要从陕西实际出发，围绕“3+X”工程和产业集群、产业园区、产业强镇建设，引导服务主体积极开辟新的服务领域，推动服务范围从粮油等大宗农作物向果菜茶菌药等经济作物拓展，从种植业向养殖业等领域延伸。

（五）以产为首，产业链推进

依托农业生产托管项目实施，完善耕种防收的产中环节托管服务机制，积累托管经验，提高服务能力，做强主体实力。支持有实力、有条件的服务主体从产中向产前测土改土、调整种养结构、提供生产技术方案，产后收储、加工、分包、运输、营销等环节，以及金融保险等配套服务延伸，实行保底分红，实现小农生产由产品经济、商品经济向产业经济转变，不断提升储加销服务的溢出效应。扶持龙头企业应重点支持中化现代农业、省粮农集团、省农垦集团这类能够以市场化方式整合农资、农机、农艺、技术、信息、人才等各类生产要素的大型服务主体，以科技创新为主动力、原料基地为主阵地、产业园区为主战场，统筹联合合作社等服务主体为小农户提供全产业链托管服务，提高托管服务规模化、集约化、专业化、标准化、信息化水平。

B.9
发展水果电商　助推乡村振兴

陕西省果业中心课题组*

摘　要： 以千亿级苹果产业为代表的果业是陕西最大的特色现代农业，也是陕西脱贫攻坚和乡村振兴的重要产业。近年来，伴随水果电商的异军突起，水果电商成为陕西水果销售的主渠道。本文基于分布式爬虫技术获取的2020年全国及陕西水果电商数据，首先全面分析了陕西水果电商的特点与趋势，其次从标准存在缺失、供应链水平依然不高、产品参差不齐、人才匮乏、全省水果网络零售区域分布不够均衡等五个方面详细阐述了当前陕西水果电商存在的问题，最后从加快推进果品标准化、深化合作促进营销品牌化、不断提升供应链水平、持续发力推动竞争规范化、推进人才培养体系化等五个方面提出了具有针对性的对策建议，力求发挥水果电商在乡村振兴战略中的巨大推动作用，让广大果农共享发展成果，早日实现乡村振兴。

关键词： 水果电商　网络零售　乡村振兴　陕西省

2017年10月18日，习近平在党的十九大报告中提出乡村振兴战略，这是党的十九大报告做出的重大决策部署，是决胜全面建成小康社会、全

* 课题组组长：魏延安，陕西省果业中心主任，研究方向为农村电商。主要成员：胡迎春，陕西省果业中心信息数据处处长，工程师，研究方向为果业大数据；张东峰，陕西省果业中心信息数据处副处长，研究方向为果业大数据。

面建设社会主义现代化国家的重大历史任务，是解决人民日益增长的美好生活需要和不平衡不充分发展之间矛盾的必然要求。以千亿级苹果产业为代表的果业是陕西最大的特色现代农业，也是陕西脱贫攻坚和乡村振兴的重要产业。水果电商是近年农产品电商增长最快的领域之一，2020 年全国水果网络零售已经超过 1600 亿元规模，成为果品流通主渠道，其中陕西网络零售额 118.16 亿元，同比增长 66.56%，超过水果销售总额的 10%。科学分析研判水果电商取得的成效及其存在的问题，把握水果电商发展新趋势，助推全省果业高质量发展，对早日实现乡村振兴具有重大现实意义和指导意义。

一　全省水果电商发展成效与特征

（一）陕西水果网络零售额居全国第二

2020 年陕西水果网络零售额达到 118.16 亿元，仅次于山东居全国第二位（见图 1），比 2019 年前进一位。

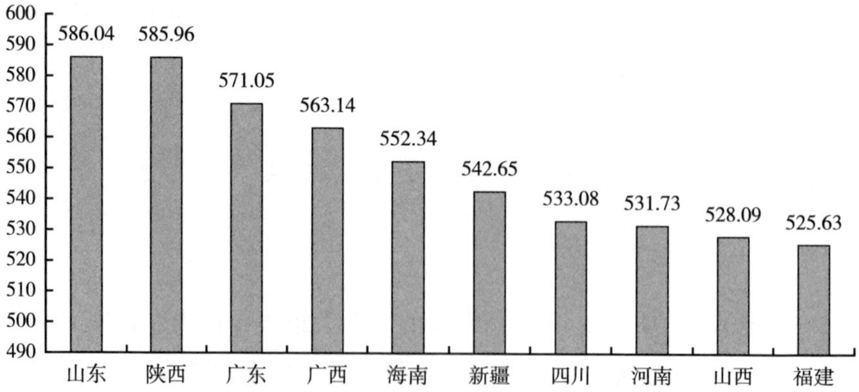

图 1　2020 年全国水果网络零售额排名前十省份交易指数

资料来源：陕西省果业中心、映潮大数据。

（二）陕西水果网络零售以鲜食为主

2020 年，全省鲜食水果网络零售额达到 103.01 亿元，同比增长 72.88%，占比 87.18%；水果加工品网络零售额达到 15.15 亿元，同比增长 33.40%，占比 12.82%（见图 2）。

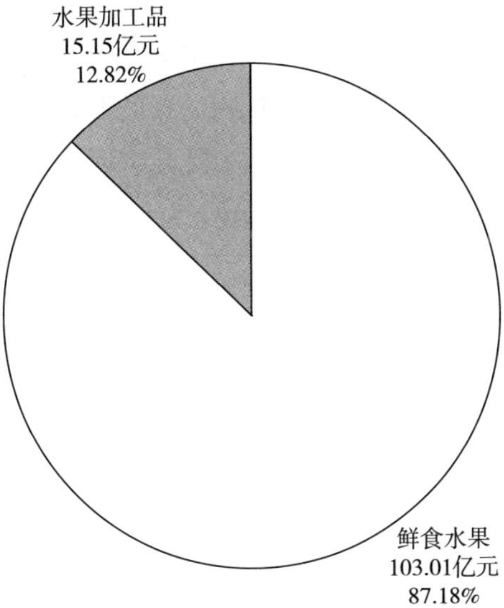

图 2　2020 年陕西鲜食水果和水果加工品网络零售额及其占比

资料来源：陕西省果业中心、映潮大数据。

（三）水果加工类产品中低度果酒增长特别快

水果加工品主要包括果脯、果干、果酒、果醋等。从数据上看，有一类产品发展特别快，全年保持了 200% ~300% 的增速，就是低度果酒，特别是气泡酒，一般酒精度在 5°~6°，主要的消费群体是青年女性[①]。

① 戴莉娟：《这届年轻人为什么爱上“微醺”了》，《现代广告》2021 年第 9 期。

（四）受疫情、网络促销影响，陕西水果月度销售额变化大

虽受上市季节影响，水果销售出现月度波动，但整体趋势持续向好，销量与销售额增幅明显。2020 年第一季度，受疫情影响，销售额仍保持高速增长。2 月，受春节及疫情影响，销售额为 2.14 亿元，跌落至全年谷底；3 月，随着复工复产和物流逐步恢复，迎来一波强势回升。第二、三季度市场持续回暖。随着疫情防控常态化和本地应季水果相继上市，陕西水果网络特色季系列活动如火如荼地开展，以及视频、直播带货等宣传促销力度持续加大，6～9 月全省水果网络零售额逐月提升，环比增长分别为 69.83%、29.48%、10.26%、18.05%。尤其是第四季度，受“双 11”带动，11 月实现 19.12 亿元，为全年峰值（见图 3）。

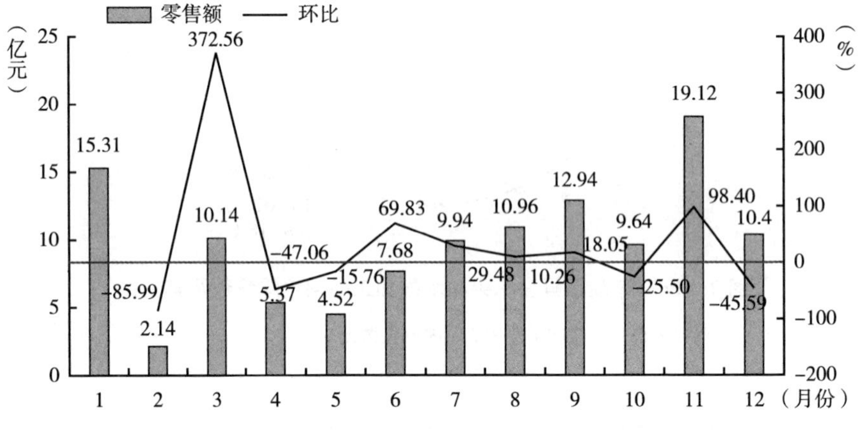

图 3　2020 年 1～12 月陕西水果单月网络零售额情况

资料来源：陕西省果业中心、映潮大数据。

（五）各水果主产区水果电商零售额增速明显

2020 年全省水果主产区水果网络零售额大幅提升，渭南和咸阳并驾齐驱，分别实现 27.77 亿元、27.61 亿元，两市合计占全省的 47.16%。渭南是多种北方水果优生区，通过积极实施“扩面、提质、促销、增效”果业

发展战略，培育了白水苹果、大荔冬枣、临渭葡萄、蒲城酥梨、合阳红提五大区域公用品牌，充分发挥电商平台作用，以网络销售、消费扶贫等多项举措，助力全市水果网络零售实现快增长。从增幅看，铜川增速最快，同比增长121%；其次是延安，增长99%；西安为93%；渭南为66%；咸阳为63%（见图4）。

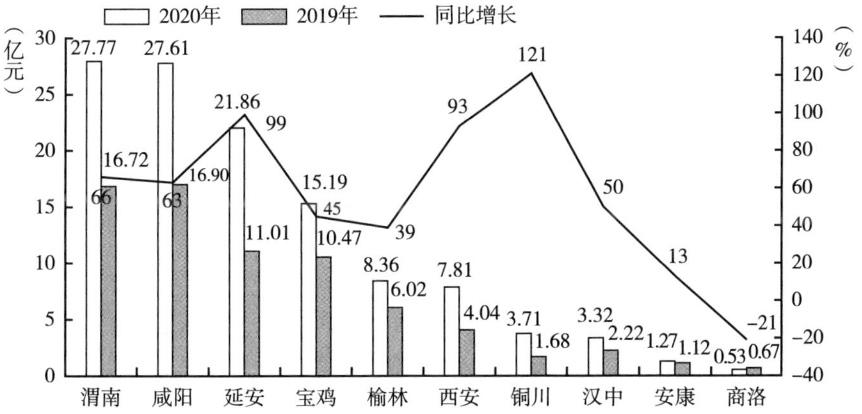

图4　2020年各市水果网络零售额增长情况

资料来源：陕西省果业中心、映潮大数据。

（六）苹果、枣、猕猴桃网上持续热销

陕西立足实际，紧盯市场需求，放大自身特色优势，同时，加强与淘宝、京东、拼多多等多平台合作，不断开辟新的电商销售渠道，陕西水果网络零售发展火热，苹果、枣、猕猴桃网络持续热销，其网络零售额占到全省水果网络零售额的48.53%，比上年提高1.08个百分点。其中，苹果凭借其巨大的产量和成熟的市场消费环境毫无悬念地继续稳坐陕西水果网络零售热销品类第一。此外，陕西枣、猕猴桃在全国均具有比较优势，越来越受到人们的认可和重视，在陕西鲜食水果网络零售前十热销品类中位列第二、第三（见图5）。

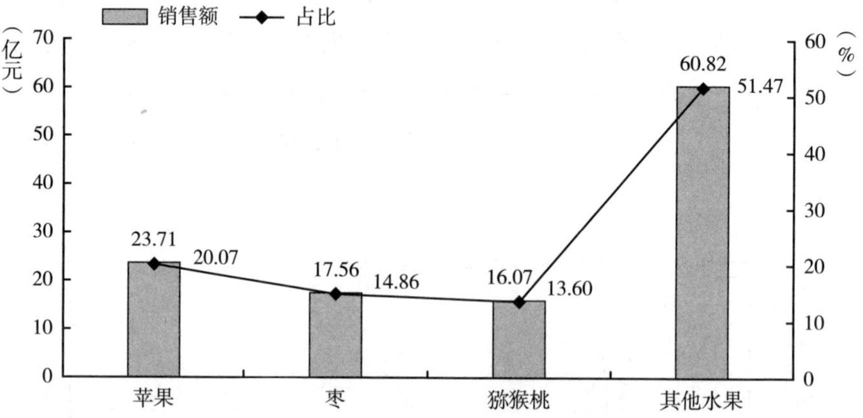

图5　2020年陕西主要水果网络零售额及其占比情况

资料来源：陕西省果业中心、映潮大数据。

（七）小规模网商占据主流

全省水果电商基本上以小规模经营为主。2020年全省水果网络零售额在1万元以下的网商占89.9%，较上年增加6.89个百分点，略高于全国，从侧面印证了有更多的果农选择直接上网销售这一方式，陕西果业直播“百千万工程”发挥了一定作用。农民通过直播销售水果的比例在不断提高。对农民而言，如果上传统电商平台，从一开始的装修店铺、美工摄影、文案创作到后台客服、数据分析、电子接单等十几个程序，复杂难学，但直播简单有效。内容电商、社区团购等，也都在参与水果网上销售。

（八）品牌营销更显优势

2020年全省水果区域公用品牌网络零售额实现76.74亿元，在陕西水果网络零售额中的占比为74.50%，较全国高出3.32个百分点，更具比较优势。在陕西水果网络零售前十区域公用品牌中，洛川苹果、眉县猕猴桃、大荔冬枣名列前三，洛川苹果荣居榜首（见表1）。在

2020 年全国网络零售前十水果区域公用品牌中，洛川苹果位居第三。惠农网大数据反映，洛川苹果超过阿克苏苹果，成为苹果电商影响力第一品牌。

表 1　2020 年陕西水果网络零售前十区域公用品牌

排名	品牌名称	品牌所属地
1	洛川苹果	陕西·延安·洛川县
2	眉县猕猴桃	陕西·宝鸡·眉县
3	大荔冬枣	陕西·渭南·大荔县
4	富平柿饼	陕西·渭南·富平县
5	周至猕猴桃	陕西·西安·周至县
6	咸阳马栏红	陕西·咸阳
7	白水苹果	陕西·渭南·白水县
8	蒲城酥梨	陕西·渭南·蒲城县
9	旬邑苹果	陕西·咸阳·旬邑县
10	铜川苹果	陕西·铜川

（九）陕西水果网络销售市场逐步向高端市场迈进

陕西水果在全国七大区的网络交易中，以陕西本土为主的西北地区零售额为 61.84 亿元，稳居第一，占比 52.34%，较上年下降 3.4 个百分点；华东地区 36.13 亿元，排名第二，占比 30.58%（见图 6），较上年提高 3.89 个百分点。省份排名中，陕西本省交易 58.42 亿元，占比 49.44%（见表 2），较上年下降 4.26 个百分点，说明陕西水果网络外销比例在增大。

在外销省份中，山东、江苏、浙江省位居前三，广东由上年的第三降到第四，北京、上海跃入前十，排到第五、第六位（见图 7），从监测数据来看，陕西水果网络零售外销市场以经济发达地区为主，说明陕西水果网络销售市场逐步向高端迈进。

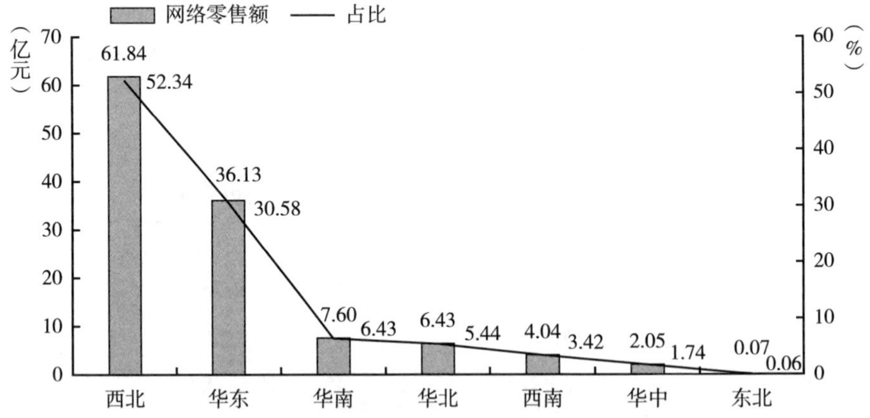

图 6　2020 年陕西水果七大区交易情况

资料来源：陕西省果业中心、映潮大数据。

表 2　2020 年陕西水果网络零售前十省份

单位：亿元，%

省份	网络零售额	占比
陕西	58.42	49.44
山东	11.47	9.71
江苏	10.06	8.51
浙江	8.07	6.83
广东	4.86	4.11
北京	4.13	3.50
上海	3.51	2.97
四川	2.34	1.98
河北	1.87	1.58
湖南	1.65	1.40

资料来源：陕西省果业中心、映潮大数据。

在全国 31 个省区市中，近四成地域偏好陕西苹果。从全国各省区市消费陕西水果品类排行榜看，陕西苹果力压群芳，成为北京、江苏、广东等 12 个省区市人民最喜爱的水果品类。陕西猕猴桃成为上海、天津、山东等 8 个省区市人民最喜爱的水果品类。陕西枣成为浙江、河南、四川、青海人民的最爱。

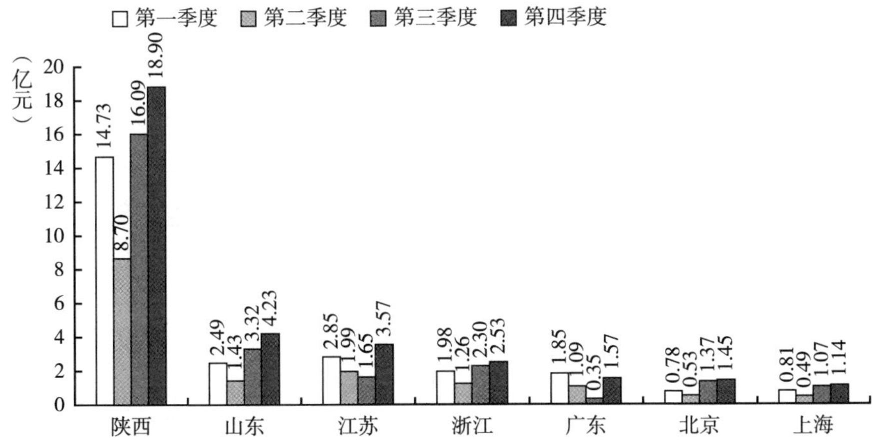

图7　2020年陕西水果网络零售主要省份交易情况

资料来源：陕西省果业中心、映潮大数据。

（十）5kg以上大包装与2～3kg中小包装水果供应不足，5元/斤低价水果需求量大

从包装规格看，5kg及以上大包装与2～3kg中小包装水果颇受网民喜爱，其线上供给占比17.69%，需求占比80.47%，需求远高于供给，表现为供不应求（见图8）。从价格上看，5元及以下水果供给占比63.12%，需

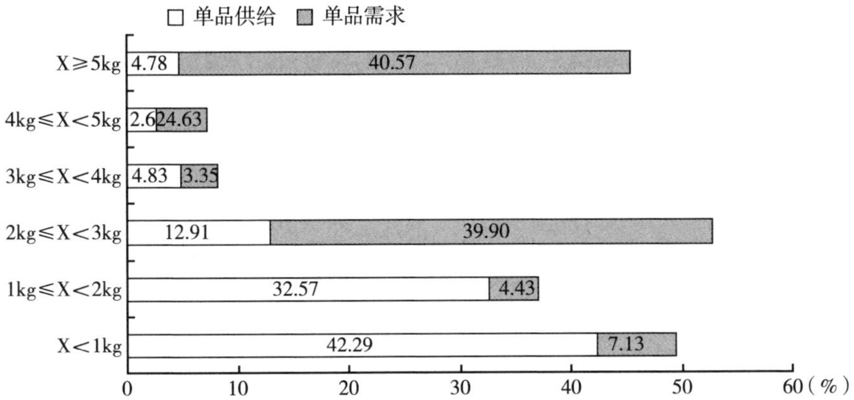

图8　2020年不同规格陕西水果供给和需求占比

资料来源：陕西省果业中心、映潮大数据。

求占比86.72%，供给和需求占比均大于其他价格区间（见表3）。这表明：一方面，随着家庭小型化及水果保鲜时限较短，水果正在加速向小量多次的快消品转型；另一方面，说明疫情之下消费者对水果价格更为敏感，低价水果供需两旺，且5元及以下水果的需求占比高出供给占比23.6个百分点，5kg及以上经济实惠大包装亦有较大需求，市场正在加速分层分级，需要差异化定位，精准营销。

表3　不同价格区间的单品供给与需求占比比较

单位：%，百分点

价格区间	单品供给占比	单品需求占比	占比差
X≤5元/斤	63.12	86.72	-23.60
5≤X<8元/斤	10.74	5.61	5.13
8≤X<10元/斤	2.59	0.91	1.68
10≤X<15元/斤	7.23	1.59	5.64
15≤X<20元/斤	6.07	1.34	4.73
20≤X<30元/斤	4.19	2.51	1.68
30≤X<50元/斤	5.08	0.99	4.09
X≥50元/斤	0.98	0.33	0.65

资料来源：陕西省果业中心、映潮大数据。

（十一）陕西水果线上消费者以中青年为主且女性多于男性

陕西水果线上消费者客群分布较为集中，更趋于年轻群体，且以中青年为主。从图9可以看出，20~39岁年龄段的消费者占比超过3/4，其中20~29岁消费者占比最大，为39.27%，其次是30~39岁消费群，为36.16%。陕西水果线上消费者女性居多，从图10可以看出，女性占比为53.26%，较男性高出6.51个百分点。

（十二）水果电商渠道日益多元化

水果电商正在加速多元化，主要通过以下渠道。一是传统的平台电商，

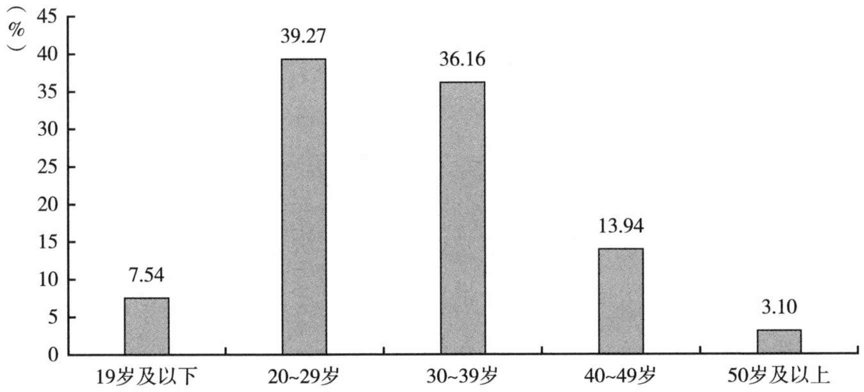

图 9　陕西水果线上消费者年龄分布

资料来源：陕西省果业中心、映潮大数据。

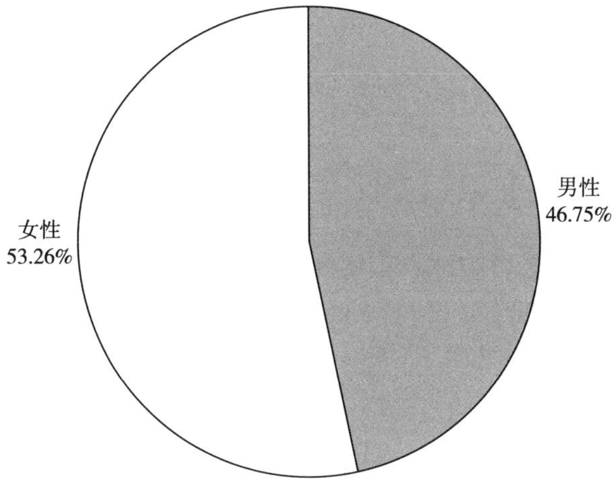

图 10　陕西水果线上消费者性别分布

资料来源：陕西省果业中心、映潮大数据。

主要有淘宝、天猫、京东等，均有生鲜频道；二是垂直的生鲜电商平台，如“本来生活”“每日优鲜”“中粮我买网”等；三是网店直销，越来越多的水果企业、合作社、农户等借助网络平台开设自己的网店；四是平台的地方窗口，早先是政府委托专业公司运营淘宝、京东等地方馆，后来又授权一些大的网店承担区域公用品牌、地理标志等特色产品的销售，但整体来看，宣传意义大于销售效果；五是跨境电商，农产品跨境电商还在起步期，但也有一些大宗的出口水果开始在网上找到新的通道；六是新零售，最突出的特征是线上线下一体、前店后仓，水果是重要的供应产品；七是社交电商，从最早的刷朋友圈到微博橱窗，再到后来的拼多多平台崛起；八是直播电商，以抖音、快手为代表的直播带货，增长十分迅猛；九是大宗电商，主要有一亩田、惠农网、中农网等农产品网络批发平台，阿里巴巴旗下的小额批发平台1688也有水果批发①。

二　陕西水果电商存在不足

（一）水果电商标准存在缺失

主要表现为果品标准化水平低，果品的大小、颜色、品味一致性差，与进口水果形成鲜明对照。一些地方大规模网上直销水果以后，出现“货不对板”的现象，一度引来网上争议。

（二）水果电商供应链水平依然不高

快递物流、冷链仓储基础较弱，包装不结实，快递不快不便宜，消费者在包装破损、东西变质等方面的问题居高不下。陕西省苹果贮藏总量占总产量的35%左右（约350万吨），其中机械冷藏约占70%，简易冷藏占25%左右，气调贮藏不足5%。冷链物流配送近年来虽快速发展，但能力依然严重不足，短途冷链运输尤其是“最初一公里”（果园到果库）和“最后一公里”（果店到餐桌）基本上做不到。从全国范围看，当前果品冷链运输率只有35%，而发达国家基本达到90%；果蔬损腐率高达15%，而发达国家只有5%。

① 魏延安：《农村电商为乡村产业振兴穿针引线》，《西部大开发》2019年第7期。

（三）部分水果电商产品参差不齐

不容否认的是部分陕西水果电商存在夸大宣传、以次充好甚至挂羊头卖狗肉等现象，甚至有些电商平台野蛮生长、层级不清，导致良莠不齐，频频遭质疑。这些行为伤了消费者的心，影响了区域公用品牌形象。与此同时，陕西水果产业在质量认证、追溯体系等方面还不健全，存在明显的短板弱项，直接导致水果电商存在质量追溯难等风险隐患，严重阻碍了陕西水果产业的健康有序发展。

（四）水果电商人才匮乏

电商人才目前普遍较缺，农村电商人才更加稀缺。在前期的水果直播中，县长、明星纷纷助阵，但农民自己上阵的还比较少。有大量的果农想自己直播，但缺少培训和指导。以洛川为例，84%的果农还未参与过网上销售。参加网上销售的果农中，网上销量较小。网上销量占其产量10%以下的果农占50%，10%～20%的果农占29%，30%以上的果农占21%。在网销的果农中，73.3%的果农是通过微信、微店等微商渠道销售的，10%的果农是通过抖音、快手等直播平台销售的，10%的果农交给电商企业代销。

（五）全省水果网络零售区域分布不够均衡

陕西水果网络零售在近年来经济社会快速发展的西南、华中地区还处在低水平阶段，无论是交易量还是交易额都比较少。以四川、重庆、湖南、湖北等省市为代表，这些省市既是人口大省，经济社会发展相对较快，且其主产水果与陕西主产水果互补性极强，但陕西水果在西南、华中地区渗透率明显不高，未来西南、华中地区有可能会成为陕西水果网络零售的增长点。

三　对策建议

（一）加快推进果品标准化

联合电商平台，基于消费需求研究制定水果网货标准，全面提升陕西水果外观一致性、内在品质稳定性，倒推水果生产标准化进程。某种意义上讲，没有标准化就没有水果电商。标准化有三层含义：一是外观标准化，不要混品种，红的绿的不要放在一起，大的小的不要放在一起；二是品质标准化，甜的酸的要分开，有霉心病的得挑出来，不能一箱打开几个味；三是生产标准化，前面外观标准化、品质标准化都是生产标准化带来的，要拿产品的标准化倒推生产。现在生产标准和产品标准脱节，生产上定的标准化消费者买的时候不认账，需要统一。

（二）深化合作促进营销品牌化

充分按照市场需求，通过大数据洞察消费者偏好，针对性别、职业、年龄、地域等进行分层分级精准营销。将一级、二级、三级果分别卖给不同的消费群体，坚持优质优价，不搞低价营销。要在积极稳固传统流通渠道的同时，大力开拓网络渠道。持续深化“陕西水果网络特色季”系列活动，联合各类电商平台和企业，广泛开展各类网上促销主题活动，提升水果生产经营主体电商销售能力，加大水果直播销售力度①。同时，从经济学角度来看，人口基数大、经济社会发展较快的华中、西南地区最有可能成为陕西水果网络零售的蓝海，我们应当积极探索政府引导对接网上经贸洽谈与跨境电商，拓展陕西水果网络零售区域，逐步提高在西南、华中地区水果网络零售额。着力构建传统媒体与网络平台并重、宣传与营销融合、线上线下一体销售、专业市场批发与商超直供协同发力的立体化营销格局，加大短视频与直播应用，不断扩大陕果品牌的好声音和正能量。同时，品牌宣传要改进，既要宣传区域公用品牌，更要宣传企业品牌。联合阿里巴巴、京东、拼多多、抖音等平台开展陕西网络水果节系列活动，宣传地域公用品牌，推荐代表性企业品牌，持续扩大网络影响力。

① 肖力伟、胡明宝：《插上电商翅膀　助力果业腾飞——陕西水果网络特色季活动观察》，《农民日报》2021年2月10日。

（三）不断提升供应链水平

强化平台、电商企业、政府部门、服务商、水果生产者等多个市场主体的合作参与，打通产前、产后各个环节，特别是要把产后处理、贮藏加工、流通销售等方面利润留在果区，复合提升果农收入，推动乡村产业兴旺。切实解决包装箱不统一、不结实、不便宜，快递不快、容易损毁，仓储、冷链、分选设施不配套等痛点问题。加快推广果品预冷处理、分级入库，发展冷链体系，提高贮藏品质，延长贮藏时间，在洛川、白水等水果主产区建立快递分拨中心，普及水果预冷及地头小型分选设施，重点解决“最初一公里”和“最后一公里”问题，逐步实现全程冷链，做到全年供应。

（四）持续发力推动竞争规范化

分层分级是方向，一级、二级、三级果分别卖给不同的消费群体。坚持优质优价，不搞低价营销，也不能搞夸大其词的宣传，切实增进城乡互信。建立完善产品质量可追溯体系，一个二维码即可以掌握产自某地、谁种的、生长过程什么样、质量检测是否安全等。要治理所谓的“悲情营销”，对那些夸大宣传水果滞销、趁机扰乱市场秩序、欺骗消费者感情的行为要予以严厉打击。依法治理滥用地域公用品牌、虚假悲情营销等行为，引导优质优价、分层分级销售，避免低水平恶性竞争。

（五）推进人才培养体系化

分普通果农、网红博主、企业电商运营者等人才类型，制订分类培养计划，推动人才培养精准化；加大果农网红典型的选树，发挥示范带动作用。2020 年陕西省果业中心累计培训果农网红 4300 人次，60 多名县长、市长代言，多名明星多次带货，各类水果直播超过万场，网上涌现了“洛川苹果大叔”“李丹丹农场”等果农网红典型。今后将进一步从广大农民的急迫愿望出发，加大培训力度，让其掌握电商应用技巧，加大直接销售比例，让果农从生产者变成网络经销者，真正实现“让手机成为新农具，让直播成为新农活，让农民成为新网红，让果品成为新网货，让数据成为新农资”的数字乡村发展愿景。

四　结束语

我们要以习近平总书记来陕考察重要讲话精神为指引，深刻认识陕西果业以及水果电商在乡村振兴过程中的重要位置，围绕“果业强、果乡美、果农富”目标，最大限度发挥水果电商在乡村振兴战略中的巨大推动作用，进一步推动产业链、价值链、创新链等各环节的协调协作，让广大果农搭上电商发展的快车，让广大果农共享发展成果，早日实现乡村振兴。

参考文献

廖彩荣、陈美球：《乡村振兴战略的理论逻辑、科学内涵与实现路径》，《农林经济管理学报》2017 年第 6 期。

陕西省统计局：《2020 年陕西省果业发展统计概览》，http：//www. shaanxi. gov. cn/sj/zxfb/202103/t20210308_ 2155506. html，最后检索时间：2021 年 6 月 10 日。

B.10

陕西农民专业合作社参与乡村振兴的实践研究

赖作莲*

摘　要： 农民专业合作社在乡村振兴中有着不可替代的作用。近年来，陕西农民专业合作社快速发展，质量不断提升，经营范围不断扩展，产业类型日趋多样，服务功能不断增强，新产业新业态加快拓展，引领小农户与现代农业发展有机衔接的作用日益明显，已成为乡村振兴的中坚力量。陕西农民合作社积极参与乡村振兴，推动农村产业高质量发展，带动农民就业增收，参与美丽乡村建设，推动乡村文明建设，参与乡村事务管理。但是农民合作社还存在经营效率较低，市场竞争力弱；成员素质偏低，人才缺乏；资金不足，融资困难；绿色化、品牌化意识不强；内部运行机制不完善等问题。为更好地发挥农民合作社在乡村振兴中的作用，要推动合作社高质量发展，提升市场竞争力，加强人才队伍建设，完善“政银”合作机制，加大融资支持力度，坚持绿色化发展，完善利益联结机制，创新激励分配方式。

关键词： 农民专业合作社　乡村振兴　陕西省

农民专业合作社作为一种互助性经济组织，在乡村振兴中有着不可替代的作用。2007 年《中华人民共和国农民专业合作社法》颁布实施以来，陕

* 赖作莲，陕西省社会科学院农村发展研究所副研究员，研究方向为农业经济。

西农民专业合作社快速发展，质量不断提升，已成为乡村振兴的中坚力量。分析和探讨陕西农民专业合作社参与乡村振兴的方式及面临的问题和困难，对更好地发挥农民合作社推进乡村振兴的作用具有积极意义。

一　陕西农民专业合作社是参与乡村振兴的中坚力量

陕西一直注重农民专业合作社对发展农业产业、带动农民致富的作用。近年来，陕西出台了一系列政策加快农民专业合作社发展，农民合作社不断从数量扩张向量质并重发展，在乡村振兴中发挥着重要作用。

（一）农民合作社数量稳步增长，质量不断提升

陕西农民专业合作社稳步发展，截至 2019 年底，全省农民合作社达 6.1 万家，位居全国第 15，入社农户 202.6 万户，带动非社员农户 390.3 万户，基本实现行政村、主导产业和从业农户全覆盖。

合作社质量不断提升。在对“空壳”合作社进行注销清理的基础上，规范提升农民专业合作社管理水平。推进合作社高质量发展，岐山等 6 个县被确定为全国农民专业合作社质量提升整县推进试点县，岐山县合作社质量提升整县推进试点工作得到农业农村部肯定。在 2020 年全国农民合作社 500 强排行榜中，陕西省有 23 家合作社入选，数量居全国第 8 位。陕西已有 75 家农民合作社入选国家示范社名单。

（二）农民合作社经营范围不断扩展，产业类型日趋多样

农民合作社从经营单一种养产业向种植养殖业、休闲农业、农机服务等产业多元经营转变，产业结构不断优化。

在陕西入选国家示范社的农民合作社中，从事种植业的农民合作社占 59.1%，从事养殖业的农民合作社占 22.9%，其中，10.8% 的农民合作社同时从事种植业与养殖业，从事农机服务的农民合作社占 5.4%，从事农产品加工销售的农民合作社占 12.2%。从事粮油、蔬菜水果、肉蛋奶生产的

农民合作社仍占绝对比例，从事的产业类型基本覆盖农村一产各个领域，并加快向二、三产业延伸拓展。

（三）服务功能不断增强

合作社的负责人（理事长）相对于普通农民往往经营能力更强，更富有远见和判断力，信息来源渠道和人脉关系更广。不少合作社理事长有外出务工经商的经历，相对于普通农户，他们具有更强的市场经营能力，能更好地应对复杂的市场环境。

农民合作社已从技术、信息等中介服务，逐步扩展到农机、植保、供销、加工等多方面的服务。到 2019 年底，全省开展农业生产社会化服务的合作社有 3868 家，其中开展农机服务的有 1873 家，开展植保服务的有 450 家，农机、植保合作社成为耕种收全程农机作业的主力，农民合作社已成为开展农业社会化服务的重要组织。

（四）新产业新业态加快拓展

随着农业生产智能化、经营网络化的发展步伐加快，农民合作社电子商务使用也日益加快。各大电商平台助力农民合作社电子商务发展，培养了一批农民合作社电商人才，通过电商拓宽了农产品的销售途径，实现了供给与需求的有效对接。一些农民合作社创新电商营销模式，积极探索“电商 + 直播”的模式，积极运用抖音、快手等社交平台，以“原产地 + 直播”方式，将直播放在田间地头，通过“电商 + 直播”模式，宣传和推介特色产品。

（五）引领小农户与现代农业发展有机衔接的作用日益明显

合作社作为新型农业服务主体，通过为农户提供生产经营服务，带动农户发展生产。合作社通过为成员提供统一的生产资料供应服务、统一的生产技术培训、统一的化肥农药施用服务、统一的生产销售服务等，有效地带动了小农户发展产业。由于小农户市场经营能力较弱，获取或分析市场信息的能力弱，在生产上具有较大的盲目性，难以适应瞬息万变的市场环境，面临较大的市场风险。合作社凭借其较强的获取有效市场信息和分析、判断市场信息的能力，能更好地按照市场需求进行农产品生产，在生产、流通、销售等环节占据更主动的地位，帮助小农户抵御市场风险。合作社将小农户联合起来，扩大生产规模，提升议价能力，获得规模效益，从而较有效地促进小农户与大市场对接。

在质量兴农、绿色兴农的要求和背景下，合作社对小农户的带动越发重要，小农户在合作社的带动下才能更好地实现绿色化、有机化、标准化、品牌化的生产经营。

二 陕西农民合作社参与乡村振兴的主要方式

（一）农民合作社推动农村产业高质量发展，促进产业兴旺

1. 农民合作社推动农村产业多样化发展

合作社发展的产业类型多样。乡村产业振兴要求产业类型多样、产品种类丰富。合作社作为一种具有经营性的经济组织，所涉及的产业类型门类繁多。陕西省 2021 年国家级农民合作社示范社涉及的产品类型就包括苹果、樱桃、猕猴桃等水平，萝卜、葫芦等蔬菜，板栗、核桃、柿子等林果产品；产业类型包括羊、奶牛、鸡、蜂等畜禽养殖业，杂粮、花卉、中药材等种植业，还有面粉、豆类产品等加工业，以及农机服务业等众多类型。此外，还有一些特色合作社，如旬阳市秦蕾金银花种植农民专业合作社种植金银花，平利县宏远梅花鹿服务专业合作社养殖梅花鹿。合作社产品类型的多样化能满足人们对农产品多样化的需求。

合作社开发农业多功能，推动农村一二三产业融合发展。构建农村一二三产业融合发展体系是推动农业高质量发展、构建高效益的农业经营体系的重要途径。合作社通过发展农产品深加工业、乡村生态旅游业和农村电商，促进农村一二三产业融合发展。

2. 合作社推动农业绿色化、优质化、品牌化发展

顺应市场对绿色农产品的需求，农民合作社按照绿色食品标准化的要求，采用生态化、清洁化、资源化的方式，从事绿色农产品生产。合作社是否采用绿色技术，很大程度上取决于合作社能否从绿色农产品生产中获益。随着人们对绿色、有机农产品需求量的增加，越来越多的合作社从绿色农产品的生产中获益，从而使越来越多的合作社转型生产绿色、有机农产品。平利县宏俊富硒种养殖专业合作社采用“蚕桑养殖—蚕沙肥田—桑枝培菌—桑芋间套”的绿色循环生产方式，发展蚕桑业。蒲城四方果业合作社在已建成的面积达 10000 亩的生产基地，执行有机生产标准。陇县丰田蜂业专业合作社获得认证，推动绿色、有机蜂蜜生产。

合作社还积极推动品牌化建设，打造产品品牌。陇县丰田蜂业专业合作社的“老账人”牌土蜂蜜曾多次获得全国、省、市金奖。蒲城四方果业合作社的“鼎四方”商标曾荣获陕西省著名商标称号，苹果“鼎四方”荣获第十三届中国国际农产品交易会参展产品金奖和第八届中国·陕西（洛川）国际苹果博览会金奖。

（二）农民合作社带动农民就业增收，促进生活富裕

1. 合作社提供生产服务，带动农民发展产业增收

农民专业合作社是为成员提供服务的经济合作组织。合作社为小农户提供产前、产中、产后等服务，很多合作社实行“统一”服务，通过统一农资采购和供应、统一生产技术服务、统一质量标准、统一注册商标、统一收购销售等的运营方式，能够有效克服小农户缺乏生产技术、生产资金不足、市场信息获取困难、经营能力差等生产经营的困难。最重要的是，合作社增强了小农户在市场交易中的谈判能力和抵御市场风险的能力。从而使合作社能有效带动农民参与产业发展，通过产业发展实现增收。合作社还通过对农民进行培训，提升农民的技能水平和职业素养，提高了农民的经营能力。

神木市乔岔滩清阳种养殖农民专业合作社为农户统一供种并提供技术指导，由农户独立生产，产品由合作社统一收购。2020 年，辐射带动周边 130

多户农民种植“神六味”药材6000多亩，收入1000多万元。蒲城四方果业合作社通过基地试验示范，为成员提供产前农资统一采购、产中技术指导、产后产品销售服务。平利县宏俊富硒种养殖专业合作社带动周边农户300余户发展清洁蚕桑养殖业，辐射种桑养蚕面积4000余亩，户均增收万元以上。据测算，2020年全省合作社为社员统一购买农业生产投入品总额约30亿元，统一销售农产品总额119亿元，社员户均增收1600元以上。

2. 合作社创造就业机会，促进农民工资性收入增长

合作社作为一种具有经营性的经济组织，具有创造就业的功能。合作社在发展产业和提供公益或商业性生产服务中，需要吸纳劳动力就业。农民通过在合作社就业获得工资性收入。旬阳兴旬生态农业专业合作社吸纳50余人在园区务工，支付劳务费100万元。合作社不仅吸纳劳动力能力强的壮劳动力就业，而且还为农村老人和留守妇女创造就业机会。永寿县常宁镇官庄村益惠种养农民专业合作社、合阳县久佳种植专业合作社年务工支出分别为30多万元和50多万元，主要吸纳老人、妇女务工。

3. 合作社流转土地或托管土地，增加农民土地收入

合作社流转农户土地，进行集中经营，为流转土地的农民支付土地流转费用，增加农民收入。2020年，旬阳县智桦生态农业专业合作社流转土地200亩，支付土地租金500元/亩，户均年获得土地租金1466元。旬阳兴旬生态农业专业合作社流转土地1000亩，支付流转费30万元。麟游县聚丰果蔬专业合作社流转土地600多亩，年土地流转费550元/亩。麟游县绿麟蔬菜专业合作社流转土地800多亩，年土地流转费600元/亩，年支付土地流转费48万多元。

4. 合作社建立股份利益联结机制，增加农户股份收入

合作社成员以土地、资金、资源入股，建立股份合作社，成员以股份获得分红收益。平利县宏俊富硒种养殖专业合作社成员以土地入股，2019年销售额达1150万元，总盈余260万元，为成员兑现二次分红28万元。永寿县常宁镇官庄村益惠种养农民专业合作社共辐射带动常宁镇官庄村、穆家村、班白村80户群众入股，年分红7万余元。米脂县杨家沟村寺沟亨亨养殖专业合作社成员以资金入股，原贫困户以扶贫资金入股，2018 年至 2020 年举行了三次分红，累计分红 90 多万元，户均分红约 10000 元。旬阳市晴凡生态农业农民专业合作社采用土地入股或资金入股的方式，2020 年社员每人分红 6538 元。

（三）农民合作社参与美丽乡村建设，推动生态宜居

1. 合作社采用农业绿色生产方式，促进生态环境保护

农业生产污染主要包括农药和化肥的过度施用、动物粪便、秸秆焚烧、塑料薄膜残留等造成的地下水污染、土壤肥力下降、大气污染等问题。合作社通过减少化肥农药施用，用有机肥替代化肥，采用高效生态循环的种养模式，集中处理畜禽粪便，对秸秆进行综合利用，把秸秆粉碎后还田，或将秸秆用于畜禽饲料过腹还田，将秸秆作为生活燃料，从而实现减少环境污染和资源浪费。

平利县宏俊富硒种养殖专业合作社在发展蚕桑养殖中，采用“蚕桑养殖—蚕沙肥田—桑枝培菌—桑芋间套”的做法，统一收集蚕农和其他畜禽养殖户的畜禽类污染物，挖坑撒上石灰，用土封闭发酵，使处理后的蚕沙变为上好的有机肥施入桑田，实现了绿色循环发展，既促进了农户增收致富，又减少了污染，美化了乡村环境。陕西省宁陕县寨沟村绿宝生态农业专业合作社采用稻草旋耕还田，既提高了土壤的有机质和钾的含量，又避免了焚烧带来的污染。

2. 合作社进行绿色、有机产品认证，强化绿色生产方式

绿色产品认证、有机产品认证对产品生产环境和产品质量有严格的要求。绿色产品认证要求对产品或产品原料产地的大气、土壤和水进行环境监测和评价。有机产品认证要求，生产基地在最近三年内未使用过农药、化肥等违禁物质，生产单位需建立长期的土地培肥、植保、作物轮作和畜禽养殖计划，作物在收获、清洁、干燥、贮存和运输过程中未受化学物质的污染，从常规种植向有机种植转换需两年以上转换期等。

蒲城县四方果业专业合作社积极进行产品认证，建立苹果可追溯有机化

生产示范果园1500亩，认证有机酥梨基地1000亩。陇县丰田蜂业专业合作社也通过绿色产品和有机产品认证。绿色、有机产品认证的要求，倒逼和强化了合作社采用绿色生产方式。

此外，合作社在开发农业多种功能、发展乡村旅游休闲产业中，进行乡村规划，建设和完善基础设施，整治和美化环境。

（四）农民合作社推动乡村文明建设，促进乡风文明

1. 合作社增加成员凝聚力，减少社会冲突

合作社建立的股份利益联结机制更好地保障了农民获得经济利益，而且合作社通过土地入股、资金入股等股份分配方式，增进了成员的归属感、认同感和成员之间的凝聚力。合作社在组织生产、技术培训的过程中，传递和倡导诚信、互助、合作、民主的价值观，有助于平息和减少农村社会冲突，从而助推乡村文明建设。

2. 农民合作社发展乡村文化产业，传承和发展乡村文化，促进乡村文化繁荣

合作社在发展传统特色产业中，不仅促进了合作社成员增收致富，还传承和弘扬了传统手工艺及民间艺术文化。蒲城玉女土布专业合作社从事纯棉手织土布服装、床上用品和家居饰品的研发、生产和包装销售业务，合作社成员在农忙时参加田间劳动，农闲时在家纺线织布，在带来经济收入的同时，丰富和弘扬了我国的传统纺织文化。

宝鸡市凤翔县西府巧女手工艺品专业合作社从事泥塑手工艺品生产、研制和销售。凤翔泥塑历史悠久，起源于先秦，兴盛于明清。凤翔泥塑入选全国第一批国家级非物质文化遗产名录。合作社在进行泥塑生产制作销售、获得经济收入的同时，传承和发展泥塑传统民间工艺，促进了非物质文化遗产的传承和发展。

（五）农民合作社参与乡村事务管理，促进有效治理

1. 合作社培养和形成农民参与社会事务的能力和习惯

合作社的本质就是一个自治、法治、德治有机结合的经济组织。合作社

实行民主管理，合作社成员享有参加成员大会的权利，并享有表决权、选举权和被选举权。农民参与合作社管理和行使民主权利，有利于提高其参与公共事务管理的意识、能力，有利于培养农民参与乡村事务管理的自觉性和积极性，促进乡村社会治理。

2. 农民合作社参与各类社会事务

在新冠肺炎疫情发生以来，各地合作社主动作为，发挥组织优势，积极投身防疫一线，及时春耕备耕，扩大蔬菜种植、畜禽养殖、销售保供规模等，同时开展消杀作业，捐款捐物慰问一线医务人员。2020 年，疫情期间，澄城县高原之星果业合作社义务为周边 15 个自然村进行无人机整村消毒，飞防 800 亩；旬阳市晴凡生态农业农民专业合作社积极组织培训社员防疫知识，为广大农户提供防疫物资，并捐款 1.4 万元。2021 年 8 月旬阳市晴凡生态农业农民专业合作社积极投入抗洪救灾，社员义务参与物资运送、淤泥清理、灾后重建等工作，合作社捐款 1.5 万元用于灾后重建。

三　陕西农民合作社参与乡村振兴面临的问题和困难

（一）经营效率较低，市场竞争力弱

合作社作为市场经济环境下的一种经济组织，竞争优势是农业合作社具有生命力的必要条件。但是，农民合作社市场竞争力总体较弱。多数合作社停留在种植、养殖及传统销售的层面，缺乏深加工、精加工，农产品附加值不高，增收空间有限，经营效率较低；盈利能力不强，实现盈利的合作社总体较少。由于没有形成产加销一体的产业链条，一些从事鲜活农（林）产品生产的农民专业合作社，没有建立“农社对接”“农超对接”“农企对接”，容易出现积压和滞销情况，不能及时销售畜禽产品而增加养殖成本，抵御市场风险的能力较低。特别是在一些市场相对饱和的农产品生产上，合作社产品销售面临困难。比如，中蜂养殖业，由于陕西中蜂养殖规模较大，产量较高，产品单一，宁陕县海棠园中蜂养殖专业合作社又因地处秦岭腹地

交通不便，运输成本大，出现产品销售不畅的情况。

由于经营效率低，市场竞争力弱，合作社对成员的带动具有很大的局限性。大多数合作社与社员的合作内容主要是技术、农资配送、机械租用或产品销售中的一部分基础合作，合作领域有限，合作内容单一，难以满足社员急于解决产品销售渠道和提高经济效益的需求。

（二）成员素质偏低，人才缺乏

人才是决定农民合作社经营状况的关键要素，缺乏各类人才是陕西农民合作社面临的主要困境之一。

合作社成员文化水平偏低，缺乏营销常识。由于大量青壮年农民涌入城市，农村精英流失严重，合作社成员年龄普遍偏大，文化程度偏低。不少合作社成员缺乏接受新理念、新技术的能力和意愿。一些合作社成员对农产品生产的标准化、品牌化的重要性缺乏足够的认识。

缺乏经营能力强的带头人。合作社带头人大多是农民，年龄偏大，文化程度偏低，关键是市场理念、经营能力、管理水平较低，在市场竞争不断加剧的背景下，难以有效地获取、判断市场信息，捕捉市场机遇，带领合作社成员发展生产、获取收益。

缺乏能熟练运用互联网技术的专业人才。互联网是改善合作社经营状况的有效工具。根据2016年农民日报社三农发展研究中心调查的579家典型农民合作社的数据，使用互联网有利于合作社提高经营水平。但是不少合作社因为缺少能熟练运用互联网技术、懂电商平台使用和“网销”技巧的专业人才，而没有“网购”和“网销”。合作社自身缺乏人才，引进人才的成本又普遍太高，一般合作社难以承担。

（三）资金不足，融资困难

合作社发展资金不足。与单个农户相比，农民专业合作社在统一开展生产营销活动中，资金的需求量比较大。合作社在为社员统一购买种子、化肥等生产资料时，会出现短期周转性资金需求，合作社为扩大规模、壮大自身实力，进行购置农机具、土地流转、基地建设以及办公场所等建设时，会出现长期建设性资金需求；合作社为扩展业务，从生产环节，向农产品加工、销售，提升农产品附加值等环节延伸时，会出现功能拓展性资金需求。此外，合作社在承担技术培训和进行新品种、新技术引进时，也会出现资金需求。陕西省神木市乔岔滩清阳种养殖农民专业合作社成立后，为了使合作社不断壮大，持续进行投资建设，先后建设生产基地2000多亩，修建加工厂，购置配套设施设备，因投入资金量大，出现资金周转困难。宜川联农果业专业合作社在收购苹果时，面临资金不足的问题，尽管果库仍有存放空间，但是因缺资金而限制收购量。

贷款面临困难。由于农业生产收益慢，合作社生产经营存在较大风险等，一些金融机构不愿意给农民专业合作社发放贷款。同时，大多数合作社缺少抵押物，也限制了合作社获得贷款。即使有金融机构愿意放贷，但是在较高的贷款利率下，一些合作社无力承受。尽管有些地方通过政府担保、贷款贴息等方式，部分缓解了合作社贷款难问题，但是受益面很有限。大部分合作社难以获得贷款。一些合作社为解决资金短缺问题，只能以合作社理事长、负责人的个人名义进行信用贷款，但这可能形成理事长对合作社的控制。

（四）绿色化、品牌化意识不强

乡村产业振兴、乡村生态振兴和增加农民收入，要求合作社的产业发展走高质量、绿色化道路。在很多大众化农产品出现过剩的背景下，只有品牌化、标准化、绿色化、有机化的农产品才能获得市场认可，有助于促进农民增收。只有采用绿色化生态化的生产方式，才能有助于降低农业污染，促进生态宜居环境的构建。

但是，大多数合作社的品牌化意识不强，还没将绿色化、标准化、品牌化作为自觉的选择。这些合作社的带头人和社员年龄偏大、受教育程度低，社员在一定程度上受传统观念束缚较大。对新观念的认识和接受能力有限。

这与一些合作社没有实质性的统一生产经营有关，也与市场比较混乱有关。农产品“好坏不分”“真假难辨”的“柠檬市场”，使生产经营无法获得绿色化、品牌化建设从而带来收益。

（五）内部运行机制不完善，影响成员团结与合作

大多数合作社采用“一人一票”的决策方式。这种民主管理、民主决策和为社员共同利益服务的经营体制有一定的合理性，可能实现社员之间的公正和平等。但是在市场经济条件下，“一人一票”的决策方式，容易造成对合作社的领办者、出资量大者等合作社核心成员的激励不足，也容易降低决策效率。同时，乡土社会文化的影响，容易使“一人一票”演变为“默认多数同意”，一些成员由于怕得罪人而压抑自己的诉求，从而对合作社发展漠不关心。

成员异质性较强、风险承担意愿较弱的合作社，盈余分配方式往往倾向于采用“一次让利”代替“二次返利”的收益分配方式。“一次让利”操作简单直接。但是“一次让利”弊端明显。如果“一次让利”是小农的主动选择，其实质是小农将风险转嫁给领办者和少数核心成员；如果是领办者和少数核心成员主张的制度安排，则有可能损害其他中小成员的利益。

四　推动农民合作社参与乡村振兴的对策建议

（一）推动合作社高质量发展，提升市场竞争力

从注重数量增长向注重质量提升转变。把农民合作社服务带动农户能力作为首要评价标准，重点培育、扶优扶强农民合作社。制定激励与监管并重的扶持政策，以激励促发展，以监管促规范，引导和规范合作社发展。

对标乡村振兴的目标任务，加快推进农民合作社高质量发展。加快落实推动农民合作社高质量发展的政策措施，加快规范管理，提升服务能力，推动示范引领，加大政策支持，持续推进岐山县、丹凤县、延川县等

全国农民专业合作社质量提升整县推进试点县的建设，支持合作社高质量发展示范县建设，把农民合作社真正培育成组织带动小农户、激活农村资源要素、引领乡村产业发展、维护农民基本权益、满足群众对美好生活向往的中坚力量。

注重合作社的营利属性和利润最大化的经营目标，从服务社员需求转向服务市场需求。在市场环境的大背景下，在强调合作社的服务带动功能和规范化运行的同时，要注重合作社的经营性，即合作社以营利为目的开展各类产业经营活动。作为市场经济环境下的经济组织，农民专业合作社直接面临国际、国内同业的竞争压力。新古典经济学理论就将合作社视为一种企业形式，是在市场中同样从事经济活动并以营利为目的的企业。

要充分利用信息数字技术提升农民合作社能力，提高财务管理、社务治理和经营服务的信息化水平。

（二）加强人才队伍建设，增强合作社持续发展能力

人才是组织体系最具价值的资源，人才状况是决定农民专业合作社发展的一个关键变量，要加强合作社的人才队伍建设。

吸引优秀人才。多方招揽人才，特别是返乡回乡创业的青年人才及经验与人脉丰富的中老年人群体。对特殊人才，政府要实行更加积极、开放、有效的人才政策，可以按照政府公益性岗位或给予就业者补贴的方式，政府聘用、合作社使用，引导和支持各类人才回流乡村，支持合作社发展。

加强人才培养。加大对本地农民和经营管理人员的培育力度。政府部门要加强组织开展各种人才培训，与相关高校、科研机构交流合作，联合培养各类专业人才。特别要发挥管理规范、实力较强的示范社在人才培训培养中的作用，让社员较快地掌握相关技术、管理技能。

逐步推进合作社管理人员的职业化。由于市场信息瞬息万变和把握市场机遇对合作社发展的极端重要性，未经过专业训练的合作社社员难以迅速掌握市场信息并做出果断决策。要推动合作社管理人员职业化，并合理配置其管理和决策权限。

（三）加大融资支持，完善“政银”合作机制

拓展合作社金融信贷服务领域。依托农信联社、农村商业银行（农合行）、农业银行以及其他政策性银行为合作社的发展提供金融支持和必要的信用担保。引导和鼓励金融机构把农民合作社纳入信用评定范围，推进多种抵押担保贷形式。

完善“政银”合作机制。农业农村部门要与当地信用联社、农商行（农合行）等银行机构，建立“政银”联络机制，各级农业农村部门将农民合作社及其成员的示范名单、农业农村支持政策、扶持项目资金安排和农合机构的创新产品、利率优惠、费用减免、银农直联平台搭建等金融惠农、扶农、支农政策互联互通，实现农业农村部门与银行机构对农民合作社支持的政策耦合。

创新金融产品。金融机构要开展集中授信、整体授信，加大对农民合作社信贷支持力度。运用多种增信措施创新金融产品，创新“富硒茶叶贷”“惠农富硒贷”等融资产品，不失时机地实施农民合作社“三秦兴社贷”，扩大支持保鲜冷链设施建设的“冷链贷”，创新农产品仓储保鲜冷链设施地方政府专项债的投入方式。对农民合作社及其成员等涉农小微主体专门开辟“线下＋线上”贷款绿色通道。

此外，逐步开展农业保险业务尤其是依托合作社的互助保险业务以降低经营风险，提高经营收益。

（四）坚持绿色化发展，推动产业转型

转变观念，坚持质量取胜、绿色取胜。顺应人们对绿色生态环境、绿色有机农产品需求日益增长的趋势，转变发展观念，从追求产量转变到追求质量，坚持走绿色化、品牌化的道路。要根据市场需求，从解决农产品市场供需匹配问题出发，精准选择定位产业和产品。依托区域农业资源禀赋的特色化条件，打造特色产品和品种格局，提高农业资源利用率、土地产出率和劳动生产率。

实施品牌战略，打造绿色农产品品牌。合作社要利用好新“三品一标”建设政策窗口，积极申请绿色农产品、无公害农产品、有机农产品等各项高品质农产品认证，建立绿色农产品品牌。牵头建立绿色农产品生产基地，实施绿色农产品营销。

加大对农民合作社绿色生产行为的政策支持和引导。通过建立和完善绿色生产和消费的相关法律法规，引导农民合作社从事绿色生产；通过加大对绿色农业生产补贴力度，鼓励农民合作社实施绿色生产。

（五）完善利益联结，创新激励分配方式

借鉴国外合作社经营体制改革的做法和经验。在促进公平与效率有机统一的前提下，可以借鉴美国、加拿大等国对合作社进行的经营体制改革的做法。美国打破“一人一票”的传统决策原则，对合作社进行股份化改革，即按照投资额分配表决权。加拿大将合作社发行的股票分为 A 股和 B 股，A 股为社员股，拥有投票权但不享受分红；B 股为可以公开发售的投资股，供社会大众进行投资。

不断完善决策和分配机制。鼓励创新激励性分配方式，允许合作社对管理、技术、信息、商标使用许可等，给予报酬或分红激励。为有效调动社员的生产积极性，逐步采用股份化甚至是公司化的运营体制，逐步将社员的决策权与其出资比例相结合。逐步引导成员持股，通过成员持股行使民主权利并承担风险。

参考文献

朱鹏华、刘学侠：《乡村振兴背景下的农民合作组织发展：现实价值与策略选择》，《改革》2019 年第 10 期。

农业农村部农村合作经济指导司：《农民合作社已成为振兴乡村的中坚力量》，http：//www. moa. gov. cn/ztzl/70zncj/201909/t20190916_ 6327995. htm，最后检索时间：2021 年 9 月 8 日。

王向华：《农民合作社发展困局待解》，《陕西日报》2017 年 4 月 25 日。

韩旭东、杨慧莲、郑风田：《乡村振兴背景下新型农业经营主体的信息化发展》，《改革》2018 年第 10 期。

杨久栋、孙艺荧、朱云云：《2020 年中国新型农业经营主体发展分析报告——基于农民合作社的调查数据》，《农民日报》2020 年 9 月 27 日。

农业农村部农村合作经济指导司：《农业农村部办公厅关于推介第二批全国农民合作社典型案例的通知》，http：//www. moa. gov. cn/xw/bmdt/202012/t20201201_ 6357359. htm，最后检索时间：2021 年 8 月 24 日。

B.11
陕西巩固拓展健康扶贫与乡村振兴有效衔接实践路径

李巾　杨航*

摘　要： 本文根据政府巩固拓展健康扶贫与乡村振兴有效衔接的总体要求，结合实际，阐释了新时代陕西卫生健康工作的主要内容及新的内涵，在此基础上分析了健康陕西、乡村振兴战略下健康服务的发展取向，从健全跨部门、跨学科合作有益于健康的公共政策，创造农村社区支持性的环境，加强社区参与推动健康促进，提高个人健康素养，增强个体自助能力角度提出巩固拓展健康扶贫与乡村振兴有效衔接的实践路径。

关键词： 健康服务　健康扶贫　乡村振兴　陕西省

陕西是全国贫困面大、贫困人口多、贫困程度深的省份之一，全国集中连片特困地区涉及陕西的有3个，全省96个县区有扶贫任务，56个是贫困县区。2020年2月27日，陕西56个贫困县区实现脱贫摘帽，区域性整体贫困基本解决。习近平总书记指出，脱贫摘帽不是终点，而是新生活、新奋斗的起点。巩固拓展健康扶贫成果同乡村振兴有效衔接是建立巩固脱贫攻坚成果长效机制的重要举措，是支持脱贫地区接续推进乡村振兴、全面推进健康中国建设的根本要求，对于巩固基本医疗有保障成果、推进健康乡村建设、防止因病致贫返贫具有重要意义。

---

* 李巾，陕西省社会科学院社会学研究所副研究员，研究方向为人口与社会政策；杨航，陕西省社会科学院社会学研究所副研究员，研究方向为社会政策。

一 陕西巩固拓展健康扶贫与乡村振兴有效衔接总体要求

陕西省委、省政府《关于实现巩固拓展健康扶贫成果同乡村振兴有效衔接的实施意见》（陕发〔2021〕5号），国家卫生健康委等部门《关于巩固拓展健康扶贫成果同乡村振兴有效衔接的实施意见》（国卫扶贫发〔2021〕6号）对巩固健康扶贫成果与乡村振兴有效衔接提出的总体要求如下。

（一）主要思路

以习近平新时代中国特色社会主义思想为指导，全面贯彻党的十九大和十九届二中、三中、四中、五中全会精神，认真落实省委十三届八次全会、全省农村工作会议暨巩固拓展脱贫攻坚成果同乡村振兴有效衔接工作会议精神，坚持新时代卫生健康工作方针，坚持精准施治减存量、疾病预防控增量的“两手抓”工作思路。在5年过渡期内，保持健康扶贫主要政策总体稳定，调整优化支持政策，进一步补齐脱贫地区卫生健康服务体系短板弱项，深入推进健康乡村建设，聚焦重点地区、重点人群、重点疾病，完善国民健康促进政策，巩固拓展健康扶贫成果，进一步提升乡村卫生健康服务能力和居民健康水平，为脱贫地区接续推进乡村振兴提供更加坚实的健康保障。

（二）主要目标

到2025年，农村低收入人口基本医疗卫生保障水平明显提升，全生命周期健康服务逐步完善；脱贫地区县乡村三级医疗卫生服务体系进一步完善，设施条件进一步改善，服务能力进一步提升；重点传染病、慢性病和地方病得到有效防控，重大疾病危害得到控制和消除，卫生环境持续改善，居民健康素养明显提升；城乡、区域间卫生资源配置逐步均衡，居民健康水平差距进一步缩小；基本医疗有保障成果持续巩固，乡村医疗卫生机构和人员“空白点”持续实现动态清零，健康乡村建设取得明显成效。

落实新时代卫生健康工作方针，在5年过渡期内，保持健康扶贫政策总体稳定，调整优化支持政策，这是全面推进健康乡村建设的重要基础和保障。

二 新时代陕西卫生健康工作的主要内容及新的内涵

尽管陕西扶贫事业取得了长足发展，但受历史、自然、社会、文化等因素的制约，与乡村振兴和高质量发展要求相比，仍存在诸多短板和不足。脱贫攻坚的重点在于消除绝对贫困，解决广大人民群众的基本生存问题，而乡村振兴战略的主要目标是解决相对贫困，实现人的全面发展及发展成果的共享。治理相对贫困不仅要提高相对贫困人口的收入水平，更要消除精神生活、健康素养、发展能力等方面的多维贫困。相对于易地搬迁、生态补偿、产业扶持等扶贫形式，健康扶贫主要是防止因病致贫返贫，提升贫困人口、贫困家庭以及所有村民的健康水平。

（一）新时代陕西卫生健康工作的主要内容

陕西卫生健康部门按照《关于印发解决贫困人口基本医疗有保障突出问题工作方案的通知》（国卫扶贫发〔2019〕45号）中明确的医疗卫生机构“三个一”、医疗卫生人员“三合格”、医疗服务能力“三条线”、医疗保障制度全覆盖等十条指导工作标准要求，持续巩固拓展基本医疗有保障成果。重点工作内容如下。

1. 优化疾病分类救治措施

继续做好大病专项救治工作，按照“定定点医院、定诊疗方案、加强质量安全管理”的原则，将大病专项救治模式推广作为脱贫地区县域医疗机构针对所有30种大病患者住院治疗的规范化措施。结合实际，适时扩大大病专项救治病种范围。持续做好脱贫人口家庭医生签约服务，逐步扩大签约服务重点人群范围，提供公共卫生、慢病管理、健康咨询和中医干预等综合服务，重点做好高血压、糖尿病、肺结核、严重精神障碍等四种主要慢病患者的规范管理和健康服务。

2. 健全因病返贫致贫动态监测和精准帮扶机制

加强对脱贫人口和边缘易致贫人口患者救治情况的动态监测，强化卫生健康与民政、医保、乡村振兴等部门数据比对和共享，依托健康扶贫动态管理系统，发挥基层医疗卫生机构服务群众的优势，主动发现、及时跟进，做好救治、康复等健康服务，配合落实各项医疗保障政策和社会救助、慈善帮扶等措施。

3. 建立农村低收入人口常态化健康帮扶机制

加强农村低收入人口健康帮扶措施，重点落实大病专项救治、家庭医生签约服务。加强农村严重精神障碍患者服务管理和救治保障，做好失能半失能老年人医疗照护、0～3 岁婴幼儿托育指导和妇女儿童保健服务，落实儿童青少年近视、肥胖、脊柱侧弯等健康预防政策。健全多部门联动的风险预警、研判和处置机制，实现对农村低收入人口因病致贫返贫风险点的早发现和早帮扶。

4. 加强基层医疗卫生服务体系建设

按照《陕西省解决人口基本医疗有保障突出问题实施方案》（陕卫促进发〔2019〕78 号）明确的基本医疗有保障工作标准，继续加强动态监测与督导，保持脱贫地区县乡村医疗卫生机构和人员“空白点”动态清零及能力建设全部达标；科学合理设置易地扶贫搬迁集中安置点医疗机构，确保脱贫人口享受基本医疗和公共卫生服务。加快改善脱贫地区医疗卫生机构基础设施条件，实施县级医院服务能力提升工程，重点建好胸痛、卒中、创伤、危重孕产妇和新生儿救治“五大中心”，健全急诊急救医疗网络。加强重症、呼吸、麻醉、传染及院感防控等疫情防治重点学科建设。支持 50 万以上人口大县创建三级综合医院。加快推进乡镇卫生院改扩建和村卫生室标准化建设。支持有条件的中心卫生院建设县域医疗卫生副中心（达到二级综合医院水平）。支持村集体新建公有产权卫生室。加强基层中医药能力建设，乡镇卫生院中医馆配备中医医师。加强村卫生室中医药设备配置和乡村医生中医药知识与技能培训，推广运用中医药适宜技术。

5. 补齐公共卫生服务体系短板

加大县级医院救治能力建设方面的支持力度。加强县级疾病预防控制机构建设，改善疾控机构基础设施条件，加强疾控人才队伍建设，强化实验室设备配置和信息化建设，提升监测预警能力、现场流行病学调查能力和实验室检验检测能力。落实县域医疗机构公共卫生责任，每个县至少有1个综合医院设立传染病区，持续提高应对重大疫情及突发公共卫生事件的能力。加强县级妇幼保健机构建设，完善基础设施条件，持续加强儿童保健人员和新生儿科医师培训，加强基层医疗卫生机构儿童保健医师配备。鼓励综合医院开设精神心理科，加强基层医疗卫生机构精神卫生和心理健康服务人员配备，搭建基层服务网络。加强卫生监督执法体系建设，推进监督机构规范化建设，加强人才培养，支持监督机构基础设施建设及执法装备配备，推进监督信息化工作。

6. 加强基层医疗卫生人才队伍建设

对脱贫地区基层医疗卫生机构，在编制、职称评定、人才培养、待遇保障等方面给予政策支持。因地制宜加大本土人才培养力度，逐步扩大定向免费医学学生培养规模，实施全科医生特岗计划，加强助理全科医生培训、住院医师规范化培训，支持城市二级及以上医院在职或退休医师到乡村基层医疗卫生机构多点执业，充实乡村卫生健康人才队伍。加强乡村医生队伍建设，深入推进乡村全科执业助理医师资格考试，推动乡村医生向执业（助理）医师转化，引导医学专业高校毕业生免试申请乡村医生执业注册。积极探索实施“县聘镇用、镇管村用”，落实乡村医生待遇政策，进一步提高乡村医生养老待遇。

（二）现代社会健康服务新的内涵

“十四五”时期国家从政策层面对巩固拓展健康扶贫成果提出了一系列要求，对于特定群体国家承担了维护健康的主要义务，但是对于疾病，医疗机构治疗、保健之外，需要对农村健康决定因素以及现代社会健康服务新的内涵进行深思。

现代社会影响健康的因素复杂、多元。随着工业化、城市化的深入发展，发展过程中的环境变迁、社会经济状况、受教育程度、保健服务的获取等均会对人们的健康造成影响。就中风、脑血栓等许多现代病来说，病因不是单一的因素，而是同行为、社会、经济及文化等多方面的因素紧密相连。仅仅通过改善医疗服务、控制生物性的致病因素已无法从根本上预防和减少这些疾病，必须采取积极的健康促进策略防患于未然。健康促进是把健康服务由以疾病治疗为主转向疾病的预防和健康促进上来，它强调主动预防疾病，积极推动健康。世界卫生组织认为，在当前历史阶段，发达社会正在进入一个“后医学时代”，此时生理健康在很大程度上被社会和环境因素所侵蚀。这些因素包括限制特定类型的个体行为（吸烟、过度饮食）、社会组织的失效（孤独）、经济因素（贫穷），以及物理环境（污染）——这些都不能通过直接的医学进步来处理。世界卫生组织指出：“在‘医学时代’，卫生政策关心的是怎样提供医疗服务和怎样为其付费，而在‘后医学时代’，卫生政策将聚焦于怎样获得健康和安适。”

现阶段我国大力实施乡村振兴战略，全面推进共同富裕，全民全生命周期健康是健康乡村建设重要的人口保障。“后医学时代”，除了疾病治疗、保健之外，巩固拓展健康服务还应该包含新的内涵。一是聚焦重点地区、重点人群和重点疾病，对疾病进行正确且安全的治疗，但是人们越来越多地意识到，疾病模式已经从急性和传染病转变成慢性病，如心脏病、癌症、高血压、糖尿病等医学无法治愈，而健康的生活方式在改善人们健康方面变得越来越重要。二是深化“不治已病治未病”的健康理念，也就是特别关注疾病预防在乡村的普及性、可及性。提高健康素养，保持健康人群的健康延续；采取健康的生活方式被公众广泛认同，但在乡村地区，居于社会弱势地位的群体拥有的健康信息和资源较少，新乡村健康运动倡议，进行健康教育要区别于传统策略，从社会关系角度考虑健康问题，关注健康同社会与自然环境之间的互动关系，针对影响个人健康的风险因素，消除不健康的生活方式等。三是开展健康促进，即改变个人行为和社会环境以促进和改善大众健康。当环境持续对健康造成威胁，而医学又无法提供治愈的手段时，积极的生活方式可以减轻慢性健康问题的严重程度。改善人口健康不只是医学界的责任，需要全社会多部门、多学科共同努力，提升乡村卫生健康服务能力，改善生活方式和环境状况，增强个体为自己健康负责的意识和能力，才能真正为脱贫地区接续推进乡村振兴提供坚实的人口健康保障。

三　健康陕西、乡村振兴战略下健康服务的发展取向

健康状态不单单是没有疾病或不适，它包含“身体、心理和社会的安好状态”，健康是多维度的，具有社会性，人口的健康不仅能减轻生病和疾病照护带来的经济负担，也能提高社会生产力。改善人口健康不只是生物医学的工作，也是国家总体发展的重要组成部分。在实施乡村振兴的目标下，巩固拓展健康扶贫成果，深化健康乡村建设，健康服务的发展取向需要适时进行调整。

（一）乡村健康服务应由疾病治疗逐步转到疾病的预防和健康倡导

日常生活中的病因预防是主导，人们的健康状况由卫生健康部门及社会环境、生活方式等多种因素决定，关注疾病的预防要求政府更多介入对村民日常生活的管理，尤其是公共卫生服务。着力构建乡村保健系统，增强个人、家庭及社区控制其自身健康的能力、权利；在生活领域不断普及个人和群体自我保健观念，互联网社会、医疗卫生部门、大众媒体以及专业健康人员联合行动，多渠道积极宣传健康预防的生活知识，提高底层群体的健康认知。推进“互联网＋”公共卫生服务、“互联网＋”家庭医生签约服务、“互联网＋”医学教育和科普服务，利用信息化技术手段，使公众充分认识到导致疾病的真正原因，意识到自身对健康的维护作用，改变不良生活习惯，从源头上预防疾病的形成。

（二）健康促进活动从医疗机构转到人们工作、生活的场所，加强以社区为基础的预防和促进

健康促进不仅是医疗领域的活动，也是一项社会领域的活动。健康是个人同生态环境，包括家庭、社区、文化、社会结构、自然环境持续互动和相互依存的结果。如坐办公室从事脑力劳动的人们与在户外从事体力劳动的人们，生活状态与工作状态存在较大的差异，而生活方式的不同会直接影响人的生理、病理规律。乡村健康促进的对象不能局限于处于特殊境况下的个人或是在医疗机构就诊的病人，还应包括日常生活环境下的全体人口。

疾病学的研究结果显示，大多数非传染性的疾病，如冠心病、癌症等引起的过早死亡均可归因于个人的生活方式方面的风险因素，主要包括抽烟、喝酒、高脂肪的饮食、缺乏经常性的锻炼、不能调适压力等，有这些风险行为是因为偏远地区的人们缺乏足够的保健知识与技能。政府应开展多种形式的服务，满足农村和偏远地区人们的多元健康需求。乡村健康专业人员应充分发挥作用，以社区为基础开展健康促进，通过具体有效的社区行动，倡导个体了解并改变不健康的生活方式；通过提供信息、资源及其他的支持性服务来协助人们把健康知识和技能付诸实践。

（三）健康促进的责任需要政府、医疗卫生部门、企业、社区、社会组织等多部门共同承担

健康是人类生物性、环境、个人生活方式及医疗保健系统互动的结果，环境和个体生活方式的改变是降低发病率和死亡率的最有效途径。生活方式从理论上讲虽然是个人的选择和偏好，但实际上受制于社会政策、个人的教育水平、社会经济状况、职业、居住地、文化传统等多种因素。所以健康不单纯是个人的责任，健康促进应把各种不同的方法结合起来，通过教育、提供信息、开展社区活动、政策支持等致力于改变个人、群体的行为及整个社会的环境。尽量消除医生和患者之间的医学专业信息不对称的壁垒，逐渐改变医生与大众之间的医学信息不对称的现状，鼓励个体

更好地管理自身的健康，促使个人和社会共同承担对健康的责任，以创造更健康的社会和未来。

四　巩固拓展健康扶贫与乡村振兴有效衔接实践路径

（一）健全跨部门、跨学科合作共同推进健康发展的公共政策

公共政策是由政府负责并影响公众利益的政策。健康问题是由多重因素而非单一因素造成的，需要采用多重干预。健康促进超越医疗保健的范畴，它不能仅由医疗健康部门来确保，需要建立跨部门合作机制，由政府、医疗部门、教育部门及其他部门、社会组织、企业等有关部门合作参与，共同改进健康服务。通过跨部门合作将环境和健康有关的事项整合起来，各部门在制定公共政策时，关注它们的政策和规划对各个部门及整个社会的健康可能造成的影响，如禁止在公共场合吸烟，严禁酒后开车及强制性规定使用安全带等，以严格限制可能影响人们健康的风险因素；利用保护生态环境的立法促进保持空气、水及食物的质量，鼓励群众积极主动地维护自身的健康和生存环境，使有益于健康的选择逐渐成为日常生活的习惯性选择。

另外，疾病探讨一直以来主要是生物医学领域的研究问题，对于各种影响因素的相关性以及背后深层的社会文化因素的研究，需要人口学、社会学、营养学及经济学等多学科合作研究，人口学、医学的定量研究与社会科学的定性研究相结合，探讨导致不健康的社会因素，加深对社会因素对健康影响的理解，并提出相应的干预措施。

（二）创造农村社区支持性环境

社会是相互关联的统一体，人与环境之间是密切相关的，健康目标的实现同其他发展目标密不可分，人口的健康状况是一个社会及社区与文化状态的折射。创造支持性的自然环境、社会心理环境以及良好的工作和生活环

境，使健康和环境一样可持续发展。

在农村社区，关注社区中的主要健康问题，优先关注最需要保健的人群，重点地区对现症病人开展救治和定期随访工作，持续加强重大疾病综合防控，指导脱贫地区持续改善地方生产生活环境、食物卫生，对高危地区重点人群采取预防和应急干预措施。加强癌症、心脑血管疾病等早期筛查和早诊早治，强化高血压、糖尿病等常见慢性病健康管理。适应人们需求，改革医疗健康服务结构，不断满足未得到充分健康服务群体的需求，倡导健康的生活方式，逐渐改变错误的行为规范，创造有益于健康的文化，努力改善面向全民的综合性保健环境。

（三）加强社区参与，推动健康促进

健康促进的成功有赖于社区大众的参与。社区行动是当今大众健康运动的必要基础。没有民众的认可，要改变社会行为是不可能的。健康促进就是要通过具体而有效的社区行动并予以实施，以实现良好的健康。在地域性社会，社区参与保健是消除人们健康差距、支持当地居民管理自己健康的有效途径。

农村地区普遍深入实施的农村妇女宫颈癌、乳腺癌和免费孕前优生健康检查项目；在脱贫地区实施的儿童营养改善项目和新生儿疾病筛查项目，强化出生缺陷防治，孕产妇健康管理和 0～6 岁儿童健康管理；在农村综合服务设施建设中，统筹考虑婴幼儿照护服务设施建设，加大对农村家庭的科学育儿指导力度等改善生活环境、基础设施，并采取较健康的生活方式，这些以社区为基础开展的健康促进项目，其健康水平的改善比单纯增加医疗服务的投资收益更显著，预防措施倡导比治疗服务更能改善当地居民的健康状况。

（四）提高个人健康素养，增强个体自助能力

所谓健康素养，大致包含三个方面的内容：一是人们对健康基本知识和理念的认知程度，二是健康的生活和行为方式，三是对健康素养的要求，其

中包括健康的基本技能和养生方式。现代社会随着威胁人类的急性疾病逐渐转变为不良生活方式和社会环境压力导致的慢性病，人们对影响健康的因素的认识不断深化，要了解、保护自己和家人的健康，增加必备的健康素养和自我保健技能，不仅包括进行自我教育，还要带动其他人去推动健康。健康促进通过提供信息、教育及提高生活技能来确保人们在知情的情况下有效地预防疾病。不断普及保健知识，并按照居民的需求改良知识的宣传、教育及传递过程，使他们容易学习吸收。改变行为，合理膳食，创建健康生活环境，积极应对个人和集体的健康问题。开展对抑郁、焦虑等常见精神障碍的早期筛查，及时干预减轻健康问题的严重程度，把健康促进同预防、治疗及康复结合起来，帮助慢性病人生活正常化。

以国家乡村振兴战略为契机，接续巩固拓展健康扶贫成果，应站在全局高度，加快城乡融合发展，全面开展健康促进，推进乡村“人人享有保健”目标实现。国家虽然承担了维护民众健康的主要责任，但要逐步改变狭隘的以治疗性服务为主的医疗观念，也要鼓励社区和个体积极承担自身健康责任。当前慢性病状态无法治愈的疾病保健需求日益增多，生活方式对健康产生影响的意识逐渐增强，因此需要拓展福利医疗的框架，创建支持性环境，不断调整乡村健康服务取向，确保乡村地区能够平等地得到医疗保健服务，逐步消除健康不平等状况。

参考文献

张克镇：《医疗背后的那些关于生病、健康和医疗的真相》，社会科学文献出版社，2016。

〔美〕威廉·考克汉姆：《医疗与社会——我们时代的病与痛者》，高永平、杨渤彦译，中国人民大学出版社，2014。

〔加〕马克·拉朗德（MacLalonde）：《加拿大人健康的新局面》，1974。

B.12
陕西特色田园乡村建设研究报告*

赵凯凯　魏雯　黄绚**

摘　要： 中国踏上全面推进中国特色社会主义乡村振兴之路，富民强村成为全面推进乡村振兴战略的重要课题，特色田园乡村建设是一项重要实践探索。陕西特色田园乡村建设要坚持创新、协调、绿色、开放、共享的发展理念，立足省情，坚持“三产融合、城乡融合、三生融合”规划理念，把准“生态特色、产业特色、文化特色”发展方向，实现“产业兴、生态优、村庄美”的建设目标。本报告通过总结江苏特色田园乡村建设先进经验，结合陕西省情，对陕西特色田园乡村的建设原则、建设目标和建设内容做了详细阐述，提出陕西建设特色田园乡村推动高质量发展的对策建议。

关键词： 乡村振兴　特色田园乡村　陕西省

党的十八大以来，以习近平同志为核心的党中央坚持把解决好“三农”问题作为全党工作的重中之重，坚持把打赢脱贫攻坚战作为全面建成小康社会的标志工程；党的十九大报告提出实施乡村振兴战略，明确“产业兴旺、生态宜居、乡风文明、治理有效、生活富裕”的总要求，加快推

---

* 本报告系陕西省农业农村厅“陕西特色田园乡村建设导则”课题阶段性成果。

** 赵凯凯，西北大学马克思主义学院硕士研究生，研究方向为马克思主义中国化；魏雯，陕西省社会科学院农村发展研究所副研究员，研究方向为农村基础设施发展；黄绚，西北农林科技大学经济管理学院硕士研究生，研究方向为农林经济管理。

进农业农村现代化，这是中国特色社会主义进入新时代做好“三农”工作的总抓手。

一　充分认识建设特色田园乡村的重要性

党的第十九届五中全会明确提出实施“乡村建设行动”，强调各地先行推进乡村模范村建设，通过建设“特色田园乡村·乡村振兴模范村”，全面推进乡村振兴。

（一）建设特色田园乡村，探索乡村振兴新路径

全面推进乡村振兴战略，解决“三农”问题总体来看分为三个层面，一是基本面工作，对象是所有村庄，主要目标是确保农业生产基本盈利；二是提升面工作，针对部分基础牢固的村庄，进一步提高农村产业发展水平，提高人居环境质量；三是突破点工作，通过农村体制的结构改革，采取多项措施，增强农村发展活力。陕西在全面推进乡村振兴战略的实践中，取得了一系列成果。2020年底，省内人居环境质量大幅提高，农村无害化卫生厕所普及率接近85%。山水林田湖草生态保护修复工程得到有效推进，营造林任务达到1956万亩，沙区植被保有量达到2100万亩。立足本土资源要素、产业基础和比较优势，稳步推进“3+X”（“3”指果业、畜牧业、设施农业；“X”指具有地域特色的产业）产业。总的来说，目前陕西“三农”工作的重点主要集中在前两个层面，突破点工作不足，农村仍面临资源流失、人口空洞化、发展活力明显不足等问题。要从第三层面取得突破，挖掘农村自身造血机能十分重要。建设特色田园乡村，将在发展农村产业、改善人居环境、创新体制机制等方面同时“扎针”，建立农村“造血”功能，实现基本面、提升面和突破点同时突破，走出一条乡村振兴新路径。

（二）建设特色田园乡村，肩负乡村振兴新使命

随着城乡融合的不断发展，新的使命要求乡村建设需深度挖掘其除生产

生活价值外的其他价值，发挥乡村建设的多元化优势。建设特色田园乡村，就是要实现从单一的农作物生产向集生产、加工、销售、展示于一体的复合功能的转变，实现从农业向“农业+”模式转变，实现从农业产业链生产端向综合产业链转变，实现从产业价值向产业价值、生态价值、生活价值转变，使乡村从“输入”转向“输出”，因地制宜地挖掘乡村的复合功能和多重价值，肩负乡村振兴新使命。

（三）建设特色田园乡村，彰显乡村振兴新价值

特色田园乡村建设，集中农村资源，孵化新业态，引导区域发展，促进产业增值、农民收入增长，实现高品质经济价值；构建“三生”融合体，发掘多重功能，重建城乡利益联结关系，实现社会价值；发扬中华优秀传统文化，打造“诗意栖居”理想居所，寄托乡愁，实现文化价值；打造美丽经济、美丽生态、美好生活，寻求绿色发展之路，增强行动意识，实现生态价值。

二　江苏建设特色田园乡村的先进经验

2017年6月，江苏在全国首先提出《特色田园乡村建设行动计划》。全省目前已命名446个“江苏省特色田园乡村”，实现了76个涉农县（市、区）全覆盖。江苏省率先走出了一条田园乡村建设与繁华都市发展交相辉映的创新路径，已经成为建设特色田园乡村的先进模范省份，探究江苏省建设特色田园乡村的先进经验具有非常重要的意义。

（一）以高水平设计为引领建设特色乡村

围绕乡村特色风貌，江苏省先后发布了《特色田园乡村建设规划指南》《特色田园乡村建设评价命名标准》等多个具体指导意见。此外，江苏省还选拔了全国范围内专业水平高、设计经验丰富、责任感强的优秀设计师，统一规划编制《特色田园农村建设计划指南》。对于地方，江苏省安排院士、

全国勘察设计大师和江苏省设计大师亲自负责一半试点村的规划设计。这种以省指导意见为指引，由高水平设计大师加以设计，再结合各地特色的建设方式，使得江苏省各涉农县（市、区）成功打造出专属当地的特色田园乡村风光、风韵。南京市江宁区佘村由齐康工程院院士选定，完成了村内“七古”历史时代遗迹、南京市古建筑群等历史文化遗产的修补、衔接和修复，打造出独具特色的佘村“十景”。在以佘村“十景”为中心向外发散的经济圈内，佘村继续开发林间漫步、溪谷漂流、露营、高级民宿等观光项目，打造出诗一般的田园。另外，王建国院士领衔设计的钱家渡、全国勘察设计师冯正功领衔设计的倪园村等以点带面，以省级高水平设计推动地方建设的方式，成功引领江苏省特色田园乡村建设。

（二）以物质空间改善为先导建设宜居乡村

江苏省特色田园乡村建设着力改善人居环境，加强公共服务装备供给，推动产业链优化升级，完成乡村自然环境质量、公共文化服务、产业链竞争优势与乡村魅力并存。

宿迁耿车镇大众村曾是废塑料收购、生产、加工村，基础设施不足，生态环境质量较差，该村在建设特色田园乡村过程中，将“水清田沃林丰人居繁荣”作为建设目标，采取了环境卫生整治、道路整治、污水管道更新改造、生态农业发展等措施，村子的环境日益变化，逐步建成了“春赏桃花、夏采蔬果、秋品花茶、冬采草莓”的田园乡村。盐城三仓镇兰址村是西瓜种植示范区，开始建设特色田园乡村后，形成规模乡土农林田网，普及“籽播地被”，美化“田头路肩”，不仅丰富了景观层次，也改变了环境面貌，建成了江苏省首家西瓜博物馆，2019 年获得省级生态文明示范村称号。物质空间的改善是建设宜居乡村的第一步，通过营造生态宜居的物质环境，可以使特色田园乡村成为“城市人的向往、他乡人的羡慕、当地人的骄傲”之地。

（三）以改革创新为动力建设创新乡村

江苏省积极推动改革创新，推动资金、管理方式、技术、优秀人才等要素集中配置，助力村庄提升自身发展能力。

江苏省最初将一批经济薄弱村纳入特色田园乡村建设范围，将特色田园乡村建设与脱贫攻坚有机融合，通过改革创新一批“特色田园乡村＋精准脱贫”试验项目，充分发挥资金、管理方式、技术、优秀人才等要素集中配置的高效率，最终实现经济薄弱村的全部脱贫。连云港灌南县新民村，整合资金，发展稻田综合种养，建设稻渔果示范基地，村集体收入连续两年超过30万元，获得全国乡村治理示范村、省首批生态文明建设示范村等荣誉称号。南京市高淳区垄上村、小茅山脚村，推进农村承包地“三权”分置制度和集体产权股份合作制制度改革创新，扩大存量建设用地和闲置宅基地，激发了村民和市场参与的积极性。

（四）以推动特色产业发展为主导建设活力乡村

江苏省把培育农业核心竞争力强、经济效益较好的优势产业作为首选，积极推进农产品全产业链拓展，不断推进观光旅游、度假旅游、休闲农业等各类健康、养生、养老产业发展，利用“互联网科技”和“艺术创意”等方式推动三产融合。

泰州兴化市东罗村发布了名为“八十八仓”的具有中高端定位特色农业品牌，该系列产品帮助东罗村完成了脱贫致富任务，乡村有了良好发展前景，企业品牌得到大力推广，多方共赢的总体目标逐渐实现。常熟市支塘镇蒋巷村积极开展乡村和田园风光的生态环保修复，生产的大米等商品成为销往全国的“热销商品”。常州溧阳市牛马塘村借助传统的红薯种植方式，以“马铃薯文化艺术”为主题，积极开发马铃薯文化创意产品，旅游相关收入从当初的不到1万元增长到1200万元。这些村庄分别用自己的特色产业写出了乡村振兴的大文章。

（五）以乡村环境共建共享为载体建设和谐乡村

江苏将强集体、育乡风、促治理纳入工作部署，充分发挥党基层组织的先锋引领作用和群众带动作用，推动创建“民事民议、民事民办、民事民管”的多层次治理格局。

常州溧阳市塘马村成立村民委员会，完善村级议事规章制度，搭建群众参与农村建设和办理服务平台，让村民成为乡村建设的“说话者”。徐州贾汪区马庄村基于“共同设计、共同谋划、共建共享”的建设目标，在特色田园乡村建设过程中充分发挥党组织、村集体、村民三者之间的联动性，提出建设文化礼堂、村史馆、民俗文化城市广场等乡村规划设计成果在当地更接地气、更受欢迎。

三 陕西特色田园乡村建设的总体思路

特色田园乡村建设注重三大内涵，一是“特色”，即特色产业、特色生态、特色艺术，能够充分反映乡村竞争力；二是“田园”，即田园风景、田园建筑、田园生活，能够充分展示乡村意境美；三是“乡村”，即美丽乡村、宜居乡村、活力乡村，更加凸显乡村发展可持续性。

（一）陕西特色田园乡村的建设原则

陕西建设“产业兴、生态优、村庄美”的特色田园乡村，要以生产为根基促进产业聚集性发展，着力发展绿色产业、生态产业，激活乡村发展内生动力；尊重各地域山水格局现状，以生态为保障促进人与自然和谐共生；以提升乡村居民生活幸福指数为目标，统筹发展教育、医疗、交通、信息等设施，优先民生发展，提供多层次公共服务，打造“宜业、宜游、宜居”的特色田园乡村。

1. 构建产业循环格局，加快融合创新发展

特色田园乡村建设要坚持把乡村产业放在第一位，不断提升乡村产业的质量效益和竞争能力，致力于乡村集体经济的壮大和农民收入的提升；同时要在发挥传统农业优势的基础上，因地制宜地丰富乡村经济新业态，建立地方特色农业品牌。在此过程中，推动第一产业与第二产业逐步融合，通过加大对农业机械的财政支持、技术支持，推动传统农业向机械化、自动化、智

能化转变，大力发展农产品加工业；推动第二产业与第三产业逐步融合，大力发展产业旅游业；推动第一产业与第三产业逐步融合，充分利用互联网、大数据、VR 等现代科技发展农产品电商平台，开发观光农业，利用节假日等特殊节点展现乡村特色农业；构建一二三产业循环新格局，开发一批集发展生产、旅游观光、文化传承等多功能于一体的新业态、新商业模式、新空间布局。

2. 构建生态特色格局，彰显绿色发展理念

特色田园乡村建设要坚持把生态特色放在重要位置，严格遵守生态保护红线，加强生态文化宣传教育工作。对乡村自然环境，要加强保护、修复与提升，改善乡村生产生活生态条件，实现“山水林田人居”和谐共生；加强特色风貌形成，充分发挥地貌特色，加强山水田园风光塑造；加强乡村顶层规划设计，更加注重对传统肌理的保护，扎实助推乡村人居环境的建设与改善；乡村基础设施的生态作用不容忽视，要加强对名木古树、古典园林、古河道等生态资源的保护和修复，加快建立以生态公园为主体的自然保护体系，加大对陕西本省生物多样性、自然遗产的保护力度；在更大更广范围内加大宣传力度，充分利用动物园、植物园等各类保护地、博物馆、科技馆等场所进行“绿色发展”“绿色消费”理念教育，让绿色发展成为行动自觉。

3. 构建城乡融合发展格局，加快协调共享发展

特色田园乡村建设要构建城乡融合发展格局，加快协调共享发展。补齐基础设施短板，建立健全城乡一体化发展体制机制，构建包括交通、物流运输、供水、供电、供气、污染物处理等城乡一体的基础设施网络体系；加快推进公共服务设施建设，建立城乡教育、医疗卫生、公共文化、社会保障、农村管理等全面覆盖的城乡基本公共服务体系；加快发展新型城镇化，坚持以人民为中心的发展理念，着力挖掘乡土文化，加强对非物质文化遗产的保护传承，重视发扬红色文化，健全农村现代化公共文化服务体系，构建城乡双向合作新平台，形成城乡相互促进、相互协调、共同繁荣的共建共享新型城市和农村关系。

（二）陕西特色田园乡村的建设目标

陕西省以“产业兴、生态优、村庄美”为特色田园乡村建设目标，以点带面推动全省各地的特色田园乡村建设。

1. 产业兴

发展区域公共品牌产业村庄。构建现代农业产业体系，充分运用农业科技和现代信息技术，探索互联网与大数据的有机融合，推动农业现代化，支持绿色农业品牌发展，农业供给方面的结构改革得到有效推进，农业结构得到优化，经营体系不断健全，生产水平和综合利润大幅提高，发展一批在乡村振兴战略中具有示范效应、区域公共品牌响亮的产业村庄。

2. 生态优

建设宜居宜游美丽生态乡村。深入挖掘乡村的生态、休闲、康养的价值功能，通过空间品质提升、生态环境改善和设施配套完善，让乡村生态环境得到有效保护、修复和改善，田园景观得到有效发掘和充分展示，形成农村自然生态系统的自我循环，助推集农业生产、观光、度假、休闲等于一体的“宜居宜业宜游”的美丽生态乡村建设。

3. 村庄美

挖掘特色民俗文化原始村落。妥善保护历史文化名村、传统村落及其他历史文化遗存，挖掘乡土文化、传统手工艺、民俗风情等非物质文化遗存，传承、彰显传统文化，让村落与环境有机融合，保持传统肌理和格局，村落尺度适宜，建筑风貌和谐，地域特色鲜明，基础设施配套齐全，挖掘一批在推进乡村振兴战略中具有示范效应、特色民俗文化的原始村落。

（三）陕西特色田园乡村的建设内容

1. 打造区域公共品牌，助力“产业兴”

第一，乡村产业区域品牌建设要以强化产业、提升产能、增加效益为建设目标，着力夯实产业基础，以粮食结构、果业布局、畜牧业规模、设施农业板块为重点内容，不同地域依据不同禀赋资源，扎根实际布局特色产业，例如，汉中、安康和商洛地区可以以富锌硒绿茶、有机绿茶和白茶产业为主；关中西部地区可以以露地蔬菜产业为主；渭北旱塬和秦巴山区因其独特自然地理环境，可以以核桃产业为主。

第二，乡村产业区域品牌建设要以强化加工、塑造品牌、促进营销为建设途径，推进三产融合，在农产品特色加工、品牌建设、品牌宣传等方面加大投资力度，扎实推进特色品牌的打造工程，例如，大力实施“陕牌”特色农产品塑造行动，做大做强“洛川苹果”“陕西羊乳”“陕茶”等已有特色公共品牌；开发一批独具区域特色的小品牌，加大对“铜川大樱桃”“陕北红枣”“大荔冬枣”“横山羊肉”“米脂小米”“韩城大红袍花椒”等一系列区域特色品牌的宣传力度。

2. 加强自然生态保护，助力“生态优”

第一，推动黄土高原生态环境持续向好。加大治沙力度，减少水土流失，将人工治理与自然修复相结合，将生物措施与工程措施相结合，通过采取退耕还林、盐碱地治理、丘陵沟壑区封闭修复、植被体系结构优化等全方位、立体化措施，建设及完善毛乌素沙区生态防护系统，持续推动黄土高原生态环境向好发展。

第二，切实加大渭河流域生态环境保护力度。采取水源地和湿地保护、加快矿山环境修复等措施，强化渭河生态补水功能，运用科技手段规模化推进高效节水灌溉，推广先进适用的畜牧渔业节水方式，提高农业用水效率。

第三，当好秦岭生态卫士。加强秦岭水源涵养，采取保护地整合归并、功能区划调整优化等方式，增强秦岭地区生物安全和生态安全；加大对汉江、丹江、嘉陵江流域河流水污染防治力度，加大对珍稀濒危野生动植物保护力度，切实保护好陕南优美生态环境。

3. 提升公共服务设施，助力“村庄美”

第一，加强乡村基础设施建设。目前乡村存在一些基础设施配套不齐全、人居环境日趋恶化等可能导致乡村空心的问题，对这一问题的解决，要凝心聚力推动乡村基础设施供给，不断改善人居环境，建设美丽乡村。对乡村农宅院落进行妥善修理和改造，对具有一定时代价值的农房要加大修缮力度，使其保存完整；对于乡村绿化工程要因地制宜，结合乡村资源、地势，选择合理、有效的绿化美化方式，既要体现乡村本身特色，又要有实用性、针对性地改善乡村人居环境；乡村居民生活方面，建立垃圾分类、收集、转运处理设施全面治理生活垃圾，提高乡村网络覆盖水平和质量，推进美丽乡村建设。

第二，提升乡村公共服务设施建设。针对乡村公共服务供给不足的问题，要不断提升乡村公共服务，推动乡村产业、乡村文化等同乡村公共服务融为一体，相互促进，建设宜居乡村。对乡村的地域文化、乡土文化，要做好深入梳理、挖掘、保护与复兴，大力扶持剪纸、泥塑、刺绣等传统意义文化项目，加大对秦腔经典曲目、西安鼓乐等传统文化的推广、展演；发挥中华优秀传统文化、红色文化、社会主义先进文化对乡村文明的引导作用，制定村规民约，大力弘扬红色文化，传播和弘扬社会主义核心价值观；乡村居民生活方面，要建设幼儿园、医务室、老年活动中心等公共服务场所，灵活增加其他类别公共服务功能，推进宜居乡村建设。

四　陕西建设特色田园乡村推动高质量发展的对策建议

我国农村建设经历过三个阶段。一是以“社会主义新农村建设”为引领的基础环境整治阶段；二是以“美丽乡村”为引领的人居环境改善阶段；三是以“乡村振兴”为引领的多元价值挖掘阶段。“建设特色田园乡村”的任务区别于前两个阶段，又以前两个阶段为基础。特色田园乡村建设在以往仅关注物质空间改善的前提下，加入对乡村产业、乡村文化以及乡村治理的探讨，不仅关注于静态的乡村发展，而且对动态的乡村活力给予了更多关注。要想探讨如何建设特色田园乡村，首先需承接前两个阶段对乡村建设的发展方向，关注乡村物质空间的改善；其次需要加强对“金山银山”的考虑，基于乡村特有的农事文化与田园风光，各特色田园示范乡村需发展符合村庄地域文化的特色产业，完成一二三产业联动，最终形成一二三产业相辅相成、互相融合的特色田园乡村产业生态集群；最后，要“陪伴式”建设路径，即由省、市、县政府牵头，通过加强村集体和村民的自治意识和自治程度，多方投入和共同治理，发挥内外部耦合动力的协同作用，最终打造乡村活力，实现乡村可持续发展。

针对陕西特色田园乡村面临的发展规模不大、特色产业定位不明、物质空间改善力度不够、乡村活力不足等问题，综合考虑到2035年我国基本实现农业农村现代化的时间节点，借鉴江苏特色田园乡村建设的相关经验，为陕西建设特色田园乡村推动高质量发展提出对策建议。

（一）坚持“绿水青山就是金山银山”发展理念，科学规划设计村庄内外空间

特色田园乡村建设范围包括村庄和周边关联的田园、山水以及其他自然生态空间组成的相对完整、独立的区域，要建设“生态优”“村庄美”的特色田园乡村，就需要对村庄空间格局、人居环境及田园山水绿色景观进行维护、修复和改善，最终实现“山水田林人居”和谐共生。

针对人居环境，各特色田园乡村示范单位需践行陕西省整体环境整治实施路径，持续不断扎实开展“人居环境整治活动”。对农村生活垃圾的处理，要基本实现设施设备齐全、治理技术成熟、保洁队伍稳定；对生活污水的处理，要因地制宜推广成本较低、效率较高、实用性较强的处理技术，努力做到减源头、提回收；实施村容村貌提升行动，整治公共空间和庭院环境，消除私搭乱建、乱堆乱放，开展植树造林，加强农村公路建设、水利基础设施网络建设；在村庄空间格局方面，科学编制村庄规划，推行多规合一，做好室内空间、公共区域等关键连接点的整体设计，用好基础建设的原材料，对传统民居的原始元素进行梳理和提取，确保新建的乡村民居和工程建筑与村落自然环境相一致，体现地域特色和乡村特色，突出乡村风貌和乡村特色。

实施特色田园乡村建设，重点在于“田园”。乡村与城市最大的区别就是乡村根植于广袤的田园景观之上，一处处美丽的农田与自然山水组合在一起，形成了极具意境的田园风光。各村庄需在农产品种植过程中鼓励和推广

使用有机肥，集成应用全程农药减量增效技术；同时开展“节水工程”，遵循陕西省继续推进实施新增260万亩高效节水灌溉的总体方案和到2022年全省灌溉用水量控制在50亿立方米以内的总体目标；除此之外，还需实施“畜禽养殖污染治理与资源化利用工程”和“农膜、秸秆资源化利用工程”，全面推进农田治理；面对山、水、林等自然地理环境，需修复各村庄受自然灾害、大型建设项目破坏的山体、矿山废弃地；推进村庄内外重要河流的综合整治，实施小流域综合治理；建设水土保持生态建设工程，陕北地区、关中地区、陕南地区根据地域情况开展治理，将能源开发、恢复水土、生态清洁作为重点工程；加快荒山、荒坡、荒地绿化，通过全省各特色田园乡村绿色建设由点及面，加快构筑全省生态安全屏障。

（二）坚持“产业兴旺”发展原则，持续探索发展特色产业经济

产业发展永远是一个地区经济可持续发展的核心要义。建设特色田园乡村，发展特色优势产业是必不可少的。乡村是原态化、自然化、无序化的，发展乡村产业也必须遵循这一标准。在建设乡村产业时，需适时考虑乡村的自然地理资源、农业产业资源和历史人文资源，因地制宜，发展具有特色优势的乡村产业。同时，在建设单个特色田园示范村的背景下，需考虑如何集聚空间分布类型，协调点轴联系，构建陕西省特色田园乡村多核心网络状均衡集聚格局。

目前陕西省有关乡村产业发展的建设任务主要聚焦在推进“3+X”产业上。陕西省各特色田园乡村则需在坚持陕西总体产业布局的前提下，合理利用各村庄地域资源，打造“一县一业”“一村一品”升级版。陕西省三大主导产业——以苹果为代表的果业、以奶山羊为代表的畜牧业、以棚室栽培为代表的设施农业要促进其规模化生产、区域化布局、市场化开发、板块化集聚。突出特色粮经作物、特色园艺产品、特色畜产品、特色水产品、林特产品五大类，促进错位发展、差异竞争。“X”代表陕西省各区域特色产业，针对各地区特色产业，可在深度挖掘产业横向价值的同时，探索发掘各产业的纵向价值，即通过强科技、信息化，创建一批农产品精深加工示范基地，

拓宽“互联网+”销售渠道，推动上中下游各个环节有机衔接，拓展农业多种功能，培育农村新产业新业态，提升农业产业链整体竞争力。力争到2022年，实现区域特色产业精准覆盖。

随着城乡居民消费拓展升级，推动传统农业向观光、休闲、创意农业转型，也将成为新的经济增长点。陕西省各特色田园乡村在遵循传统产业发展路径的基础上，也需要基于美丽田园风光，大力发展生态旅游业，完成一二三产业联动。因地制宜发展森林草原河湖湿地生态旅游、生态康养等产业，创建一批特色生态旅游示范村镇和精品线路。开发田园观光、果蔬采摘、民俗体验、乡村康养、民宿度假等多种功能，促进农业功能从提供物质产品向精神产品拓展，从提供有形产品向无形产品拓展。

特色田园乡村建设需牢牢把握“一村一户发展不是真的发展，全省全面发展才是真正发展”的原则，以省级做板块、市县扩规模，通过各特色田园乡村由点及面，打造陕西省多核心网络状均衡集聚格局。

（三）探索“文化强村”发展路径，持续弘扬优秀传统村落文化

文化是民族之根，传承文化是乡村持续发展之魂。在保护生态、发展产业经济的同时，各特色田园示范乡村也需加强对文化空间的保护。无论是历史遗迹文化、红色文化、农耕文化，还是其他各类中华文化，都需保护其完整性、真实性、生态性。“文化强村”，具体有以下几条发展路径。

一是划定历史文化保护线，加大对一些遗存的古村落、古代建筑、农业遗迹的保护力度，深入挖掘乡村特色文化符号，通过创建特色文化产业村镇、文化特色产业群等措施，积极开发本土特色，如戏曲、秧歌、锣鼓等民间艺术表演，培育打造手工艺、民间工艺之作等各类特色文化产业和创意产品。

二是充分发挥村规民约的功能，引导广大农村完善村规民约，探索完善村规民约组织实施方式，加强优秀村规民约的宣传，倡导新时代集体经济发展的袁家村模式，以及蓝田吕氏乡约、汉阴沈氏家训、延川曹氏家训等优秀典型。

三是全面推进现代公共文化服务体系建设，继续实施文化信息资源共享工程、数字图书馆推广计划等公共数字文化工程，积极发挥新媒体的作用，使农民群众能便捷获取优质数字文化资源，提高群众文化素养，繁荣乡村文化。

（四）发挥“共同治理”发展优势，稳步推进多方要素协同

建设特色田园乡村必须依靠多方的力量，包括省市县政府、村集体、村民、金融市场，以及城市回流的返乡农民工、大学生村官等群体，需充分发挥人才、资本、科技、金融等要素作用，在共谋、共建、共管、共评、共享的机制下，实现特色田园乡村治理效用最大化。

省、市、县政府应对各特色田园示范乡村进行资金、技术等要素供给，综合运用奖励、补贴、税收优惠、结构性调控等政策工具，通过制定相关政策以保证全省范围内特色田园乡村建设的适宜性。在“由上至下”的政策传达过程中，农村基层党组织发挥一定的“上传下达”效用，通过政策解读继续制定新的细化方案，以适应当地的实际发展情况。但前两个环节仍属于“制理”，而非“治理”。要想实现“共同治理”，则需要引入村集体组织、村民等群体的力量。

村集体要激活农村集体经济，鼓励创办合作社及其他各类服务实体，经济实力强的农村集体可以采取股份合作、定向帮扶等多种形式，带动其他乡村共同发展；充分发挥技术、人才、资金优势，积极引导乡村外部要素回流，推动金融、人才等资源要素向农村配置，与当地农户形成优势互补、利益联结、互惠共赢的产业共同体。各村庄可引进专业水平高、设计经验丰富、责任感强的优秀设计师来负责村庄规划设计；引导和支持知名企业家、知名专家学者、各类技能人才，通过引进外资、志愿服务等方式回馈故里，尤其是在返乡大学生、返乡农民工中，要重点加强农村专业人才建设。

与此同时，要完善村民自治机制，加强村务公开民主管理工作，规范村务公开程序，加强村务监督委员会建设，使“村民”真正成为美丽特色田园乡村的“治理者”。

（五）探索“城乡融合”发展趋势，实现乡村建设现代化发展目标

城乡融合是建设特色田园乡村的重要抓手，践行新发展理念，健全农村公共服务体系，丰富生产、生活服务要素，促进城乡融合将成为陕西未来特色田园乡村发展的重要趋势。现阶段，要承接“城乡融合”发展趋势，建设特色田园乡村，就需要发挥县域经济作为乡村的发展要素供应端和市场消费端的作用，加快形成县域经济与乡村振兴良性互动、互相促进的格局；加快体制机制创新，破解城乡二元结构，加快城乡基础设施互联互通、公共服务共建共享，在形态上保留乡村风貌，在治理上体现城市水平，逐步强化服务城市发展、承接城市功能外溢、满足城市消费需求能力，推动城乡居民收入、公共服务均等化，加速城乡要素自由流动，增添城乡发展新动力。

只有立足乡土特色，因地制宜、因村制宜，根据各乡村发展的自然资源禀赋、社会经济发展、文化习俗等因素的差异，深入挖掘、识别不同村庄在产业、文化等领域的独特区位优势，以此推动建设特色田园乡村，方能彰显陕西现代升级版乡村的多元价值、绘就新时代“各美其美、美美与共”的陕西“富春山居图”，为全国乡村振兴事业贡献陕西智慧和陕西方案。

B.13

陕西乡村传统文化传承发展提升路径研究

刘　静*

摘　要： 乡村传统文化传承发展是陕西乡村文化振兴的要旨之一。探究陕西乡村传统文化传承发展的必要性、现状、存在的问题及提升路径对研究分析陕西脱贫攻坚与乡村振兴的有效衔接具有重要意义。本文基于陕西乡村传统文化传承内在价值的四个特性，归纳了要实现陕西乡村传统文化传承发展的关键在于实现乡村传统物质文化、思想文化、制度文化的传承发展。陕西乡村传统文化虽为实施乡村振兴战略提供发展动力、增长潜力、支撑合力，但仍面临缺乏理念传承、缺乏价值挖掘、缺乏功能发挥等问题。因此，需从提高陕西乡村传统文化的认知度、加大陕西乡村传统文化的保护度、盘活陕西乡村传统文化的市场资源、挖掘陕西乡村传统文化的产业价值等方面形成提升路径。

关键词： 乡村传统文化　乡村振兴　陕西省

一　引言

自2002年“联合国文化遗产年”之后，联合国粮食及农业组织明确了“全球农业文化遗产”保护传承的内涵，指出乡村传统文化不仅包含传统意义的农耕文化、农业技术等物质文化，还涵盖乡村历史、村容村貌、风俗人

* 刘静，陕西省社会科学院农村发展研究所讲师，研究方向为产业经济。

情、民俗乡约等精神文化与制度文化在内的农业文明。这一定义是传统文化类型高度分化的结果，说明国际社会已经逐步重视相关领域并取得部分成果。中国成为农业大国的原因不仅在于耕种面积广，更重要的是具有深厚悠久的农耕文明。2021年中央一号文件《中共中央 国务院关于全面推进乡村振兴加快农业农村现代化的意见》中再次重申“乡村振兴中的人居环境要与农村经济、文化乡土人情相协调”。至此，中国乡村传统文化传承发展已然落地生根。

陕西作为中华文化的发祥地之一，自古是华夏农耕文明的始祖从事农产的农业经济文化中心。加之省域境内狭长，纵跨长江黄河，承启东西，覆盖南北中三区，为多朝建都选址的首选，因此，逐渐成为经济繁荣、文化聚集的枢纽。陕南以“水稻田”作业为主，大量灌溉物需要水源，因而召集人员相互分工进行水利建设，形成富有楚蜀特色的乡村集体文化氛围。陕北农业集中于谷物与游牧业，相对分散并融合乡村草原文化，形成富有民族特色的乡村塞外文化氛围。关中农业源于“粟作物”，地产富饶，形成富于中原特色的西秦乡村文化氛围。基于此，陕西乡村传统文化积淀深厚，需进一步因地制宜地进行传承发展。

二 陕西乡村传统文化传承发展的必要性

传统文化资源是区域经济发展的基础与内生动力，而乡村文化也是区域资源禀赋的组成部分，具有资源稀缺性与不可复制性。陕西省农业资源丰富，同时兼具悠久的文化积累，因此，对陕西省乡村传统文化传承特征及其内在价值的梳理，有利于明确各类资源的价值属性并对资源进行进一步优化配置。

（一）陕西乡村传统文化传承的内在价值

1. 陕西乡村传统文化具有区域差异性与种类多样性

陕西地域跨度较大，依据传统文化与地形地貌被划分为陕南、陕北、关中地区。伴随历史演变与战争更迭，陕西形成西北腹地具有多样民俗特色的乡土文化。在区域上，陕南地区大量移民开荒耕种、兴修水利，陆续融合南方诸多地区的耕作技术、生产习惯与文化风俗，造就了陕南地区特有的乡村文化价值体系。陕北为多民族的“结绳区域”，是融合秦汉文化与少数民族文化的“半农业半畜牧区”，因此，其乡土文化是多民族长期文化交流与军事斗争的结果。例如，陕北地名常以少数民族姓氏、战役重地与宗教佛寺命名。关中自古物产丰富、沃野千里，加之古代为军事要塞，易守难攻，造就关中乡村文化民风淳朴、相对保守、自给自足的特征。在类型上，依据区域差异与联合国教育、科学及文化组织世界遗产委员会对文化遗产的分类标准，将乡村传统文化分为乡村传统物质文化与乡村传统非物质文化。其中，陕西乡村传统物质文化遗产包括韩城党家村古建筑群、渭南潼关故城、榆林佳县枣园、礼泉烟霞草堂、长安清华山石窟、米脂窑洞古城、勉县武侯祠等。陕西乡村传统非物质文化遗产包括紫阳民歌、凤翔木板年画、洛川剪纸、鄠邑农民画、岐山臊子面制作工艺、周至皮影、渭南锣鼓等。这些遗产体现了陕西乡村传统文化的区域差异性与类型多样性。

2. 陕西乡村传统文化具有农业生态性与文化传承性

陕西乡村传统文化具有显著的属地特性，是长期地理环境与人文环境相适应匹配的结果。农业作物在不断的优胜劣汰中形成与外界气候的相互制衡，区域乡村农作物也产生对生态环境的保护作用。例如，蓝田的大杏种植生态系统中，百年以上的杏树就有几百株，规模化种植园区内部形成了较为完整独立的自循环系统，杏粮、杏树、杏草相生相融，能够涵养水源，保持水土，产生较为科学的乡村特色物种生态结构，并辐射周边乡村生态环境健康运行。此外，这里的间作技术进一步促进乡村有机农业与耕作技艺的科学研究，形成物种多元性及乡村景观多样性。正因如此，乡村农业生产衍生的乡村传统文化传承应运而生。主要表现在：一是乡村传统区域文化传承性。陕西多地区乡村经济的发展与文化发展相辅相成，与乡村记忆相关的传统文化构成了部分地区的标签与标志。由乡村物质文化与非物质文化构成的旧址、建筑群、民俗、农技、传统手艺留存至今，曾经是乡村区域文明与发展的代名词。正因为陶艺的千年传承，铜川耀州“丝路瓷都”美誉才能延续传播。二是乡村传统历史文化传承性。陕西具有独特的历史文化积淀，尤其是植根于乡土社会的文化渊源颇深。如蒲城县孙镇人文历史厚重，县域乡村凭借境内杨虎城将军故居进行文旅建设，结合唐泰陵景区，形成乡村遗产与传统文化的有机结合。

（二）陕西乡村传统文化发展的必要性

乡村传统文化是人类生产生活思想的集合，中国传统文化倡导“天时、地利、人和”，在乡村中更体现这一价值观。这一观念秉承平衡的农业产业生态理念，将乡村生产置于尊重自然规律、产业规律、文化规律的价值体系中，提倡维护乡村的可持续发展。在此观念下，乡村传统文化成为引领乡村经济、乡村建设与乡村振兴的灯塔，并在乡村产业发展的瓶颈期形成必要的产业融合基础与纽带作用，为缓解乡村高速发展带来的“负面作用”提供有力保障。尤其对于陕西来说，三区交汇形成多样化地形地貌、风土乡俗、文化差异，在国家提出乡村振兴战略的背景下，如何有效为区域乡村产业振兴的快车提供文化智慧导航、文化产业支撑及文化制度保障，是这一时期乡村传统文化需要进行协调统一的关键。尽管如此，以往研究多侧重于乡村文化发展的其中一个侧面，并将传统文化仅仅归并至文化遗产领域，而事实上，乡村传统文化涉及农业经济、文化经济、产业经济的多重范畴，尤其是尚未构建陕西乡村传统文化的研究体系，因此，深入这一领域势在必行。

三　陕西乡村传统文化传承发展现状及存在的问题

如前所述，乡村振兴之终极目标在于国家民族的永续发展。弘扬陕西乡村传统文化就是将乡村传统文化建设内嵌于国家乡村治理体系中，展现为物质文化、思想文化、制度文化三个方面。尽管如此，陕西乡村传统文化建设仍存在乡村传统文化理念传承、乡村传统文化价值挖掘、乡村传统文化功能发挥等方面的问题。

（一）陕西乡村传统文化传承发展现状

1. 陕西乡村传统物质文化

陕西乡村传统物质文化包括陕西省境内具有乡村地域特色的风土地貌、村落遗址、古代建筑、佛寺宫殿、山水景区、纪念园区、书院石窟等类型。它们坐落在陕西乡村腹地及周边的县城乡镇周围，作为乡村地标性建筑群，形成陕西乡村传统文化独具特色的风景，也是乡村区别于城镇的显著标志之一，具有带动周边乡村相关产业形成“吸虹效应”的作用。根据陕西省文物局发布的《陕西省文物基本数据（2021）》统计，截至2021年，陕西拥有国家及省级历史文化名村14个、国家及省级传统村落542个、可移动与不可移动文物资源770余万件，展现了陕西乡村传统物质文化种类繁多、分布广泛、层次较高的特点。其中，具有乡村传统文化代表的“党家村古建筑群”是位于陕西境内的“国家重点乡村物质文化保护单位”，村落历史悠久、建筑自由、特色鲜明、底蕴深厚，是我国具有乡村传统物质文化代表性的典型村。同时，党家村与中外科研院校合作，将古村落文化加工成《党家村》一书，乡村传统文化由此迅速传播，党家村成为乡村文化旅游名村。

2. 陕西乡村传统思想文化

陕西乡村传统思想文化包括乡村传统文化理念及其衍生的文化行为两个方面。一方面，陕西乡村传统文化理念是植根于特定区域范围内乡土文化表层背后的行为指南。在陕西乡村农事中，表现为敬畏自然、尊重规律、依时而作、依势而为的农耕习惯。例如，二十四节气延续至今仍有重要的指导意义。在陕西乡村家庭中，家风家训里父慈子孝、耕读传家、勤俭持家、兄友弟恭、乡邻和睦的传统文化渗透于陕西乡村各家的田间地头、门匾书画中，不计其数。另一方面，乡村传统文化表现形式是乡村传统文化的外在表现，是乡村文化的外延。乡村传统文化表现形式包括乡村习俗、传统节庆、乡村艺术、耕种方式等。陕西现存大量乡村传统文化传承载体，主要包括陕西乡村文学文艺、乡村戏曲舞蹈、乡村剧目曲艺、乡村工艺美术、乡村杂技体育、乡村针灸医药等。这些宝贵的乡村文化传承载体是村庄文明发展的原生行为载体。

3. 陕西乡村传统制度文化

陕西乡村传统制度文化同样是陕西非物质文化的一部分，现存的制度文化包括乡约教化、乡村法规、乡村民间社会团体的非正式制度及口头约定等。总体而言，从乡村文化来源讲，陕西乡村传统文化包括乡村正式组织的制度文化与非正式组织的制度文化。在陕西乡村正式组织制度中，大量的农业政策影响深远。

（二）陕西乡村传统文化传承发展存在的问题

1. 陕西乡村传统文化缺乏理念传承

陕西乡村传统文化资源丰富，但能够从现存资源表象背后挖掘其深厚意蕴并形成价值理念传承的乡村文化较为匮乏。尤其在持续性的西部大开发与城镇化进程中，乡村结构变迁打破了原本乡村均质化的差序格局与小农经济，因而乡村现代经济规模性对冲乡村传统文化的多样性，交互形成新的文明冲突与价值颠覆。省域乡村传统文化日渐消失，取而代之的是对乡村传统文化的盲目模仿、礼仪习俗的生搬硬套，甚至出现对封建迷信的歪曲认识。在人们无法深层挖掘乡村传统文化理念时，停留在村庄的记忆仅仅只成形于文化现象表层，展现了具象化的物质文化及其价值偏差。而事实上，引领乡村艰苦创业、开荒拓地的正是乡村优秀传统文化精神理念。陕西等地在短短几十年内“走西口”，将内蒙古西部开发成适于居住的地区，正是曾经守正创新的中华文明的传承。当尊老爱幼、乡邻和睦、谦恭礼让的传统文化在乡村淡化时，“村庄”这一文明的载体将不仅仅面临人口空心化，更是乡土中国心灵慰藉的消失。

2. 陕西乡村传统文化缺乏价值挖掘

在全球化、信息化、工业化迅速发展的过程中，乡村传统文化的同质化问题愈加突出。文化同质化不仅表现在乡村耕作生产观念同质化，还衍生出与之相一致的经营观念与模式同质化。这些惯性表达禁锢了人们的思想，形成陕西传统文化的封闭现象，难以深凿。而传统农业与现代农业的根本区别在于乡村科技由经验向实验的过渡。人们对现代农村与农业的描述更需要乡村生物多样性元素分析与差异价值挖掘。例如，陕西是苹果种植大省，但非强省，关键原因在于生产碎片化且尚未形成种植科技文化，使其滞留在产业链底端，并未将农业、工业、信息产业、文化产业有机统一起来，由此限制了乡村传统文化价值的发挥，难以形成乡村价值的规模效应。此外，当小农思维模式无法适应多元社会需求时，乡村就会出现如“土地流转困难”“文化景区雷同”等问题，严重影响乡村传统文化的传播与增值。

3. 陕西乡村传统文化功能发挥不足

人类是用文化与文明武装的群体，当乡村传统文化无法武装新乡村建设、促进新型乡村文化主体发展时，将影响乡村功能的全面发挥。因此，一方面，衡量陕西乡村振兴的指标不在于乡村数量与人口流动速度，而在于新型乡村别具一格的特色及其发挥的最大功能。但是，陕西乡村传统文化功能发挥方面目前存在缺位与不足之处。在大型乡村集体活动中往往出现“宣传多、落实少，口号响、回应少”的被动局面，村级政策颁布与村民自治之间缺乏有效衔接的方式，阻碍乡村公共服务作用的发挥。另一方面，陕西乡村振兴的启动生效最终在于乡民主体的认同感、幸福感与社会福祉的提升。其中，部分乡村居民精神文化诉求仍得不到满足，许多村级文化场馆闲置或设施缺乏，缺乏引导乡村获取知识、提高素养、方便群众的乡村图书馆、运动场、养生馆、便民点、宣传站及健康娱乐休闲场所。当乡村内在的认同度与价值感尚未挖掘并得到提升时，乡村吸引力降低，乡村发展无法启动自循环系统。

四　陕西乡村传统文化传承发展路径

在乡村振兴战略拉开序幕之际，乡村传统文化的积极传承与深入发展已然成为迫切需要。除了厘清乡村传统文化传承发展的内涵、要旨与面临的问题，更要分析区域乡村传统文化传承发展之时弊，由此寻求针对性的策略路径。鉴于此，根据上述内容，提出陕西乡村传统文化传承与发展的双重路径。

（一）强化陕西乡村传统文化价值传承

1. 提高陕西乡村传统文化的认知度

一是加强乡村传统文化宣传教育。陕西省乡村传统文化资源丰富。尤其作为西部乡村地区，在由脱贫向振兴的转变过程中，需要重构对文化资源的价值观。因此，应深入乡村及附近城镇社区普及相关宣传知识、建立陕西高校及科研院所专业人才培训点、树立新时代陕西乡村文化自信观念。

二是运用现代技术普及乡村传统文化。运用互联网、大数据、人工智能技术形成的乡村传统文化虚拟仿真方式能够全程还原乡村传统文化环境、农耕文化技术运用、文化空间场景，将其深入乡村传统文化传播中，公众可以直观感受到陕西本土风俗人情、农业布局、文化遗产中不易深入观测的地方。同时，陕西应充分发挥文化大省与科研大省的带头作用，定期举办线上线下乡镇乡村音乐会、文化节，积极建设乡镇乡村数字博物馆、农业展区，改变人们对西部乡村传统文化的落后认知。

三是通过资金投入搭建乡村传统文化平台。乡村传统文化传承发展资金多源于地方财政，应改变单一拨款方式，允许多元主体投资共建的社会融资模式，加大资金筹措并将资金用于评定审核优秀乡村传统文化的工作中，对不同盈利模式的乡村传统文化机构实行分级税收制度，突出特色村域文化的公众珍爱度。

2. 加大陕西乡村传统文化的保护度

一是强化乡村传统文化保护意识。乡村传统文化有别于其他传统文化或文化遗产，是富于乡村特色的文化积累。陕西乡村传统文化保护过程中应完善修订保护名录，对现存的村域传统文化进行系统识别、盘点、梳理、分类并派发给相关部门普查登记，增加保护重视度。进一步明确各类资源的部门归属权与使用权，形成陕西乡村传统文化专项保护设想方案，鼓励部分民间营利性乡村传统文化保护机构积极申请保护名录，做好乡村地域特色保护规划。

二是提高乡村传统文化社会地位。启动陕西乡村传统文化专项保护方案，根据乡村传统文化特点制定差异化开发模式，尤其是明确乡村传统文化项目的土地管理红线与生态边界红线。保护可持续农业园区，保障基本农耕文化生产安全等，坚决扼制随意挪用乡村传统文化项目用地的行为，优先考虑传统文化多样性的发展空间。

三是完善乡村传统文化管理措施。制定陕西乡村传统文化保护的具体措施，明确保护半径、开发范围、维护程序等，进一步细化地方原文化文物遗产保护条例，将乡村民间传统动态文化逐步纳入乡村传统文化管理法律法规中，以扩大文化保护的公众参与度和受众度。此外，实施乡村传统文化保护的人才培养措施。应成立乡村传统文化专业性技术人才培训基地，特别是对传统文化传承技艺给予津贴补助。

（二）拓宽陕西乡村传统文化发展渠道

1. 盘活陕西乡村传统文化的市场资源

一是挖掘乡村现存传统文化价值。乡村传统文化本身不仅具有传承价值，还具有交流价值、传播价值、教育价值、研发价值等。应具体考量利益相关者的利益诉求，综合开发乡村传统文化的多元价值，明确乡村传统文化各项资源的产权机制，最大限度地形成对文化资源的认可与传播。

二是提升乡村传统文化的市场价值。在保护区域传统文化价值基础上，结合区位优势、村位优势，将陕西分区划分为文化资源区、水利风景区与民俗博物馆，形成陕北乡村红色资源文化市场、陕南乡村梯田文化市场、关中民俗文化市场等产业集群。用农业发展工业，用工业促进文化产业，用文化产业反哺农业，最终形成乡村传统文化的良性循环市场。

三是提升乡村传统文化科技含量。充分利用陕西高校与科研院所云集的优势，建立陕西乡村传统文化创新研究院，研究产品开发模式，提升种植业及其深加工能力，一方面，降低单位成本，形成市场竞争力；另一方面，增加农业文创产品附加值，形成乡村文化产品价值链增值。

2. 挖掘陕西乡村传统文化的产业价值

一是延长乡村传统文化产业链。增加陕西省乡村传统文化产业的种类，定期测算并筛选符合产业成熟度、产业集中度、产业投入产出比的乡村文化产业项目，动态调整市场认可度低、接受度低及缺乏可持续性的乡村文化产业项目。引进数字监测系统定期评估乡村文化项目的投资价值，防止盲目扩展缩减带来的资源浪费或红利错失。

二是形成乡村传统文化产品品牌。打造一批富有陕西特色，包括陕北特色、陕南特色、关中特色的陕派乡村传统文化品牌。鼓励相关龙头企业带动区域发展，将招商引资、政府扶持、传承人技艺开发及特色乡村文化产品生产结合，形成具有深厚历史文化的陕西品牌优势。

三是实现乡村传统文化产品生态价值。倡导绿色乡村传统文化理念，奖励企业建设绿色产业链、价值链、绿色文化品牌，积极推进《乡村传统文化专项治理法》出台，防止建设开发中急功近利、偷工减料、弄虚作假、污染环境行为，实现陕西乡村传统文化价值的可持续性发展。

参考文献

袁益：《文化差异与中国农村人口流动意愿——基于“稻米理论”的视角》，《中国农村经济》2020 年第 10 期。

杭敏、李唯嘉：《区域特色文化产业发展研究》，社会科学文献出版社，2019。

刘守英、王一鸽：《从乡土中国到城乡中国——中国转型的乡村变迁视角》，《管理世界》2018 年第 10 期。

梁学成：《西部文化遗产类旅游资源开发与保护研究》，科学出版社，2020。

张军：《乡村价值定位与乡村振兴》，《中国农村经济》2018 年第 1 期。

厉以宁：《文化经济学》，商务印书馆，2018。

王丹利、陆铭：《农村公共品提供：社会与政府的互补机制》，《经济研究》2020 年第 9 期。

案例篇

Case Reports

B.14 商洛市：打造陕南乡村产业振兴新样本

张娟娟　李永红*

摘　要： 近年来，商洛市把发展产业作为拔穷根、开富源的治本之策和长久之计，产业发展取得显著成效。其主要做法是：一是立足商洛资源禀赋，找到产业主攻方向；二是制定优惠政策措施，加大产业发展扶持力度；三是培育新型经营主体，注重发挥龙头带动作用；四是完善产销对接体系，做好贫困地区产品销售；五是关键要素支撑，保障特色产业健康发展。商洛市紧紧围绕促进农民增收、狠抓产业发展的成功实践为陕西省巩固拓展脱贫攻坚成果、推进乡村产业振兴提供了新鲜经验，具有较强的示范意义和借鉴价值。

关键词： 产业发展　产业振兴　商洛市

---

* 张娟娟，中共陕西省委党校（陕西行政学院）中国特色社会主义理论研究中心副教授，研究方向为贫困治理、乡村振兴；李永红，中共陕西省委党校（陕西行政学院）中国特色社会主义理论研究中心副主任，教授，研究方向为贫困治理、公共管理。

商洛市位于秦岭南麓、鄂豫陕三省交界处，曾是全国 14 个集中连片贫困地区之一。党的十八大以来，商洛市以农户增收为中心，立足资源禀赋，重点发展绿色高效特色种植/养殖业，着力培育壮大新型经营主体，积极创新完善带农增收机制，强化产销紧密连接，乡村产业不断发展壮大。全市 478151 人依靠产业帮扶实现了脱贫增收，占已脱贫人口的 83%。产业发展为商洛市如期脱贫摘帽、巩固脱贫攻坚成果提供了有力支撑。

一　商洛市推进产业发展的成效

从脱贫攻坚一开始，商洛市就把发展产业作为拔穷根、开富源的治本之策和长久之计，取得了明显成效。

一是发展了一批特色鲜明的主导产业。商洛市以增收为中心发展产业，着力发展带动性强的“菌果药畜”四大种植/养殖业，积极创新旅游扶贫、电商扶贫、光伏扶贫等新业态，大力培育推广有市场、有品牌、有效益的特色产品，一举使商洛香菇、核桃、板栗、中药材、冷水鱼以及肉鸡等产量跃居全省第一。全市 7 个脱贫县区都形成了 2～3 个特色鲜明、带动面广的主导产业，涌现出商洛香菇、柞水木耳、商南茶叶、镇安板栗、山阳硒耳等一批特色产品品牌。

二是培育了一批助农增收的新型经营主体。商洛市大力推行“三带一创”产业精准扶贫模式，全市 2506 个经营主体（其中，市级以上龙头企业 153 个、市级以上农民专业合作社 212 个、市级家庭农场 81 家，创建扶贫产业园 115 个）参与产业扶贫，带动 9.91 万贫困户发展特色产业，实现收入 6055.25 万元。商洛市荣获陕西省“万企帮万村”精准扶贫行动先进市称号，陕西森弗、镇安雪樱花、陕西君威农贸、商洛朝阳、丹凤华茂等 5 家企业荣获全省“万企帮万村”先进民营企业称号；柞水野森林、柞水中博荣获全国“万企帮万村”先进民营企业称号；山阳县恒瑞公司晋级为国家级农业产业化龙头企业。

三是打造了一支进村入户的科技帮扶队伍。商洛市重视加强与省内外高校开展农技服务合作，先后与西北农林科技大学在商州区、山阳县、镇安县建立了食用菌、核桃和板栗 3 个试验站，在柞水县建立了吉林大学李玉院士工作站、木耳研发中心，积极研发新品种。同时整合产业脱贫技术力量，7 个县区选聘了 2830 人的产业发展指导员，实现了贫困村、农民专业合作社农技服务全覆盖。通过广泛的技术培训和产业赋能，有劳动能力和意愿的贫困群众大都掌握了 1 ~ 2 项实用技术，培养产业发展带头人 5249 人。

四是构建了一套保障有力的投入政策体系。商洛市把发展特色产业作为支持重点，通过整合各类财政支农资金，累计实施产业扶贫项目 10385 个，投入资金 122.01 亿元；对建档立卡贫困户累计落实各类到户资金 31.73 亿元；设立贷款担保金 3500 万元，引导涉农银行机构累计发放扶贫小额信贷 30.87 亿元，为产业扶贫精准脱贫提供了强有力的资金保障。

五是形成了一系列产业助农增收的长效机制。商洛市坚持以创新为引领，健全“五项激励”“六型联结”机制，积极创新订单生产、股份合作、生产托管、产品收购、资产租赁、土地流转等利益联结模式，让广大贫困群众真正嵌入产业发展中，成为产业发展的最大受益者。首创的“三带一创”产业精准扶贫模式，曾被国务院原副总理汪洋批示推广；山阳县“依靠市场化手段招引企业参与产业脱贫”的做法被时任省长、现为省委书记刘国中批示全省推广。商洛市乡村旅游扶贫案例入选“全国乡村旅游典型案例”，柞水木耳产业扶贫案例入选 2019 年全国产业扶贫十大机制创新典型。

二　商洛市谋划产业发展的举措

商洛市产业发展之所以取得这么多的成效，主要在于始终扭住产业发展不放松，紧紧围绕如期打赢脱贫攻坚战这个目标不动摇，善于把上级精神同本地实际相结合，创造性开展工作，广大干部群众自立自强、敢闯敢干，齐心协力、共谋发展。他们的主要做法如下。

（一）立足商洛资源禀赋，找到产业主攻方向

商洛市立足贫困地区实际，尊重贫困群众意愿，因地制宜发展农业特色产业，形成了“菌果药畜”四大特色优势产业，即以木耳、香菇为主的食用菌产业，以核桃、板栗为主的果业，以连翘、丹参等“十大商药”为主的中药材产业，以生猪、蛋鸡为主的畜养业，同步发展旅游扶贫、电商扶贫、光伏扶贫等新产业、新业态，每个县区都培育出1~3个特色鲜明、带贫面广、竞争力强的特色农业主导产业。柞水县结合当地资源禀赋和气候条件，将木耳产业确定为全县脱贫攻坚主导产业，围绕“龙头带动、科技支撑、建设基地、培育主体、带动农户、打造品牌”六个环节，制定木耳产业总体发展规划和扶持政策，将“小木耳”做成贫困人口持续稳定增收的“大产业”，探索出一条稳固长效的产业脱贫路子。商州区着力打造食用菌产业，规模已达8250万袋（瓶），菌类年产量达10万吨，总产值实现10亿元；全区实施“认袋+认劳”的带贫模式，食用菌产业直接带动197个村16322户贫困户增收脱贫。山阳县突出发展中药材产业，仅中药材一项，贫困户户均增收就达到5900元，带动全县1.32万户贫困户实现脱贫。

（二）制定优惠政策措施，加大产业发展扶持力度

商洛市制定出台了一系列扶持产业发展的政策措施，从扶持到户产业发展、贫困村农民合作社建设、龙头企业培育壮大、科技人员驻村帮扶、农产品品牌创建、农业保险强助、银行信贷支持、农民职业技能培训等多方面加大了对产业扶贫的政策支持力度。从商洛全市“一户一策”对接落实的情况看，95%以上的贫困户制订了产业扶贫计划，有劳动能力的建档立卡贫困户实现了到户项目扶持资金对产业扶持的全覆盖。各县区也都相继制定出台了扶持产业的具体政策措施，加大了对产业扶贫的支持力度。丹凤县通过政策、资金、项目、科技扶持，大力发展肉鸡产业，已有3470户贫困户1万余贫困人口依靠养殖肉鸡实现了脱贫致富。商州区制定扶持措施，采取“政府补贴+菊芋种子免费发放+订单收购”的模式大力发展菊芋产业，建

成了全国最大的数字化菊芋制造中心，2019 年，233 个村 2.6 万农户（其中贫困户占 56%）共种植菊芋 4.3 万亩，实现菊芋产业总产值 7000 万元，带动户均增收 3000 元左右，菊芋产业成为贫困群众脱贫增收的重要渠道。

（三）培育新型经营主体，注重发挥龙头带动作用

商洛市确定以经营主体为龙头、以财政扶贫资金为支撑、以银行信贷资金为跟进的产业扶贫方向，创新启动了龙头企业带动、专业合作社带动、大户带动、创新金融扶贫的“三带一创”产业精准扶贫模式。一是龙头企业带动。森弗、君威、华茂等 147 家农业龙头企业围绕三产联动、融合发展，采取市场牵龙头、龙头带基地、基地连农户、农户在园区的方式，以发展产业、流转土地、务工就业、参股分红等形式将贫困户“绑在”产业链上，实现贫困人口多渠道增收。二是专业合作社带动。通过实施产业化扶贫项目，促使合作社吸纳贫困户入社，与贫困户形成利益共同体，实现共同发展。对市场前景好、辐射带动强的专业合作社，优先给予扶贫贷款立项，促进合作社做大做强。洛南县景村镇八一村以产业联合社为载体，以“三变”为核心，采取扶贫资金入股、流转土地入股、资产合作开发等方式带动贫困户 106 户，年可实现户均增收 1 万元、集体分红 15 万元。三是大户带动。注重培育种养大户、营销大户，扶持鼓励产业大户与贫困户结对子，使周边贫困户既得到精神激励、增强脱贫致富信心，又获得物质技术帮助、扩大生产规模。商南县青山镇新庙村养牛大户程书伟，把 76 头牛分给 7 户贫困户喂养，贫困户放养 1 头牛每月领取报酬 150 元，使每户年平均增收 1.9 万元以上。

（四）完善产销对接体系，做好贫困地区产品销售

推进产业扶贫，把东西产出来是基础，卖得出、卖得好才是关键。为此，商洛市将强化产销紧密连接、培育打造特色农业品牌作为推进产业扶贫的关键举措。一是搭平台。在市县区城区、集镇、旅游景点建成扶贫超市 140 个，在市内外大型商场设立扶贫专柜 105 个，同时在农贸市场、批发市

场设立扶贫产品专区232个、专柜87个、专馆23个，为贫困群众开通扶贫产品销售“绿色通道”，确保贫困群众生产的土特产品有处卖、卖得出。在南京市的支持下，以“渠道搭建”为支撑点做好消费扶贫的文章，把消费扶贫与服务“国内大循环”和南京“新消费”行动结合起来，组织南京有关方面加大采购力度，让更多商洛特色产品走进南京，让更多南京市民前往商洛体验“最美秦岭”。截至2020年9月底，商洛市扶贫产品销售总额约4.69亿元。累计建成电商服务站537个，农产品线上销售年超9亿元。二是育品牌。商洛市积极实施“区域品牌+企业品牌+产品品牌”梯次品牌创建战略，全市累计认证无公害农产品319个、绿色食品32个、有机食品37个、国家农产品地理标志登记保护产品11个。柞水黑木耳、镇安象园茶被纳入全国名特优新农产品名录。三是挖潜力。商洛市依托自身得天独厚的生态文化资源，大力发展乡村旅游、民宿、康养等新产业新业态。充分利用商洛“中国康养之都”名片，联合实施南京职工（劳模）商洛疗休项目，组织南京市2200余名职工（劳模）来商疗养度假，带动旅游消费1000余万元。

（五）加强关键要素支撑，保障特色产业健康发展

要素保障是产业扶贫脱贫的关键。商洛各县区普遍从资金筹措、技术服务、产品保险、人才培训等方面，不断加强产业扶贫要素保障。一是加大产业扶贫投入力度。自2016年以来，商洛市累计整合各类财政涉农资金116.89亿元，按照60%以上用于产业发展的规定，投入产业扶贫的资金超过70亿元。5年来，共争取宁商扶贫协作资金16.099亿元，支持产业脱贫项目近500个。在资金使用中，他们坚持实施与“一户一策”、农民意愿、真种真养、见钱见物、奖勤罚懒的“五挂钩”，着力提高资金使用效率，确保资金实打实用于产业发展。二是创新金融扶持机制。针对经营主体，普遍设立扶贫贷款担保基金，着力打通企业贷款“缺担保”“缺抵押”的中梗阻，一批龙头企业和农民专业合作社获得资金支持，有力地推动了特色产业发展。它们创造性地开发“农户贷”“产业贷”“旅游贷”等产业扶贫贷款，

对符合条件的贫困户做到能贷尽贷，精准用于建档立卡贫困户发展生产。全市共设立扶贫贷款储备金和风险补偿金3.43亿元，累计发放精准扶贫小额贷款32.66亿元，扶持带动7.01万贫困户。三是加大保险支持力度。市上建立农业保险联席会议制度，率先在全省启动农业救灾分担机制试点，实施农业政策性保险5种。仅2020年投入保费7625.91万元，受益农户7784户。四是健全科技服务机制。市内各县（区）普遍建立“1+2”产业技术帮扶体系，形成县（区）有专家团队、乡有技术服务队、村有技术指导员、贫困户有产业发展指导员的技术服务支撑体系，真正实现了指导服务到产业、到项目、到技术培训全覆盖，让贫困户普遍掌握了1~2项致富本领。

三　商洛市产业振兴的启示

商洛市紧紧围绕促进增收这个重点，狠抓产业发展的成功实践，为陕西省巩固拓展脱贫攻坚成果、推进乡村产业振兴提供了新鲜经验，具有较强的示范意义和借鉴价值。

（一）精准选择选准产业项目是前提

商洛市在特色产业选择上，一是突出特色选产业。紧扣资源优势，做足特色文章，重点打造“菌果药畜”四大种植养殖业，为高质量稳定脱贫和乡村振兴提供产业支撑。二是突出市场强产业。以强化供应链为目标，始终坚持以市场为引导，做强特色产业，不断提高“菌果药畜”产品的供给质量和效率，促进产业转型升级，提升产业整体竞争力。三是突出融合扩产业。注重产业融合发展，深化农产品加工，着力发展精深新产品，聚焦提质增效壮规模，打造特色优势品牌。同时大力发展旅游扶贫、电商扶贫、光伏扶贫等新业态，促进三次产业融合发展，提升融合度，让贫困群众分享产业融合发展带来的效益。商洛市的经验充分说明，立足当地特色资源选准产业，顺应产业发展规律发展产业，是促进乡村产业加快发展的重要前提。各地要从实际出发，因地制宜，长短结合，引导各类市场主体大力发展有竞争力的优势产业和特色产品。凡是有效益、有前景、能给农民带来实际利益的产业项目，都应支持发展。

（二）培育壮大新型经营主体是关键

目前，农村普遍缺资金、缺技术、缺信息、缺人才，仅靠群众自身难以解决产业发展难题。龙头企业具有资金、技术、管理、加工、营销、人才等方面的优势，可以很好地把分散的贫困群众组织起来。商洛市在选准产业的基础上，狠抓新型经营主体培育。一是立足本地培育。通过出台激励政策，加大帮扶力度，积极培育和发展多类型、多层次的龙头企业型经济组织。二是加大招商引资力度。制定落实更为优惠的支持政策，有针对性地引入一批经营规模大、辐射面广、影响力带动力强的龙头企业，利用“公司+农户”等合作形式，吸纳农户参与产业发展，较好地发挥了龙头企业的辐射带动作用。三是注重稳定增收成效。定期监测848个经营主体带动农户增收情况，组织清理“空壳社”682个，督促主体履约履责，确保增加农户收益。商洛市的成功实践表明，一个龙头企业可以带起一个产业，一个产业可以托起一方经济发展。支持脱贫地区乡村特色产业发展壮大，就要加大对各类新型经营主体的扶持力度。不管什么所有制和哪种类型的经营主体，只要与农户有比较稳定合理的利益联结，能够形成产业发展基地，并能带动农户稳定增收，就应该一视同仁地给予扶持，这样才能发展壮大乡村特色产业。

（三）创新完善利益联结机制是核心

商洛市在产业发展中，把建立健全科学合理、规范运作、互利多赢的利益联结机制放在重要位置。既注重搞好龙头企业和农户、市场、合作社在机制上的对接，处理好龙头企业和农户利益分配的关系；又充分尊重龙头企业和农民群众的生产经营权，遵循市场经济规律，实现新型经营主体和农户合作双赢的局面。商洛市的经验做法启示我们，加快发展乡村产业，出发点和落脚点都是富裕农民，让农民更多分享产业增值收益。要通过科学的制度设计和模式设定，明确企业、合作社、村集体、农户在产业链、利益链上所处环节和所占份额，形成企业和农户在产业链上优势互补、分工合作的格局，让农民更多分享产业增值收益。通过“三变”改革，充分盘活农村土地、房屋和集体资产等“沉睡的资源”，使其成为群众增收的新渠道。

（四）构建产销对接长效机制是保障

长期以来，农产品销售信息不畅、渠道单一、经营分散，导致农产品滞销，已成为产业扶贫影响脱贫的重要原因。商洛市致力破解特色产品销售难题，广泛开展农产品产销对接活动，确立了建立扶贫超市推销、依托电商平台广销、支持生产主体直销、设立展销中心展销、组织帮扶单位助销、利用宁商协作帮销、举办节庆活动促销、动员社会力量带销、强化宣传推广拓销的消费扶贫工作思路，有力地促进了扶贫产品销售。商洛市的经验证明，只有大力拓宽脱贫地区农产品流通和销售渠道，打通供应链条，拓展销售途径，加快流通服务网点建设，加强营销专业合作社带头人、经销商、经纪人、电商人才等培养，才能推动脱贫地区产品更好更快地融入全国大市场，最终实现产业兴旺与农民的共同富裕。

B.15

新型集体经济：实现形式、基本特征与路径选择

——以陕西省袁家村为例

赵子馨　赵强社*

摘　要： 农村集体经济是我国社会主义公有制的重要组成部分。新时代探索农村新型集体经济的有效实现形式和运行机制，具有重要的理论和现实意义。本文首先从概念界定、重要意义、有效形式、存在的问题、对策建议等五个方面进行了研究述评，并从乡村振兴、生态建设、经济转型和产权改革等方面分析了发展新型集体经济的时代背景。以陕西省袁家村新型集体经济实践为例，详细阐述农村新型集体经济的特征。在此基础上，提出了发展农村新型集体经济的具体对策建议。

关键词： 集体经济　乡村振兴　袁家村

一　问题的提出

农村集体经济是我国社会主义公有制的重要组成部分。《中华人民共和国宪法》规定："农村集体经济组织实行家庭承包经营为基础、统分结合的双层经营体制。"随着农村经济社会深刻变化，社会主义市场经济制度日趋

* 赵子馨，陕西服装工程学院特聘讲师，研究方向为园林艺术设计；赵强社，咸阳市林业局局长，高级经济师，研究方向为农业与农村发展。

完善，一些地方的村级集体经济发展明显滞后，“无钱办事，无人办事，无章理事”集体经济“空壳村”大量出现；集体资产、资源、资金的保值增效难以保障；村集体自我发展壮大难以实现；推进现代农业和完善乡村治理的要求难以适应。习近平总书记多次强调要重构集体经济组织，提出了“既要壮大集体经济，也要解决好农民问题”的要求。在中央政治局第八次集体学习的讲话中，习近平总书记提出：“要把好乡村振兴战略的政治方向，坚持农村土地集体所有制性质，发展新型集体经济，走共同富裕道路。”在新的历史条件下，探索新型集体经济的有效实现形式、运行机制，具有重要的理论和现实意义。

二　新型农村集体经济相关研究

本文研究目的是为推动农村集体经济发展壮大提出路径，有鉴于此，本文梳理了国内研究的文献资料，从农村集体经济的概念界定、重要意义、有效形式、存在的问题、对策建议等五个方面进行述评。

（一）农村新型集体经济的概念界定

对农村集体经济的概念界定，目前尚未有权威统一的定义。1990 年《中华人民共和国宪法》规定：“农村集体经济组织实行家庭联产承包为基础、统分结合的双层经营体制。农村中的生产、供销、信用、消费等各种形式的合作经济是社会主义劳动群众的集体所有制经济。”苑鹏、刘同山认为，农村新型集体经济是指按照现代产权制度要求，以成员自愿合作与联合为原则，通过劳动者的劳动联合或资本联合实现共同发展的一种经济组织形态。高鸣、魏佳朔、宋洪远认为，新型农村集体经济应当是指以农村集体经济组织为依托，集体资产量化到集体成员，内部治理结构完善，兼具经济实力和治理效益的农村公有制经济形态。刘志彪指出，“新集体经济”普遍具有产权清晰、政经分开、定位准确、公平分配、管理民主等鲜明特征。韩长赋表示，新型集体经济，新就新在不是传统的“一大二公”的集体经济，而是集体成员边界清晰、集体产权关系明确的股份合作经济。

（二）发展农村集体经济的重要意义

李素认为，农村集体经济的发展壮大，能够强化村级经济实力，改善农民生活环境，提高农业生产收益，也有利于解决我国“三农”问题。杨保新认为，发展壮大农村集体经济，有利于推进农业产业化经营，有利于巩固和完善农村基本经营制度，增加农民收入，发展农村经济，实现共同富裕。潘登岭认为发展壮大农村集体经济加强了基层组织建设，体现了党为民服务宗旨，巩固了党的执政基础和执政地位，有助于实现当前党和国家的精准扶贫政策，推动广大群众同步小康的目标，实现共同富裕。赖毓华提出，只有坚持发展集体经济为农民提供更全面的保障服务，实现共同富裕的目标，才是真正地实现乡村振兴。

（三）农村集体经济有效形式的探索

杜润生和温铁军都主张家庭经营才是实现农村集体经济发展的有效形式。薛继亮、李录堂认为农村集体经济有效实现形式会趋于多元化、多样化，并强调政府的引导作用。许经勇认为将集体经济与市场经济连接起来，才是新型集体经济有效实现的重要形式和生成发展机制。涂圣伟认为，新型农村集体经济的实现形式并不是唯一的，新型农村集体经济不仅包括改造后的农村集体所有制经济，也包括基于私有产权形成的合作制和股份合作制经济，以及公有产权和私有产权联合的混合型集体经济。

（四）农村集体经济存在的问题

孔祥智、高强认为，专业人才不足是制约股份合作社进一步发展的重要原因。黄祖辉等指出，我国农村集体经济仍未成为与政府和市场都兼容的微观主体。唐晓萍指出，目前，我国农村集体经济呈现发展不平衡、形式多样化、综合能力低等新特征。和舒瑜通过分析数据指出，各村之间集体经济发展水平很不平衡，有的甚至差距10倍以上，尤其是东西部之间，收入差距相当明显。王曙光认为农村集体经济发展面临村干部发展村级集体经济的动力与激励普遍不足、约束不足等八大挑战。

（五）农村集体经济发展对策研究

徐长海认为，农村集体经济的发展，需要各级政府制定相关的财税政策。王启尧认为，发展壮大农村集体经济，需要不断解放思想，通过开放共享、产业融合、模式再造等，积极探索实现途径。张弛指出在新时期发展农村新型集体经济，应遵循自愿原则，循序渐进、因地制宜，加大国家层面的支持力度，加强党对农村新型集体经济的领导。余丽娟基于天津、山东、湖北多个村庄的实地调研发现，农村集体经济组织发展有政府扶持型、组织引领型、市场激励型三种主要路径，应从构建有效有力的扶持政策、厘清村级组织的权责关系、制定因地制宜的激励机制方面进行完善，助力新型农村集体经济可持续发展。

三　新型集体经济产生的时代背景

中国特色社会主义进入新时代，集体经济发展面临新机遇、新要求、新环境和新动力。新时代呼唤新型集体经济。

（一）乡村振兴：集体经济发展迎来新机遇

党的十九大提出实施乡村振兴战略。要做好、做细乡村振兴这篇大文章，需发展壮大农村集体经济，同时，发展壮大农村集体经济是实现乡村振兴的必由之路，是助推乡村振兴的关键所在。乡村振兴的持续推进，加之脱贫攻坚所取得的丰硕成果，为农村集体经济实现创新发展提供了空间和机遇。只有牢牢把握发展机遇不断创新，才能在推动农村集体经济发展的同时，充分发挥其在全面推进乡村振兴中的应有作用。

（二）生态建设：集体经济发展遇到新要求

当前，一些农村地区的环境和生态问题比较突出。党的十八大提出了“建设生态文明”的重大战略思想和任务。发展农村集体经济，需秉持生态优先、“绿水青山就是金山银山”的理念，让生态建设走在集体经济发展前列。务必要坚定不移走生态优先、绿色发展的新路，处理好生态环境保护和经济发展之间的关系，决不能走“守着绿水青山苦熬”的穷路，决不能走“先污染后治理”的老路，决不能走“以牺牲生态环境为代价换取一时一地经济增长”的歪路，在农村集体经济发展中，始终讲生态、重环境，把生态环境问题作为集体经济发展中的首要问题，解决好实现集体经济发展壮大过程中的生态问题，进而实现生产、生态、生活共赢。

（三）经济转型：集体经济发展面临新环境

农村集体经济是社会主义市场经济的重要组成部分，在经济转型的历史背景下，农村集体经济发展面临新环境，机遇与挑战并存。一方面，全球经济增速放缓，中美贸易形势严峻，我国经济发展进入新常态，农村经济发展同样面临供给侧改革、产业结构调整的要求，对农村集体经济发展提出更高要求。另一方面，伴随改革开放历史进程的推进，我国市场经济繁荣发展，农村生产力获得进一步解放，城镇化水平不断提高，为农村集体经济发展提供了更多机会、更优良的土壤，有利于集体经济充分利用外部资金、人才和精英理念，不断发展壮大。经济转型将会使农业生产方式发生改变，将改变传统粗放式生产模式，使农业发展主要依靠物质要素投入转到依靠科技创新和提高劳动者素质上来，推动农业生产向资金和技术集约型转变，提高土地产出率、资源利用率和劳动生产率。

（四）产权改革：集体经济发展注入新动力

农村集体产权制度改革是“三农”领域具有“四梁八柱”性质的重大改革，对于增强集体经济发展活力、保障城乡协调发展、引领农民实现共同富裕具有重要意义。新时期我国农村集体产权制度改革的基本目标是逐步构建归属清晰、权能完整、流转顺畅、保护严格的中国特色社会主义农村集体产权制度。通过全面开展农村集体资产清产核资、集体成员身份确认，推进集体经营性资产股份合作制改革，保护和发展农民作为农村集体经济组织成员的合法权益。通过大力推动资源变资产、资金变股金、农民变股东、绿水青山变金山银山，让沉睡的资源活起来，让分散的资金聚起来，让农民增收的渠道多起来，让农村的发展可持续起来，为农村集体经济发展注入新动力。

四　践行新型集体经济的典型范式——袁家村“345”路径

自 2007 年以来，袁家村以乡村旅游为突破口，以股份合作为切入点，以村两委会班子为核心，打造农民创业平台，解决收入分配和共同富裕问题。吸纳就业 3000 多人，引来了创客 800 多名，带动周边万余群众，实现年旅游收入 10 亿元，接待游客量 600 万人次以上。

（一）集体产业发展“三个阶段”

第一阶段：发展乡村旅游。2007 年袁家村发展乡村旅游，以关中传统老建筑、老作坊、老物件等物质文化和非物质文化遗产所代表的关中民俗文化为内涵，以乡村生活和当地农民参与经营为特征，以食品安全破题，以原生态和零添加的方式，用农民的办法捍卫食品安全。建设关中印象体验地村景一体化的体验式旅游景区，打造农民创业平台，培育和扶持优势项目，增资扩股，成立农民合作社。调节收入分配，避免两极分化，实现利益共享、共同富裕。初步满足了都市居民周末一日游的需求，也解决了村民的就业和收入问题。

第二阶段：转型乡村度假。2010 年袁家村开始升级做乡村度假，打造民宿和精品客栈，发展酒吧街、艺术街、时尚街、主题街，并引进了一些娱乐项目，比如，高空漂流、旅者营地、大观园、直升机、滑翔伞，增加和丰富了景区的业态项目与体验功能，进一步满足了都市居民休闲度假和文化消费的需求。逐步实现了阳光下的袁家村向月光下的袁家村的转变，即由一日游向两日游、多日游和度假游转变。

第三阶段：发展产业，进城出省。为了延长产业链，在袁家村大步向前、奋力发展的同时，2015 年袁家村提出“走出去战略”，即进城出省。“进城”与“出省”模式成为当前村庄产业拓展的又一重要方向。一方面，袁家村积极在周边城市打造城市小吃体验店，让城市市民感受到纯正原味的农村食品，几年以来，共有 13 家进城店在西安开业，1 家进城店在咸阳开业，1 家进城店在宝鸡开业。另一方面，有着坚实品牌形象的袁家村于 2017 年 10 月全面开启袁家村“出省”战略项目，将袁家村独到的经营理念、特殊的商业模式、较强的品牌形象以及深刻的产业价值推向省外，使其走向全国，提升在全国游客中的知名度，塑造在全国旅游项目中的良好成功形象。2018 年，在青海省打造了第一个省外旅游合作项目，成功建设了青海省的“河湟印象·袁家村”旅游小镇。2019 年初，山西“忻州古城·袁家村”“同盟古镇·袁家村”正式营业。至此，袁家村的出省项目和进城项目与本村的关中印象体验地交相辉映，共同构成了立足乡村、推向城市、走向全国的袁家村品牌布局。在这当中，袁家村出省项目实现了多地齐发展、相互谋促进、共同求进步的美好局面。

（二）探索集体经济实现“四种方式”

1. 特色的运营方式

一是建设特。建设集农耕体验、民俗文化、特色小吃、休闲观光等功能于一体的关中印象体验地。在原村落基础上复古改造民居建筑，形成了以关中传统建筑、民俗、小吃、文化为特色的作坊街、回民街、祠堂街、酒吧街、书苑街和村史博物馆、关中戏楼的独特景区。二是经营特。在发展初期，对所有经营户免收场地、房屋、摊位租赁费，放水养鱼。吸引天元假日、左右客酒店等外来资本投资袁家村。成立小吃协会、回民食品协会、农家乐协会、手工作坊协会、酒吧协会等，规范农户经营。三是管理特。为避免项目雷同、恶意竞争，按照“一店一特”模式设计，所有的经营项目差异化、特色化经营，不重合、不重样。经营户对食品原料加工和销售过程全程向游客开放。

2. 共建的合作方式

袁家村通过搭建互助合作平台，打造利益共同体。一是户社合作。小吃经营户入股合作社，年底再进行“二次分红”。二是户企合作。组建各类专业合作社，所有经营户以合作入股方式参与豆腐、酿醋、辣椒等原材料加工型企业经营。三是村企合作。与德懋恭水晶饼、红星软香酥、陕十叁等省内外知名企业合作，设立直销点，使这些知名企业入驻袁家村，实现“你赚钱，我发展”。

3. 高效的组织方式

村级党组织、村民自治组织和集体经济组织“三位一体”。一是职能分开。党支部强化领导、引导职能。村委会搞好管理、服务。经济组织袁家村关中民俗体验地有限公司负责经营管理。二是决策分开。清晰界定社区党支部、自治组织、集体经济组织的职责和任务，各个组织按照各自职能进行规范运作。三是账目分开。非经营性资产在自治组织名下，经营性资产在集体经济组织名下，实行资产、账务和核算分离。

4. 共富的分配方式

袁家村发展集体经济始终坚持以促进共同富裕为目标。一是以“长”补“短”。通过经济手段调控经营户收入，将盈利高的商户变为合作社，给低盈利的、必不可少的商户分出一部分股份，实现“家家有生意、户户能赚钱、大家齐致富”。二是以“强”扶“弱”。组织东周、西周、官厅等周边村近千户群众在袁家村经营特色小吃、参与股份合作、从事社区服务。以贫困户每股 3 万元入股的形式，带动烟霞镇 899 户贫困户全部脱贫。三是以“点”带“面”。以袁家村为龙头，推行“一点促全域，一村带十村”发展模式，联合建设袁家大社区，使周边村子融入袁家旅游产业大格局。

（三）建立新型集体经济发展“五个特征”

1. 根本是党建引领

党组织引领是壮大新型集体经济的根本。袁家村转型发展都是支部定方向、党员做示范，每一个项目都是党支部、党员入股探路，后吸纳群众参股。袁家村的实践启示我们，发展新型集体经济，必须充分发挥基层党组织的战斗堡垒作用和党员干部的先锋模范作用，把基层组织建设好，把广大群众组织好，才能把集体经济发展好。

2. 路径是三产融合

三产融合发展是发展新型集体经济的基本路径。袁家村从发展民俗旅游开始，从弱到强，推动了第三产业的快速发展，第三产业发展又反推加工业的升级并推动了第二产业的发展壮大，从而对优质农副产品的需求快速增加，倒逼遍布各地的种植养殖基地和订单农业，最终形成了“三产带二产促一产”的三产融合发展格局，形成一个相容共生、层次递进、互补兼顾集体经济发展闭环产业链和成熟商业模式。

3. 形式是股份合作

股份合作是农村新型集体经济的基本形式。袁家村的股权结构由基本股、混合股、交叉股、调节股、限制股五部分构成。既有资本入股，还有技术入股、管理入股等，全民参与、入股自愿、钱少先入、钱多少入，照顾小户、限制大户。发展新型集体经济，要以股份合作为纽带，促进农户与新型经营主体联产联业、联股联心，打造利益共同体。

4. 保障是“三治合一”

乡村治理是发展农村新型集体经济的“上层建筑”。健全完善乡村治理体系，德治是法治、自治的基础，法治是德治、自治的保障，自治是德治、法治的目标。自治、法治、德治最终都统一于“人”这个核心，都是为了激发人的责任感和参与活力，促进人与人和谐相处、社会安定有序。

5. 动力是“三创融合”

农村广阔天地大有作为，发展新型集体经济关键在人才，动力是三创。人才流失是乡村衰败的主要原因。一个只有原住村民 286 人的袁家村吸引了 2983 名“新袁家村人”长期生活工作居住在此，成为“大众创业、万众创新”的范本。袁家村的经验启示我们，鼓励和引导返乡农民工、退伍军人、农村乡贤、大专院校毕业生等到农村创业是必由之路。

五　陕西省发展农村新型集体经济的对策建议

（一）建强基层组织，夯实“堡垒”根基

党的基层组织是发展农村新型集体经济的保障。一是要建设坚强有力的党支部。加强班子建设，积极发展年纪轻、学历高、眼界宽、能力强，有经营头脑、有致富本领、有奉献精神、有民主作风、有群众基础的年轻人，选拔到村“两委”班子中来，充分发挥他们的优势特长，增强发展新型农村集体经济的干事活力，充分发挥村级党组织的战斗堡垒作用、先锋模范作用。二是大力提高基层组织力、服务力和战斗力。加强普法宣传教育，引导督促村民合作社严格依法依规经营，召开选举会，将真正有能力、得民心的优秀人才任用为村民合作社负责人和经营管理人员；积极引进人才，注重从青年农民、高知识群体中，在非公有制经济组织、社会组织中选拔会经营、善管理的人才，引导更多农村外出党员返乡创业，为发展壮大新型农村集体经济提供技术服务和人才支撑。三是完善人才激励体制机制，激发人才干事创业的积极性、主动性。制定“亮剑”“工匠”“老黄牛”精神干部评价指标，将村级集体经济发展情况与干部推荐任用、年终考核评优等挂钩。

（二）健全制度措施，强化“责任”落实

机制建设是发展农村新型集体经济的基础。要按照“宜农则农、宜工则工、宜商则商”的思路，充分尊重村级组织和群众意愿，因地制宜、因村施策，有针对性地创新新型农村集体经济发展机制。一要创新新型农村集体经济实现形式。结合实际制定发展壮大集体经济的方案，探索以产业为重点的发展模式，创新发展载体和手段。积极探索资源开发型、股份合作型、服务增收型、项目带动型等加快发展集体经济的新路子。二要创新新型集体经济组织运行机制。尊重农村集体经济组织依法独立进行经济活动的自主权，赋予村民合作社市场法人资格。要明晰产权关系，管好用好集体资产，

完善内部治理结构，健全管理制度，引进先进的管理理念。一方面确保落实村民的监督权、表决权等权利，充分发挥群众的监督举报作用；另一方面通过聘用专业管理型人才担当集体经济组织的董事、监事等，建立有效的薪酬激励机制和约束机制，吸引更多优秀经营管理人才加入农村集体经济组织。

（三）盘活资产资源，增强“造血”功能

盘活资源是发展农村新型集体经济的前提。一是盘活现有集体资源。梳理村庄现有资源，对现有资源进行整理、承包和改造，利用区位条件、人文优势和地理资源开发民俗文化旅游业和具有田园风光的果园采摘园，结合自身特色和资源优势，把现有资源做细做好，提高资源利用率。二是增强资源要素流动性。农村集体经济的高质量发展需要引导城市的人才、资金和技术有序进入农村，打通城市资源进入农村的渠道，增强城乡之间资源要素流动性，提升资源要素的配置效率，进而实现资源互换。三是探索多元化的合作模式。充分发挥新型经营主体、龙头企业和专业合作社的力量，构建集体经济组织、农户和新型经营主体利益联结机制，促使专业合作社、龙头企业等第三方主体能够带动集体经济组织和农户参与到集体经济优势项目中，增强农户参与集体经济发展的能力。

（四）加大政策扶持力度，提升“输血”质量

政策扶持是发展农村新型集体经济的关键。一是加大配套政策扶持力度。新型集体经济的发展壮大需要集结各类资源要素，涉及农业、财政、金融等多个领域的衔接配套，财政金融政策落实落细才能为新型集体经济的发展保驾护航，新型集体经济才能形成可持续、稳健发展的良好态势。二是要吸引社会资本，有序引导社会资本下乡。吸引各类社会资本（民间资本和工商资本等）进入农村集体经济，要吸引一批会经营、懂管理的外部优秀人才进入农村集体经济的队伍，为其注入新鲜血液。三是强化金融政策扶持。金融机构应简化贷款的程序和手续，创新金融产品和服务，适当降低创业贷款门槛，为符合条件的创业项目简化贷款手续，设计多种信用保险产

品，引导新型集体经济经营主体能自觉履约，进而提升金融机构放贷积极性，实现双赢。

（五）注重示范引领，发挥“带动”效应

典型推动是发展农村新型集体经济的路径。注重总结提炼经验，通过选树不同基础、不同类型、不同模式的集体经济发展示范村，以点带面，整体推进。坚持“多出去看、尝试着干、借鉴着学”的思路，着力解决集体经济发展思路不广、模式单一、收入不高等问题，组织村级党组织书记实地到产业示范村实地学习考察；同时，对思路好、收入高的产业示范村，“一村一篇”形成经验宣传推广，实现村集体经济发展“以点带面、整体推进、共同富裕”的良好局面，全面助推集体经济发展壮大和乡村振兴战略。

参考文献

孔祥智：《产权制度改革与农村集体经济发展——基于“产权清晰 + 制度激励”理论框架的研究》，《经济纵横》2020 年第 7 期。

耿羽：《壮大集体经济　助推乡村振兴——习近平关于农村集体经济重要论述研究》，《毛泽东邓小平理论研究》2019 年第 2 期。

黄延信：《发展农村集体经济的几个问题》，《农业经济问题》2015 年第 7 期。

王炜：《乡村振兴战略背景下农村集体经济发展路径》，《乡村科技》2020 年第 21 期。

贺雪峰：《如何再造村社集体》，《南京农业大学学报》（社会科学版）2019 年第 3 期。

侯永军：《试论农村集体产权制度改革的重点、路径与方向》，《农家参谋》2020 年第 12 期。

赵强社：《新时代农村集体经济如何创新发展》，《农民日报》2018 年 2 月 3 日。

刘晓玲：《农村集体经济实现形式的基本内涵、演变历程及启示》，《甘肃理论学刊》2021 年第 3 期。

B.16
陕西脱贫地区旅游助推乡村振兴的动力机制与对策研究*

王会战　裴璐璐**

摘　要： 陕西脱贫地区旅游助推乡村振兴应该走内外动力良性互动的可持续发展之路。旅游助推乡村振兴的实现有赖于自增权与他增权共同起作用，其中，自增权是核心，他增权是保障。内、外源动力只有在自增权与他增权有效结合的条件下，通过良性互动，才能形成推动乡村旅游快速发展的强大合力，确保乡村振兴全面推进并富有成效。可以通过强化自增权，巩固他增权，调适自增权与他增权，提升旅游助推乡村振兴的效果。

关键词： 脱贫地区　乡村振兴　旅游增权　陕西省

一　引言

2020 年底，随着我国脱贫攻坚任务的全面完成，广大脱贫地区开启了

---

* 本文系国家社会科学基金西部项目“增权视角下我国革命老区旅游精准扶贫的机制创新与路径优化研究”（编号为 16XGL008）、文化和旅游部文化艺术和旅游研究项目“文化旅游助推贫困地区乡村振兴的机制与对策研究：增权视角的陕西案例”（编号为 19DY14）、陕西省决策咨询委员会研究课题“关于陕西建设乡村振兴示范区的建议”、陕西省哲学社会科学重大理论与现实问题研究项目“增权视角下旅游精准扶贫与乡村振兴的衔接机理与路径研究”（编号为 2021ND0237）、西安市社会科学规划基金课题“增权视角下旅游助推乡村振兴的动力机制与路径选择研究”（编号为 JG216）和西安科技大学哲学社会科学繁荣项目“旅游增权助推贫困地区乡村振兴的机制与路径研究”（编号为 2020SZ01）的阶段性成果。

** 王会战，西安科技大学管理学院管理科学与工程系副主任，硕士生导师，副教授，陕西师范大学工商管理博士后流动站博士后，研究方向为旅游扶贫与乡村振兴；裴璐璐，西安科技大学管理学院硕士研究生，研究方向为乡村振兴。

乡村振兴的新征程。对于陕西省来说，由于过去贫困面大、贫困程度深，巩固脱贫攻坚成果，实现与乡村振兴的有效衔接，任务艰巨，挑战巨大。其中，对于陕西主要依靠乡村旅游实现脱贫的地区来说，在“十三五”期间，由于主要依靠外源动力实现了旅游业的发展，其可持续性在乡村振兴阶段受到巨大的挑战。根据矛盾论，内因决定事物的发展方向。脱贫地区的乡村振兴，关键在于当地居民内源动力的激发，而内源动力的激发又需要外源动力的推动。根据旅游增权理论，内源动力与外源动力的互动主要依靠自增权与他增权的相互作用。因此，从增权视角厘清脱贫地区旅游助推乡村振兴的动力机制，并提出相应的增权对策，对于巩固脱贫攻坚成果、助推脱贫地区乡村振兴至关重要。

二　陕西脱贫地区旅游助推乡村振兴的动力机制构建

（一）案例选择与资料收集

1. 案例选择

为了厘清脱贫地区旅游助推乡村振兴的动力机制，本文选取我国旅游助推乡村振兴的示范村——陕西省礼泉县袁家村为案例。袁家村从 20 世纪 70 年代至今，先后经历了“改土丰田解温饱、自办企业助脱贫、乡村旅游促振兴”三阶梯式的“转型发展”阶段，实现了从“穷乡僻壤”到“乡村振兴”的美丽蝶变，成为陕西省乃至全国旅游助推精准扶贫与乡村振兴的典范，其乡村发展历程如图 1 所示。

2. 资料收集

为了厘清旅游助推乡村振兴的动力机制，首先需要明晰旅游助推乡村振兴的动力来源，在此基础上，通过剖析内源动力与外源动力的演化与互动过程，构建旅游助推乡村振兴的动力机制模型，并解释其运行机理。围绕以上问题，本文拟定了访谈提纲，主要采取半结构式访谈方法到案例地收集资料。研究团队于 2020 年 8 月 23 日至 28 日，通过理论抽样，在袁家村访谈村两委成员、当地居民（含各种旅游业态经营业主）等 34 人，每人平均访

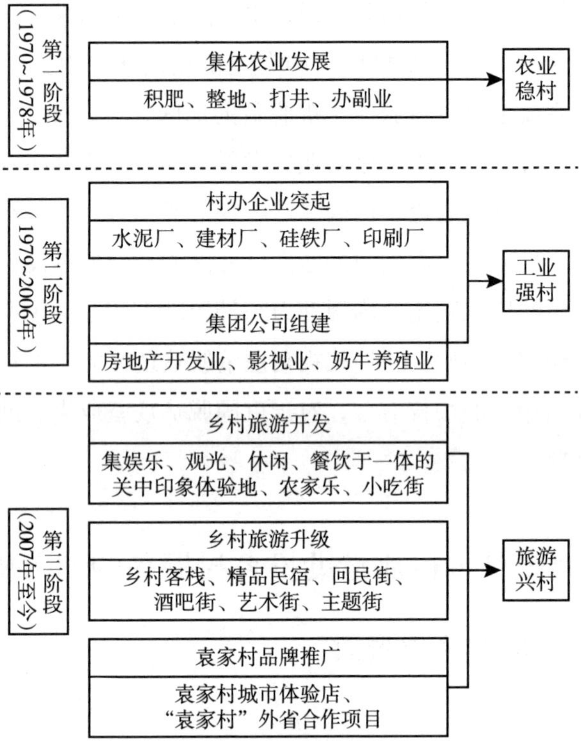

图1　袁家村乡村发展历程

谈时间大约为35分钟，访谈内容大致包括居民个人及家庭基本信息，旅游发展过程，旅游发展对个人、村庄的影响及其变化过程等，访谈记录采用现场记录和录音相结合的方式，最终收集34份有效访谈资料，整理得到约9.4万字的访谈记录。

（二）旅游助推乡村振兴的动力解析

旅游助推乡村振兴是一项复杂的系统性工程，其运作、演化与发展涉及地方政府、社区居民、旅游企业、第三方力量及旅游者等多方利益主体，各利益主体的作用方式不同。通过对袁家村深度访谈资料的归纳分析可知，基层组织、上级政府、旅游企业、旅游者及社区居民等多方利益主体在旅游活动中相互作用、相互协调而产生的内源动力和外源动力共同构成了旅游助推乡村振兴的动力。其中内源动力是社区内部的自发力量，主要指由基层组织自我建设、社区居民自我发展所形成的有利于旅游可持续发展的内生合力。外源动力是社区外部的介入力量，主要指由上级政府、旅游企业以及旅游者等外部利益主体推动旅游发展所形成的外生合力。

（三）内源动力与外源动力的演化与互动

1. 内源动力与外源动力的演化

在旅游助推乡村振兴的过程中，内源动力源于社区内部利益主体对于社区旅游权能的自我争取，即自增权；外源动力源于社区外部利益主体对于社区权能的主动让渡，即他增权。

袁家村在旅游发展初期就比较注重社区自我权能的激发与提升，在整合乡村内部资源、推动乡村旅游发展的过程中，逐步将自身打造成具有一定社会影响力的乡村旅游目的地，并由此得到上级政府、旅游企业以及旅游者等外部利益主体的注意，获取了大量有利于助推乡村振兴进程的外源性资源，进而在内外协同发力、推动社区旅游权能提升的基础上，实现了对社区居民的充分赋权和增能，即内源动力的充分激发。源于自增权的内源动力在袁家村旅游助推乡村振兴的进程中始终发挥着主要作用。但并非所有乡村都如袁家村一样，只有具有较好旅游发展基础、社区能力较强的旅游型乡村，才可能自始至终以内源动力为主要动力实现旅游助推乡村振兴的既定目标，原因在于社区能力较弱的旅游社区话语权较小，政府和企业等外部力量一旦介入乡村旅游开发，通常会占据主导地位。

当前，对于处于旅游发展初级阶段的脱贫乡村来说，借助社区外部力量推动旅游发展，进而助力乡村振兴，是大部分旅游乡村的现实选择。在旅游助推乡村振兴初期，如果上级政府在吸引其他外部利益主体将大量外源动力要素输入乡村的同时，注重对社区居民主动性、积极性的激发和自我发展能力的提升，并能够在社区旅游权能充分提升的基础上，逐步转变自身角色定位，从“主导者”转为“服务者”，充分地赋权于民，那么从“他增权”

走向“自增权”在未来将成为必然趋势。

2. 内源动力与外源动力的互动

袁家村旅游助推乡村振兴的实践涉及基层组织、社区居民、上级政府、旅游企业以及旅游者等诸多利益主体。其中，基层组织与社区居民作为乡村内部的主观能动力量，能够通过自我建设和自我发展实现社区自我权能的激发和提升，进而以不断强化的内源动力推动旅游发展，助力乡村振兴。上级政府、旅游企业以及旅游者作为外部力量，分别发挥扶持辅助作用、发展助推作用、偏好带动作用推动社区增权，助力乡村振兴。

显然，旅游助推乡村振兴的内源动力与外源动力之间是辩证统一的关系。在旅游助推乡村振兴的实践中，由上级政府、旅游企业、旅游者等各方力量共同形成的外源动力发挥着重要作用，若没有外源动力的投入和扶持，单靠内源动力，难以满足旅游助推乡村振兴运行过程中的资金需求、人才需求和市场需求等，也无法保证内源动力的充分激发。但外源动力不能解决根本问题，由基层组织自我建设、社区居民自我发展所形成的内源动力才是乡村旅游可持续发展的关键。若内源动力未能激发或激发不足，单靠外源动力，其对乡村旅游的促进作用难以有效发挥。旅游助推乡村振兴内源动力的充分激发离不开外源动力的支撑，反过来，外源动力又必须通过内源动力才能有效发挥其作用。

（四）旅游助推乡村振兴的动力机制模型建构

在旅游助推乡村振兴的实践中，各相关利益主体围绕各自利益诉求持续博弈与互动，通过基层组织的协调，逐渐形成良性互动的协作关系，共同推动社区旅游增权，以此形成推动旅游提升发展的强大合力，助推乡村实现全面振兴。而乡村振兴的实现又对乡村旅游的提升发展产生正向反馈作用，由此形成一种循环互动的关系，推动乡村形成旅游与乡村振兴相辅相成、相互促进的良性局面。如图 2 所示，旅游助推乡村振兴的动力主要包括内源动力和外源动力。其中，内源动力来自社区内部自我权能的激发与提升，具体表

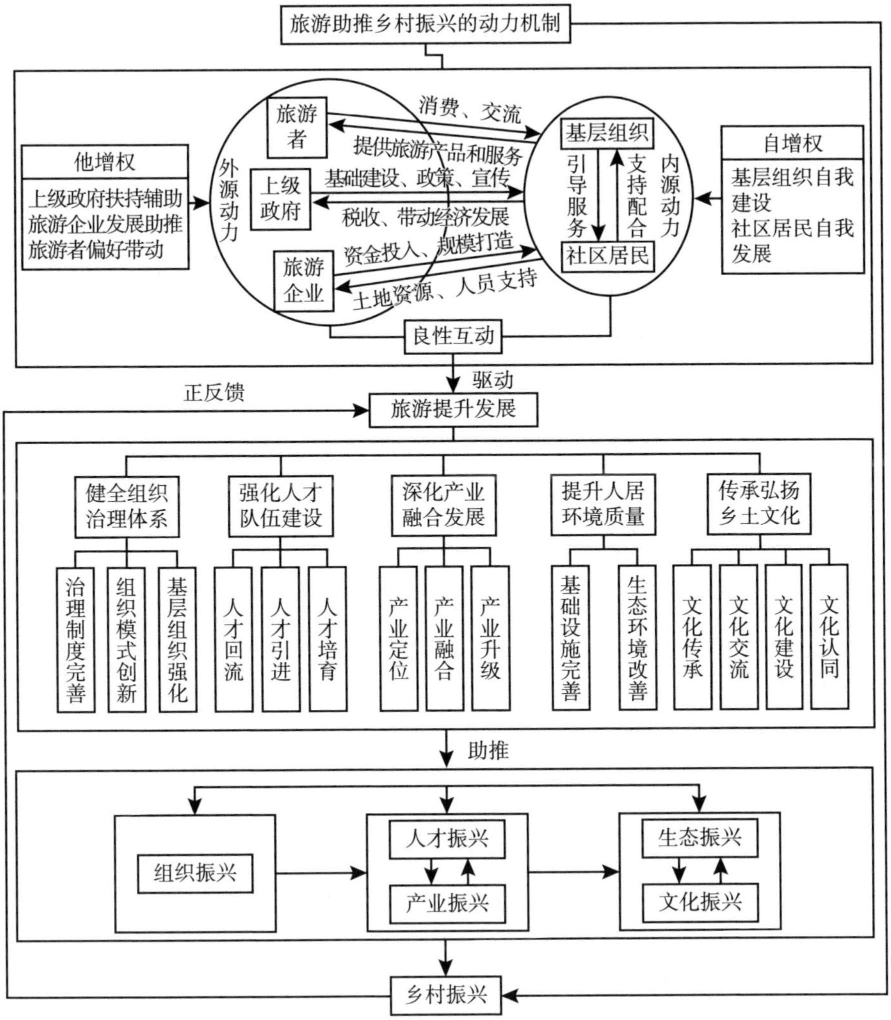

图 2　旅游助推乡村振兴的动力机制模型

现为基层组织的自我建设与社区居民的自我发展，基层党员干部作为旅游助推乡村振兴工作的引领者和推动者，不断加强自身建设，通过基层组织主导性作用的充分发挥，逐步激活社区居民参与旅游助推乡村振兴实践的主体性意识和行为。在此基础上，社区居民通过学习、培训等方式不断充实自我、完善自我，以社区旅游自我权能的增加为旅游助推乡村振兴实践注入源源不断的内源动力。外源动力则来自社区外部利益主体基于自身利益目标所采取的一系列有利于社区旅游权能激发与提升的行动，即社区外部权能的推动，具体表现为上级政府的扶持辅助、旅游企业的发展助推以及旅游者的偏好带动，外部利益主体依托乡村旅游，与社区内部利益主体建立密切联系，通过政策、人才、技术、资金、市场等要素投入，促使社区居民将参与旅游发展和社区建设的主动性意愿转化为自发性行动，进而以社区内部自我权能的激发与提升实现外源动力在旅游助推乡村振兴过程中的有效发挥。旅游助推乡村振兴的实现有赖于内外动力的共同参与，其关键在于能否实现内外动力的良性互动。在旅游助推乡村振兴的过程中，自增权与他增权有效结合、相互促进，实现了内源动力与外源动力的良性互动，从而有力地推动了乡村振兴。

在动力机制的驱动下，乡村旅游呈现蓬勃发展的良好态势，推动乡村在组织、人才、产业、生态以及文化等层面得到进一步的发展，主要表征为健全组织治理体系、强化人才队伍建设、深化产业融合发展、提升人居环境质量、传承弘扬乡土文化。其中，在健全组织治理体系方面呈现的具象化表现为治理制度完善、组织模式创新以及基层组织强化；在强化人才队伍建设方面呈现的具象化表现为人才回流、人才引进、人才培育；在深化产业融合发展方面呈现的具象化表现为产业定位、产业融合以及产业升级；在提升人居环境质量方面呈现的具象化表现为基础设施完善与生态环境改善；在传承弘扬乡土文化方面呈现的具象化表现为文化传承、文化交流、文化建设与文化认同。随着旅游的提升发展，乡村振兴战略的各项目标任务逐步实现。

旅游助推乡村振兴是基于组织振兴、人才振兴、产业振兴、生态振兴、文化振兴五个维度实现演化与发展的。其中，组织振兴作为乡村振兴战略的有机组成部分，是乡村全面振兴的根本保障，对其他四大振兴具有核心引领作用。依托乡村旅游，袁家村在农业、工业时期发展集体经济所形成的集体管理模式的基础上，不断加强基层组织体系建设，实现了乡村组织振兴，进而以组织振兴引领作用的充分发挥，渐次实现了乡村人才振兴、产业振兴、生态振兴和文化振兴。

三　陕西脱贫地区旅游助推乡村振兴的对策

（一）强化自增权，激发内源动力

2020年底，尽管陕西的贫困地区如期实现了脱贫，但对于大部分依靠旅游实现脱贫的乡村来说，当地旅游尚处于旅游发展的初级阶段。乡村基层组织的旅游管理能力还比较弱，脱贫居民的旅游经营与服务能力还不是很强，依靠自身实现致富的内源动力还不是很足。因此，要实现脱贫地区的乡村振兴，还要持续强化自增权，不断激发脱贫地区发展旅游的内源动力。

1. 坚持基层组织的主导性作用

陕西省旅游精准扶贫的实践证明，乡村基层组织在领导与组织贫困居民参与旅游活动、实现脱贫致富方面发挥着主导作用，典型的如延川县梁家河村、礼泉县袁家村、柞水县朱家湾村等。在旅游助推乡村振兴的实践中，乡村基层组织依然发挥着重要作用。

脱贫地区的乡村基层组织要苦练内功，不断提升村委会的旅游综合管理能力。通过采取“走出去，请进来”“内培外引”等措施，积极鼓励村干部外出调研学习乡村旅游经营管理先进经验；同时要善于借力驻村书记的政策优势，虚心向驻村干部学习，不断提升乡村基层组织管理与经营现代旅游企业的能力，以适应乡村旅游业转型升级、提质增效的需要。乡村基层组织要不断提升旅游创新能力，敢于打破当前乡村旅游“散户”经营的局面，善于借力各种资源组建乡村现代旅游企业，把分散经营的居民组织起来，只有顺应现代旅游产业的发展规律与大势，乡村旅游才可能获得可持续发展，乡村的全面振兴才可能真正实现。需要注意的是，在建立乡村旅游企业的过程中，乡村基层组织要极力避免外来资本的裹挟，不要把乡村变成与当地居民无关的“旅游飞地”。

2. 发挥社区居民的主体性作用

从陕西省精准扶贫的实践看，尽管所有贫困地区都如期实现了物质脱贫，但部分地区的精神贫困现象依然存在。近年来，笔者和研究团队先后调研了陕北、关中与陕南一些脱贫地区的乡村旅游与乡村振兴现状，发现部分居民参与旅游发展的积极性还不是很高。一方面可能与当地居民相对落后的观念有关，部分居民的“等靠要”思想依然严重，主动参与旅游的内源动力明显不足；另一方面也可能与当地居民参与旅游的机会与权利相对不足或不均等有关，一些居民尚处于旅游“缺权”或“失权”状态。

乡村振兴，主体在民。要发挥脱贫地区乡村居民在旅游助推乡村振兴实践中的主体作用，关键在于加强对当地居民的旅游增权，充分保障当地居民参与旅游的知情权、发言权、决策权与监督权等权利，并在制度上加以确认，以真正确保当地居民在旅游发展中的主体地位，从而在根本上激发当地居民参与旅游的内源动力；同时，继续强化对脱贫地区的资金帮扶、技能培训等，不断提升当地居民的旅游经营、管理与服务能力。

（二）巩固他增权，保障外源动力

从陕西脱贫地区旅游发展的现状来看，要想巩固脱贫攻坚成果，进而逐步实现乡村振兴，在相当长的一段时期，来自上级政府、旅游企业和旅游者等利益主体的他增权依然发挥着重要作用。

1. 上级政府：保持帮扶政策的持续性，并适当扩容

在精准扶贫的实践中，从中央到地方出台了许多扶贫政策，有力地推动了陕西省贫困地区的脱贫攻坚工作。然而，陕西省主要通过发展乡村旅游实现脱贫的地区大多地处偏僻，社会经济发展水平低，乡村的旅游产业基础还很薄弱。要巩固脱贫攻坚成果，并在此基础上逐步实现乡村振兴，来自当地各级政府的帮扶政策在相当长的一段时间内要保持相对的稳定，才可能把脱贫地区的旅游业真正发展起来，进而带动当地的农业、果业、林业、文化产业等相关产业的融合发展，不仅有助于逐步优化脱贫地区的产业结构，而且有利于脱贫地区的产业转型与升级，最终实现产业振兴的目标。

根据乡村振兴战略的总要求，要全面实现陕西省脱贫地区的产业振兴、组织振兴、生态振兴、文化振兴与人才振兴，还要求脱贫地区的各级政府适

当扩容现有帮扶政策，在基层管理、生态环境修复与人居环境改善、传统文化保护与传承、乡村人才培养与引进等方面出台一系列帮扶政策，确保广大脱贫地区能够在不远的将来逐步实现乡村的全面振兴。在旅游助推乡村振兴的实践中，各级政府要根据乡村振兴的进程不断调适自身的角色。根据陕西省广大脱贫地区的实际，在精准扶贫与乡村振兴的战略衔接期，各级政府可能依然需要扮演“掌舵者”的角色；未来，随着脱贫地区旅游产业的发展壮大，各级政府要逐渐由“掌舵者”的角色转变为“服务者”的角色。

2. 旅游企业：加强政策创设，破解参与障碍

在陕西省的旅游精准扶贫实践中，无论是外来的旅游企业，还是贫困乡村建立的旅游集体企业，在各级政府扶贫政策的大力支持下，在各种社会力量的热心帮扶下，积极参与当地的乡村旅游发展，在脱贫致富方面发挥了重要作用。但应该看到，当前旅游企业参与乡村旅游、乡村振兴的进程并不顺利，在财政、金融、土地等方面还面临一些政策上的掣肘，亟须破解。

今后，要加强政策创设，切实做好旅游企业参与脱贫地区乡村振兴的路径设计，打通旅游企业参与乡村振兴的各种症结。在财政方面，各级政府部门要善于整合利用国家和地方关于乡村发展的特色小镇、美丽乡村、田园综合体等项目的政策叠加优势，将旅游企业作为以上各类项目的主要实施主体，为旅游企业参与陕西省脱贫地区的乡村振兴实践提供强有力的财政支持；在金融方面，探索建立由政府牵头、企业参与的专业贷款担保机构，加大对脱贫地区乡村旅游、乡村振兴等重点领域的信贷支持力度，根据旅游企业贷款需求，出台一些支旅支小信贷优惠政策，缓解旅游企业融资难的问题；在土地方面，根据 2020 年中央一号文件精神，逐步优化乡村振兴用地政策，在符合国土空间规划的前提下，通过村庄整治、土地整理等方式节余的农村集体建设用地，优先用于发展乡村旅游产业项目。

3. 旅游者：鼓励引导旅游消费帮扶

实践表明，消费扶贫的积极作用并不局限于脱贫攻坚领域，其在推动相对贫困的善治、加快乡村振兴战略进程方面亦具有重大价值。乡村旅游作为一种“授人以渔”型的消费扶贫方式，有助于潜移默化地改变社区居民个

体严重依赖外部利益主体的懒惰思想和落后观念，激发其发展旅游、建设家园的自主性和能动性，进而以渐次培育的内源动力助推乡村振兴进程。在城市反哺乡村、发达地区反哺落后地区的背景下，旅游者应积极响应国家政策号召，参与旅游消费帮扶活动，通过购买和消费乡村社区居民所提供的农副产品、手工艺品等旅游产品和餐饮、住宿等旅游服务，为社区居民提供就业岗位、创造创业机会，提高其收入，并在旅游体验活动结束之后，以切身体验帮助乡村旅游目的地进行持续性的口碑宣传，进而提高乡村旅游的知名度、美誉度，从而增强脱贫地区乡村居民从事旅游发展的信心。此外，旅游者还应加强与社区居民之间的交流与沟通，使社区居民汲取有利于乡村旅游发展的想法，为乡村旅游的进一步规划提供意见和参考，确保乡村振兴可持续性。

（三）调适自增权与他增权，助推乡村振兴

在脱贫地区乡村振兴的实践中，既需要来自基层组织与乡村居民不断强化的自增权，也需要来自上级政府、旅游企业和旅游者相对稳定的他增权，只有两者相互作用，才能实现脱贫地区乡村旅游的可持续发展，进而实现乡村的全面振兴。但在这一过程中，自增权与他增权的地位与作用并不是一成不变的。随着乡村振兴进程的不同，两者的作用也有所不同。结合陕西脱贫地区的旅游发展状况，当前及今后一段时期（至少在精准扶贫与乡村振兴的战略衔接期），由于大部分脱贫地区的旅游产业基础依然薄弱，因此，来自外部的他增权在这段时期将依然发挥重要作用。随着乡村振兴进程的推进，在未来更长的一段时期内，脱贫地区旅游产业不断发展壮大，当地居民的内源动力得到充分激发，旅游发展与经营能力得到充分提升。在此阶段，来自内部的自增权将逐渐占据主导地位，来自外部的他增权，尤其是政府的各种政策帮扶可适当减弱，从而使脱贫地区逐渐走上自主发展实现乡村全面振兴的道路。

参考文献

丁生忠：《内外资源聚合转换驱动乡村振兴战略的理论与实践》，《理论学刊》2019年第5期。

罗章、王烁：《精准扶贫视阈下乡村旅游内生脱贫机制——以重庆市“木根模式”为例》，《农村经济》2018年第1期。

渠鲲飞、左停：《乡村振兴的内源式建设路径研究——基于村社理性的视角》，《西南大学学报》（社会科学版）2019年第1期。

向延平：《乡村旅游驱动乡村振兴内在机理与动力机制研究》，《湖南社会科学》2021年第2期。

原贺贺：《消费扶贫的实践进展与机制创新——以广东清远市为例》，《农村经济》2020年第12期。

张高军、易小力：《有限政府与无限政府：乡村振兴中的基层政府行为研究》，《中国农村观察》2019年第5期。

张洪昌、舒伯阳：《社区能力、制度嵌入与乡村旅游发展模式》，《甘肃社会科学》2019年第1期。

张玉强、张雷：《乡村振兴内源式发展的动力机制研究——基于上海市Y村的案例考察》，《东北大学学报》（社会科学版）2019年第5期。

B.17
柞水县域新型城镇化实践、路径及对策研究

冉淑青*

摘　要： 柞水是习近平总书记点赞的木耳之乡，是生态文明、绿色发展、乡村振兴、城镇建设关系密切交织的典型县域。本报告在梳理柞水区域发展概况及新型城镇化发展现状的基础上，归纳总结了柞水新型城镇化的三种模式，即农业园区建设带动乡村振兴模式、运动休闲推动特色小镇升级模式、集体经济带动美丽乡村建设模式。结合柞水县域发展特点，从城镇空间布局、生态保护、景观提升、乡村振兴等四个方面提出了柞水新型城镇化发展路径，并提出了保障路径实现的相关对策建议。

关键词： 新型城镇化　乡村振兴　柞水

陕南地区因其独特的自然地理环境，自然承载能力较弱，绝大部分县域城镇发展空间受限。尽管脱贫攻坚已经胜利收官，由于经济基础依然比较薄弱，陕南乡村振兴的任务仍然比较艰巨。要加快陕南现代农业转型升级，推动陕南农业人口向城镇转移，促进农民增收和乡村振兴，新型城镇化则是重要的突破口。柞水地处秦岭国家中央公园核心区，是习近平主席点赞的木耳之乡，是生态文明、绿色发展、乡村振兴、城镇建设关系密切交织的典型县域。通过梳理总结柞水城镇化发展现状、问题及典型案例，探究其新型城镇

---

* 冉淑青，陕西省社会科学院经济研究所副研究员，研究方向为城市经济与区域经济。

化发展路径，对于提出适合陕南地区特点的新型城镇化模式具有重要的现实意义。

一　柞水县域概况

陕西柞水县位于秦岭南麓，东经108°50′～109°41′，北纬33°20′～34°，东与商州区、山阳县接壤，南邻镇安县，西邻宁陕县，北与长安区、蓝田县相连，总面积2332平方公里。整个县域属于秦岭国家中央公园核心区，是国家南水北调中线工程重要水源涵养地，植被覆盖率高达88%，是习近平总书记称赞的“养在深闺人未识的天然氧吧”。自然资源丰富，菱铁矿储量居全省之首，药材入典200余味，自然和人文景观80多处，牛背梁国家森林公园、柞水溶洞等精品景区享誉省内外。西康铁路、包茂高速、水阳高速和211国道、315省道穿境而过，西渝高铁开工建设，柞水即将迈入“高铁时代”，与西安之间便捷的交通联系有利于推动柞水快速融入大西安一小时经济圈、交通圈和生活圈。

柞水县辖8镇1办81个村（社区），全县常住人口16.5万，是商洛市人口规模、经济总量最小的县级单位。2020年，柞水地区生产总值76.54亿元，尽管在商洛一区六县中排名最后，但2020年柞水人均地区生产总值达到5.53万元，排名全市第一，如图1所示。2017年至2019年连续三年目标责任考核排名全市第一，2017年和2019年两次荣获全省县域经济“争先进位奖”。可见，柞水县域经济发展质量呈现逐步提升的趋势。

二　柞水县域新型城镇化发展现状

（一）取得的成就

“十三五”以来，柞水城镇化建设工作取得了令人瞩目的成就，人口城镇化水平从2016年的54.5%增加到2020年的58%，县城建成区面积从

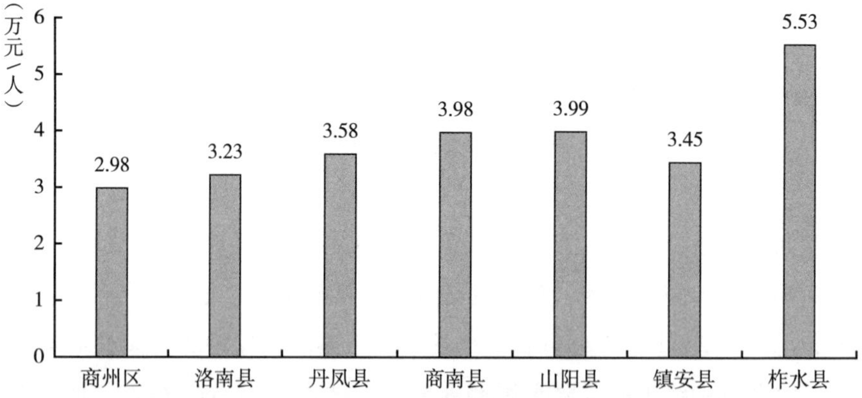

图1　2020 年商洛市各区县人均地区生产总值比较

资料来源:《陕西统计年鉴 (2021)》。

2016 年的 6.5 平方公里增加到 2020 年的 10 平方公里。

规划编制方面，柞水县以“一轴三廊五组团”的城市空间结构和“一主一副”的中心城区带状组团式空间形态为引领，按照“五规合一”要求，完成了县城总体规划第三轮修编，扎实推进国土空间规划的修编工作。

基础设施建设方面，柞水积极开展“县城建设提升年”行动，相继完成了迎宾大道、石镇街道、西新街改造工程，二级客运站、城区供水、污水处理厂建设，以及县城中心片区一期、二期等棚户区改造项目，公共基础条件实现大幅改善；推进道路交通设施建设，水阳高速、小岭隧道、凤凰镇过境路建成通车，全县公路总里程达 2120 公里，曹坪至葛牌、大坪至营盘公路建设加快推进，持续提升交通服务水平，“四好农村路”通过省级验收。

人居环境整治方面，全力推进农村垃圾、生活污水、厕所革命“三项治理”，新建 5 镇 7 村污水处理站及管网设施，整村推进老庵寺等 10 个村“厕所革命”，完成无害化卫生厕所改造 4500 个，自来水普及率、通村道路通达率、农村电网改造率均达到 100%。

经济转型发展方面，通过推进园区建设，县域经济加速向高质量转型升级。工业经济领域，小岭工业集中区以绿色发展为原则，形成了以矿山采掘、矿产品深加工和尾矿综合利用为主的循环经济体系。现代农业领域，柞水将木耳产业确定为“一县一业”的脱贫主导产业，建成木耳种植基地65个、专业村45个，形成了三个集中连片“千万袋木耳产业带”。旅游产业方面，建成3个省级旅游特色名镇、2个全国乡村旅游重点村及9个省级乡村旅游示范村，柞水牛背梁成为西北第一个“国际慢城”。

民生保障方面，聚焦人民群众日益增长的美好生活新期待，改扩建中小学、幼儿园33所，高中教育质量排名进入全市前列，县人民医院、中医医院均达到二级医院标准，多层次社会保障制度全面落实。

（二）面临的问题

县城建设水平不高，承载力不足。柞水县城沿山谷呈狭长带状分布，总体来看，县城空间布局较为混乱，新建建筑与老旧城区混杂分布，主城区楼间距普遍较小，“握手楼”现象普遍存在。因211国道穿县城而过，过境大型货运车辆较多，不仅影响县城环境质量，更导致重要交通路口出现严重的交通拥堵现象。县城多路段电线电缆存在线路下垂、杂乱、私拉乱拉等现象，市容环境亟须改造提升。

地处秦岭核心保护区，工业发展受限。柞水地处秦岭核心保护区范围内，尽管菱铁矿储量居全省之首，但受秦岭保护限制，资源开发受到较大影响。柞水县小岭工业区主导产业以铁矿及有色金属矿山采掘、矿产品深加工为主，占园区总产值的80%以上。近年来，受政策限制和市场影响，企业生产波动大，不能满负荷生产或产能在50%以下的企业9家，停产3个月以上的企业有18家，占园区企业总量的60%以上。

现代农业基础薄弱，龙头带动能力弱。柞水生态农业、绿色食品产业仍处于起步阶段，发展基础比较薄弱，同时产业布局较为分散，集中度低，缺少成规模的龙头企业引领带动，产业体系还远未形成，仍需要较长的培育期。

产业配套支撑薄弱，发展要素不足。柞水作为刚刚摘帽的国家级贫困县，产业发展配套支撑体系尚不完善，融资渠道较为单一，缺乏政府资金引导，创新动力不足，产业集群化发展程度低，人才吸引力和技术转化率均不高，严重影响了产业发展的质量和效益。

三　柞水新型城镇化经验总结

（一）农业园区建设带动乡村振兴模式

柞水以食用菌产业为主导，深耕食用菌生产、销售和研究开发多年，在生产实践中掌握了食用菌全套栽培技术，积累了丰富的实践管理经验。同时与陕西省科学院、西北农林科技大学建立了长期技术合作关系，大力引进推广新品种和新技术，打造了集食用菌原种研发、栽培试验、基地示范、科技推广于一体的科技示范区。

金米农业园区有溪流穿村而过，冲刷出了耕田，民居依山而建，形成了田宅依水傍山的河川结构，郁郁葱葱的青山和清澈缓缓而流的溪水成为其最宝贵的自然资源。园区紧邻柞山高速，其中核心区距凤凰西高速口 1.5 公里，距小岭镇政府 1 公里。规划区域涉及小岭镇金米村、李砭村、曹坪镇马房湾村，总户数 2418 户，总人口 7751 人，总面积 131 平方公里。核心区位于金米村，下辖 5 个村民小组 486 户 1542 人（其中劳动力 898 人），总面积 17 平方公里，耕地 948 亩，林地 20000 亩，荒山 11000 亩，县道蔡李路通村而过，有马房湾至柞水通村班车一辆，群众入户路基本达到硬化全覆盖。金米农业园区按照“支部 + 企业 + 基地 + 农户”的产业示范带动模式，扶持县新松香业专业合作社、腾达合作社、福顺养殖场和陕西正森农业生态公司 4 个带动企业，采取代管代养、托管托养的形式带动贫困户 115 户 330 人。全村种植魔芋 50 余亩、油用牡丹 70 余亩，科管栽植核桃树 400 亩，发展食用菌 300 亩，户均增收 3200 元以上。

未来五年，金米村将坚持农业为本，有节制地利用生态，追溯传统农业生产，重建乡愁记忆，追求现代化技术，打通一二三产业融合障碍，通过开发农村生活体验、农业生产体验、农业文化体验产品，建设农业生产、农业休闲与农业技术示范三者融合的新形态现代农业生态生产示范休闲园区。

金米农业园区依托现代农业生产，不仅带动了农民增收，更展现了陕西现代新田园的崭新风貌，为稳固当地脱贫攻坚成果、加快推进乡村振兴步伐做出了成功典范。对于刚刚脱贫摘帽的贫困县而言，金米农业园区的成功建设对于推进新型城镇化建设与乡村振兴有机结合做出了有益探索。

（二）运动休闲推动特色小镇升级模式

营盘运动休闲特色小镇坐落于陕西省商洛市柞水县营盘镇，东西长72.7公里，南北宽55.2公里，位于陕西柞水西北部，是柞水距离西安最近的城镇。

营盘运动休闲特色小镇依托牛秦岭背梁国家森林公园丰富自然资源，以保护自然环境为宗旨，适度开发休闲运动项目，确立了“美丽乡村+体育+旅游”的思路，全力推动体育和旅游资源整合，着力打造秦岭体育旅游特色小镇。2016年底小镇启动建设，投资15亿元，以振兴乡村、脱贫攻坚为使命，打造户外运动特色鲜明、文化氛围浓厚、脱贫成效显著、产业高度融合的运动休闲特色小镇。依托朱家湾村自然资源禀赋，以西沟为核心向周边辐射，打造户外运动特色名片，聚焦户外运动、青少年营地、休闲康养、赛事培养、健身养生、文化旅游、教育培训等休闲运动产业。通过市场化运作，开发企业在营盘镇投资了近亿元建成家庭旅馆式移民安置房100余套，将散落在山坳坡边的123户村民进行了就地集中搬迁安置，抢修保护具有民俗特色的“秦岭老屋”3万余平方米，有效保护了这里良好的生态环境。2017年，柞水营盘特色小镇（终南山寨）成为国家体育总局首批命名的96个运动休闲特色体育小镇之一，也是陕西首个入围国家运动休闲特色体育小镇的城镇。2020年，营盘运动休闲特色小镇年接待游客近40万人次，举办各类赛事活动100余场次，吃住行游购娱等一条龙服务有效盘活，直接带动了贫困人口的增收和就业。

营盘运动休闲特色小镇的建设不仅解决了营盘原镇区受地质灾害威胁的问题，更依托牛背梁国家森林公园丰富自然资源发展运动休闲产业，带动了农民增收，是集城镇建设、产业发展、生态保护与移民搬迁于一体的新型城镇化案例，为身处秦岭核心保护区的县域新型城镇化发展提供了一种值得借鉴的解决方案。

（三）集体经济带动美丽乡村建设模式

柞水县下梁镇老庵寺村位于秦岭南麓山区，西川流域腹地，距下梁镇政府 18 公里，距柞水县城 25 公里，总面积 16 平方公里，辖 5 个村民小组，共 303 户 1092 人。距离包茂高速柞水收费站 22 公里，距离西安市 90 公里。

老庵寺村于 2017 年 5 月成立了以村集体为经营主体的白龙产业开发有限责任公司，组建了东升、谷子地、鸿升三个种养殖农民专业合作社，形成了以食用菌种植、光伏发电、林下经济和乡村旅游为主导的一二三产业融合发展模式。目前，总规划 1 兆千瓦的光伏发电项目一期工程 100 千瓦光伏发电设备安装到位；建成占地 100 亩的香菇产业园，建设标准香菇大棚 156 个、1600 平方米香菇深加工厂，年发展香菇种植 30 万袋；种植天麻、黄精、赤芍等珍稀中药材 230 亩、魔芋示范田 20 亩；栽植油用牡丹、高山茶叶 800 多亩。2020 年村集体经济收入达 30 万余元，户均增收 4300 元，带动全村 191 户贫困户实现分红，真正把绿水青山变成金山银山。截至 2020 年底，全村 191 户贫困户已全部脱贫，整村脱贫摘帽。

老庵寺村坚持以党建引领产业发展，脱贫攻坚衔接乡村振兴，持续推进“三变”改革，有效破解农村集体经济发展难题，有力地促进了村域经济社会发展，村落整体环境舒适宜人，村级集体经济快速增长，人民群众幸福感、满意度持续增强，相继获评陕西省村级党组织标准化建设示范村、商洛市社会救助工作规范化村、陕西省美丽宜居示范村、陕西省集体经济示范村等荣誉称号，成为乡村振兴示范的新样板。

四　柞水新型城镇化路径选择

（一）协调区域发展的城镇空间布局

优化空间布局，着力构建“县城—县城副中心—特色小城镇”三级城镇体系，全面增强县域综合服务能力，加快县域人口和产业聚集。柞水县常住人口少于户籍人口，是比较典型的收缩型城市。伴随生态移民和扶贫移民搬迁，柞水县将有更多的农村人口向城镇聚集。合理预测柞水县各镇人口密度和年龄结构变化，合理规划集镇位置，并配置教育、医疗基础设施，可以缓解人口密度下降导致的公共交通效率低下的问题，防止区域住房、基础设施因为城镇化进程推进出现供应和需求不平衡的现象，也能减轻未来对基础设施维护的财政预算压力。

加强县城综合改造，提升县城经济社会承载能力。积极推进县城新区开发建设，优化城区空间布局，推进城镇产业发展、人口聚集和功能完善，增强县城对核心城市西安的产业承接能力，引进科技研发、金融商贸、休闲旅游等高端产业，打造具有现代气息的旅游型产业体系。加强政府引导、市场引领，鼓励外出创业成功人士返乡创业，积极引导劳动力返乡就业，创造“大众创业、万众创新”的良好氛围。

加快推进小－凤－杏县域副中心建设，全面落实《柞水县小岭－凤凰－杏坪一体化发展规划》，打造综合实力突出、布局合理、规模适度、功能健全的县域副中心。小岭镇积极推进小岭工业区转型发展，同步发展工业旅游、木耳、中药材、光伏等产业。凤凰镇依托副中心城市建设，聚力发展中药、旅游等产业。杏坪镇以发展农业休闲体验游为重点，突出发展木耳、中药材、艾加工等产业，探索发展大樱桃、甜柿子采摘园等生态农业休闲体验游，形成产业协调联动的发展格局。

引导特色小城镇健康发展。依托柞水现有山水脉络独特风光，结合当地自然生态条件、人文历史、民俗风情等传承与保护，因地制宜发展农业园区型、旅游景区型、交通枢纽型、商贸集散型等各具特色的城镇，更加注重集约式、内涵式发展，在差异定位中打造具有地理标识性的多样化城镇风貌，形成城中有山、山中有城、山城相间的城镇新风貌。

乾佑街办依托柞水旅游风情园项目建设，结合柞水高铁西站建设，融合盘龙药业、麓苑国际酒店、马房子印象民宿等配套设施，着力打造集旅游集散、旅游观光、购物娱乐、养生保健、运动休闲等功能于一体的旅游镇。

营盘镇发挥终南山“山高、水清、林密、地静”的优势，综合历史悠久的终南山隐士文化，因地制宜，打造集村庄度假、温泉疗养、隐修论道、智库论坛、高山滑雪、山地运动等于一体的大型旅游度假区，建成世界级度假小镇。

曹坪镇着力打造星级农家乐民宿集群、高端民宿群，完善水、电、路、排污管网、停车场等基础设施，并配套庭院绿化、美化、亮化等景观提升工程，在宽沟、土岭子、画眉沟打造迟花期桃花、李花观赏园，丰富高山旅游业态。

瓦房口镇、红岩寺镇重点发展木耳种植产业，推进柞水木耳标准化、规模化生产，壮大总量、提升产量、培育增量，打造北线木耳标准化种植示范带。

窑镇重点围绕菌类现代化种植建设标准化菌包生产区，以窑镇社区千万袋菌包生产线为核心，利用物联网技术，构建科学合理、协作紧密的菌包生产企业联合运营机制，建设高标准菌包生产研发区。

（二）凸显生态文明的生态路径

保护柞水绿水青山，是构建秦岭生态屏障的客观需要，也是人民群众对优美生态环境的主观追求。高质量的新型城镇化，要科学确定城镇边界和生态红线，进一步提高人口和产业聚集度，明确城镇空间、农业空间和生态空间，促进“三废”集中处理和资源循环利用，减少人类经济活动对大自然的扰动破坏，保持好柞水优良的生态本底。

按照主体功能实施分类指导。将县域空间划分为重点开发区、农产品主产区、重点生态功能区、禁止开发区。重点开发区应积极推进新型工业化、城镇化，合理确定城镇建设和产业发展空间，加快产城融合步伐，大力发展绿色循环经济，提高产业和人口聚集能力。农产品主产区着力保护耕地，稳定粮食生产，加快发展特色现代农业，促进种植业、养殖业规模化、绿色化、基地化，鼓励开展土地复垦整治，调整优化农村居住空间，引导人口适度集中。重点生态功能区以生态修复、环境保护、提供生态产品为首要任务，严格落实管控要求，发展绿色产业，引导超载人口逐步有序转移，强化水污染防治和流域综合治理，保护自然生态系统和重要物种栖息地，构建生态安全屏障。禁止开发区要实施最严格的生态保护管控，严禁不符合主体功能定位的各类开发活动，加大生态保护补偿支持力度。

筑牢绿色生态基底。加强公路、铁路沿线与城市建设空间的防护绿地建设，优化城市绿色空间，凸显山清水秀景观风貌，提升绿地系统规划质量与水平，创建美好人居环境，推动主城区园林绿化高质量发展。以道路绿廊、城区绿地、乡村绿网、河流水系廊道为骨架，打造多层次、多功能、互联互通的生态绿地系统。充分发挥绿色空间的生态、景观、游憩和服务功能，打造绿色防护保障空间。

提升环境治理水平。提高县城和集镇污水处理率、生活垃圾无害化处理率。加快城镇污水、垃圾处理和配套管网工程建设，全民增强现有污水设施治污能力。严守土壤环境安全底线，将小岭工业区企业用地作为重点防控区域，对土壤高风险行业企业、垃圾填埋场、渣场、尾矿库等场地实施重点监管。推行农村生活垃圾“户收集、村转运、镇处理”模式。推行测土配方施肥政策，推广生态种植技术，促进养殖废弃物资源化利用。

（三）提升全域景观水平

在城镇化建设过程中，提升景观环境质量对于民生改善、城镇建设、经济发展、生态保护等均具有重要的促进作用。美观实用又富有地域特色的景观环境，与县域整体规划相衔接，会通自然山水与城镇绿化、人文景观、公共空间的综合景观系统，是彰显县域城镇化特色的重要方面。

城镇景观风貌建设。加强县城、县域副中心、城镇以及历史风貌特色区域的景观设计，塑造具有文化地域特色的景观风貌。提升老城区人居环境，以“大西安后花园”为战略目标打造魅力老城街区。依托老城多元文化基因，延续传承文化记忆，建设联系南北山水的枢纽区域，形成一河两岸、显山亲水透绿的空间格局。增加地标性建筑设计，提升城镇绿色公共空间，增加城镇景观风貌的丰富度。

乡野景观风貌建设。全面保护乡野农业景观，保护依水而建、傍山而居的传统村落风貌，保护传统板石房屋，体现传统文脉和自然野趣。提升在历史文化和风貌格局方面具有特色的小镇和村落环境品质，在文化传承保护、建设美丽乡村过程中持续推陈出新。

蓝绿网络建设。全面净化河流水质，优化河流堤岸，形成连续贯通的公共岸线和功能复合的滨水活动空间，重点管控主要景观和沿岸开发边界。加强211国道、铁路、高速公路沿线的景观绿道建设以及景观界面控制，改善快速交通的视觉感。突出河流交汇处、公共活动中心、视线廊道焦点、人流聚集区等空间景观设计，打造蓝绿交织的景观骨架。

（四）与乡村振兴有机结合

农民是新型城镇化的关键，也是乡村振兴的重要主体，因此，新型城镇化与乡村振兴是密不可分的整体。新型城镇化建设是柞水加快经济社会发展、推动农民增收与乡村振兴的重要突破口。通过建立健全城乡要素平等交换、双向流动体系，促进要素更多向乡村流动，增强农业农村发展活力。

因地制宜促进乡村产业发展。木耳产业方面，扩大设施规模，优化木耳栽培生产体系。按照“壮大总量、提升产量、培育增量、保障质量”的原则，采取“露地、吊袋、塔架”三种栽培方式相结合，构建“新型经营主体+集体经济+基地+农户”的“四位一体”利益联结发展模式，通过打造50个百万袋木耳专业村、1万万袋木耳示范户，实现全县栽培木耳1.5亿袋目标，逐步扩大栽培体量，形成小群体、大规模。围绕木耳产品研发、基地建设、分级包装、附加产品开发等环节，大力促进木耳产品深加工产业发展。充分挖掘柞水木耳饮食、药用、历史等文化，拓展观光采摘、科普宣传、健康养生等功能，推进木耳产业向农工融合、农商融合、农旅融合纵向延长产业链。康养旅游产业方面，以牛背梁、秦楚古道、柞水溶洞、终南山寨等自然生态资源为主导，以森林康养基地建设为依托，作响秦岭山水康养旅游。围绕阳坡院子等民宿集群，开展森林瑜伽、森林太极、森林冥想、森林温泉等项目，开发天然氧吧、雾浴、林海浴等多类型森林康养产品，打造康体型森林康养基地；围绕牛背梁森林公园、终南山寨等景区景点开展登山健身、水上运动、科普考察、探险猎奇、研学旅行、森林体验、休闲娱乐等项目，打造运动型森林康养基地；围绕柞水溶洞地质公园、秦岭洞天福地等自然奇观开展溶洞体验、山水影院、手工作坊以及森林食品加工、品尝、餐饮、采摘等一系列活动，打造体验型森林康养基地。

培养新型职业农民队伍。分类培育现代农业带头人。推进新型经营主体和服务主体、返乡下乡创新创业者和专业务农能手等培养行动，积极培养新型农业经营主体和服务主体、农业经理人等具有较强示范带动作用的带头人队伍；强化政策激励，引导有志青年加入职业农民队伍，鼓励大学生、返乡农民工投身现代化农业建设。推动农民学历教育提质增效。鼓励支持更多高素质农民提升学历层次，争取纳入各类人才培养计划；组织有学历需求的参训人员与职业院校对接。健全完善教育培训体系。以农业技能培训为纽带，促进参训农民交流合作；持续跟踪农民训后产业发展，开展政策宣讲、项目推介、技术指导等延伸服务；举办论坛、展销会、专业技能大赛等活动，搭建交流平台，展示新时代高素质农民风采。

加快推进建设美丽乡村。推进乡村基础设施建设，加快城乡规划、道路、公交一体化进程，形成布局合理、城乡联网的供水、供电、交通、通信等基础设施体系，推动城乡基础设施互联互通。加快乡村公共服务设施建设，全力推进城乡教育、医疗、购物、文化、特色街区一体化，加快完善乡村公共服务设施体系，推动优质公共资源向乡村延伸。持续改善乡村人居环境，建设垃圾回收设施，推进污水集中处理，加大农村改厕力度，鼓励农村废弃物资源化循环利用，加快城乡环境建设一体化。有效提升乡村风貌，推进公共空间和庭院环境整治，大力改善乡村建筑风貌，加强特色景观名村、传统村落、美丽宜居村落的保护与发展。

健全现代乡村治理体系。加强农村基层基础工作，巩固脱贫攻坚成果，健全自治、法治、德治相结合的乡村治理体系。加强农村基层党组织建设，强化村镇“两委”班子建设，推动各镇（街）和各村（社区）党群服务中心建设，打造服务乡村振兴发展的党员干部队伍。深化村民自治实践，加强农村群众性自治组织建设，规范完善村民自治组织运行机制，形成民事民议、民事民办、民事民管的多层次基层协商格局。推动法制乡村建设。健全农村公共法律服务体系，完善“一村（社区）一法律顾问”制度。加强农村思想道德建设，培育发展新乡贤理事会等乡贤组织，打造文明乡风、良好家风、淳朴民风，建设邻里守望、诚信重礼、勤俭节约的文明乡村。

五　保障措施

（一）加强规划引领

坚持规划引领，系统谋划、精准推进。以新一轮国土空间规划编制为契机，以“一盘棋”理念整合城乡规划、土地利用规划、环境保护、乡村振兴等“多规合一”，实现县域规划“一张蓝图”。建立党政一把手为责任人、三级书记一起抓的全县新型城镇化与乡村振兴领导责任制，加强对柞水实施新型城镇化、乡村振兴等工作的全面指导，定期研究解决镇域经济发展中遇到的突出问题。鼓励各地各部门结合实际，大胆创新，探索可复制推广的先进经验，大力宣传各镇各部门推进乡村振兴的丰富经验，发现、培植和树立典型新型城镇化与乡村振兴有机结合的示范基地、示范镇和示范村。

（二）加大政策支持

充分利用中省相关政策，创新财政支持、土地供给、税收优惠、人才培养、投融资机制。强化用地保障，统筹调剂“增减挂钩”，保证项目用地指标和占补平衡。整合公共资源，扩大政府投资平台资本金。发挥财政资金激励引导作用，采取以奖代补、贷款贴息、保费补贴等方式撬动金融和社会资本更多投向城镇建设和乡村振兴。加强金融支持，创新金融副业产品，降低融资成本，利用财政贴息、小额贷款等方式，加大柞水产业发展信贷投入，完善融资担保制度，全面激活金融服务链条，将优质金融资源配置到产业发展的重点领域和薄弱环节。

（三）强化项目支撑

建立完善柞水县项目储备制度，由柞水发展与改革局设一级项目储备库，各镇设各级项目储备库。加强项目建设管理，强化城镇建设及乡村振兴项目建设动态监管，对项目建设进度、资金使用等情况进行监督检查，及时发现项目实施过程中出现的问题，并由县政府相关部门协调解决，保证项目按计划实施。明确项目时序引导，优先支持特色小镇、田园综合体、示范村等项目建设，优先安排饮水安全、污水治理、垃圾处理、厕所革命、环境提升等民生类建设项目。

（四）加强人才引进

通过自身培养、外部引进、合作交流、外聘借智等方式，加强城镇建设与乡村振兴人才队伍建设。以科技园、创业园、专业孵化器等为载体，鼓励和支持引进各类优秀人才。以具有竞争力的规模企业和科技创新型成长企业为重点，创新思维、管理和商业模式，培养造就一支职业化、现代化的企业家队伍。鼓励和引导加强与国内外相关高校和科研院所的联系与合作，建立联合培养机制，培育一批管理和专业人才。

参考文献

国家发展改革委：《2021 年新型城镇化和城乡融合发展重点任务》，2021 年 4 月。

冯奎：《充分释放新型城镇化发展动能》，《中国城市报》2020 年 8 月 24 日。

于未东：《以人民为中心推进新型城镇化建设》，《中国党政干部论坛》2020 年第 6 期。

陕西省新型城镇化和人居环境研究院：《陕西新型城镇化发展报告（2019）》，陕西人民出版社，2020。

B.18

乡村振兴战略背景下加快推进农村人居环境整治的对策建议

——以陕西省岚皋县为例

张 敏　杨桂刚　刘学军*

摘　要： 2021年是贯彻落实“十四五”规划的开局之年，中央一号文件也对乡村建设行动做出了全面部署，明确提出“实施农村人居环境整治提升五年行动”，这既是巩固拓展农村人居环境整治三年行动成果的需要，也是实施乡村振兴的重要抓手，事关农业农村现代化建设和广大农民群众的根本福祉。本文以陕西省岚皋县为例，在实地调研的基础上对农村人居环境整治工作阶段性成效及创新做法进行总结，并针对目前存在的问题提出相应的对策建议，以期为乡村振兴背景下改善农村人居环境提供参考和借鉴。

关键词： 农村人居环境　乡村振兴　陕西　岚皋

一　背景

改革开放40多年来，我国农业农村发展取得了巨大成就，尤其是2013年实施精准扶贫以来，9899万农村贫困人口全部脱贫，农村交通、水利、

* 张敏，陕西省社会科学院农村发展研究所助理研究员，研究方向为农业经济管理；杨桂刚，岚皋县农业农村局党委委员、副局长，研究方向为农村经济；刘学军，岚皋县农村经营工作站站长，研究方向为农村经济。

电信等基础设施得到极大改善，乡村面貌发生了翻天覆地的变化。但是，长期存在的城乡二元结构导致城乡生态环境治理水平差距依然较大，与农民群众对美好生活向往的需求仍存在差距。十九大报告用“产业兴旺、生态宜居、乡风文明、治理有效、生活富裕”20个字明确了新时代农业农村发展的总要求，其中，建设生态宜居的美丽乡村，是实施乡村振兴战略、加快推动农业农村现代化的一项重要任务，保护好绿水青山和田园风光、留住独特的乡土味道和乡村风貌、打造农民安居乐业的美丽家园，是实施乡村振兴的当务之急。在此背景下，2018年中共中央办公厅、国务院办公厅印发了《农村人居环境整治三年行动方案》，随后中央农办、农业农村部等18个部门印发了《农村人居环境整治村庄清洁行动方案》。截至2020年底，农村人居环境整治三年行动方案目标任务基本完成，扭转了农村长期存在的“脏乱差”局面，村容村貌明显改善，全国农村卫生厕所普及率超过65%，农村生活垃圾收运处置体系覆盖率超过90%，农村生活污水治理取得新进展，95%以上的村庄开展了清洁行动。

“十四五”时期，我国经济下行压力较大，特别是全球百年未遇的新冠肺炎疫情的持续影响，以及日趋复杂的国际环境，对农业农村各项工作都带来了前所未有的风险和挑战。尤其是对于基础差、底子薄、欠账多的农村人居环境而言，“十四五”时期是在全面建成小康社会的基础上，不断深化各项治理措施和持续提升乡村生态宜居质量的重要时期，也是2035年基本实现美丽中国目标的关键时期。《中共中央关于制定国民经济和社会发展第十四个五年规划和二〇三五年远景目标的建议》提出，“实施乡村建设行动”“改善农村人居环境”。作为贯彻落实“十四五”规划开局之年的2021年的中央一号文件也对乡村建设行动作出了全面部署，明确提出“实施农村人居环境整治提升五年行动”，这既是巩固拓展农村人居环境整治三年行动成果的需要，也是实施乡村振兴的重要抓手，事关农业农村现代化建设和广大农民群众的根本福祉。

陕西省自2018年实施农村人居环境整治三年行动以来，按照党中央、国务院决策部署，认真学习借鉴浙江“千村示范、万村整治”工程经验，因地制宜、有力有序推进农村改厕、生活垃圾治理、生活污水治理、基础设施建设等重点任务，持续开展村庄清洁行动，圆满完成了三年行动各项目标任务，农村人居环境明显改善，村容村貌全面提升，为全面推进乡村振兴奠定了坚实基础。但是与浙江等发达地区相比，陕西省美丽宜居乡村建设仍有较大差距，农村人居环境整治工作推进不平衡、资金缺口大、群众主体作用发挥不够等问题亟待进一步完善。本文以陕西省岚皋县为例，在实地调研的基础上对农村人居环境整治工作阶段性成效及创新做法进行总结，并针对目前存在的问题提出相应的对策建议，以期为乡村振兴背景下改善农村人居环境提供参考和借鉴。

二　岚皋县实施农村人居环境整治三年行动的主要成效

加快推进农村人居环境整治工作是落实习近平总书记“绿水青山就是金山银山”理念的重要实践，既是贫困地区高质量打赢脱贫攻坚战的重要支撑，更是实施乡村振兴战略的第一场硬仗。自2018年以来，岚皋县深入贯彻落实《中共中央办公厅　国务院办公厅关于印发〈农村人居环境整治三年行动方案〉的通知》和《陕西省深入学习浙江“千万工程”经验　扎实推进农村人居环境整治的实施意见》精神，以农村人居环境整治为抓手，围绕“村庄清洁”行动和农户“三改一建”（改厨、改厕、改圈、建庭院经济）工作，扎实推进美丽乡村建设，农村人居环境得到了明显改善，村庄环境基本干净整洁有序，村民环境与健康意识普遍增强，为实现“美丽岚皋”目标提供了有益经验和实现路径。

（一）强化资金投入，配套设施逐步完善

三年来全县累计投入各类资金达1.3亿元，建设镇村生活污水处理设施35处、镇村生活垃圾填埋场8座，购置各类垃圾收集清运车辆50辆，垃圾桶2万余个，日处理生活污水和生活垃圾能力分别达到3771吨和60吨，基本达到农村集中区域污水集中处理、垃圾户收集、村转运、

分片处理的目标。全县行政村电力入户、动力电覆盖率达到100%；群众安全饮用水达到全覆盖，自来水普及率达到90%以上；行政村主干道、集中居住30户以上院落路全部完成硬化，村街道、集中安置点硬化率达到100%，村内道路泥泞、村民出行不便的问题得到全面解决。持续推动农业废弃物综合利用，设立了23个农药包装废弃物回收点，规模养殖场粪污处理设施装备配套率达到95%以上，秸秆综合利用率达到85.39%。

（二）开展试点探索，示范引领作用明显

按照“县级统筹、镇为主体、村级推进”的整治模式，全县大力推进城镇周边旱厕改造，鼓励和引导有条件的农户示范开展“三改一建”（改厨、改厕、改圈、发展庭院经济），通过示范点、示范户带动引领，累计完成改厕13662个（其中无害化卫生厕所11826个）、改厨680个、改圈866个，建设庭院经济1635处，实现了“小厕所、大民生”，进一步提升了群众生活的舒适感和幸福指数，已建成的12个省级“厕所革命”整村推进村无害化卫生厕所覆盖率全部达到85%以上。

（三）坚持规划引领，美丽乡村焕发活力

在坚持科学规划的基础上，有序推进农村垃圾、污水治理工作，编制印发了《岚皋县农村生活污水治理专项规划》；综合考虑建设形态、居住规模、服务功能等因素，编制了《岚皋县乡村振兴战略实施规划》，将136个行政村（社区）分为示范引领型、特色发展型、集聚提升型、拆迁撤并型4个村庄类型。编制了《岚皋县南宫山镇桂花村乡村振兴示范村建设规划》和《岚皋县四季镇天坪村乡村振兴示范村建设规划》，完成了桂花村、天坪村两个省级乡村振兴示范村建设，两个示范村垃圾、污水治理达标，“厕所革命”任务全部完成，无害化卫生厕所普及率分别达到86.1%和92.5%，水、电、路基础设施和村庄绿化全面达标，运营管护机制健全，整村“八清一改”任务全面完成。

（四）积极动员群众，村容村貌全面提升

结合新民风活动广泛宣传动员，发动群众，通过党员干部带头、树立典型、建立激励机制等措施，提升村民环境卫生意识，改变村民生活习惯，充分调动了群众参与农村人居环境整治的积极性、主动性和自觉性。在全县开展以“八清一改”为重点的“净美岚皋”春季、夏季村庄清洁行动战役中，广大群众积极参与对境内公路沿线、河沟边、集镇卫生死角的集中整治活动，共发动群众投劳12672人次，投入整治资金58.18万元，清理农村生活垃圾11399.5吨，处理畜禽粪污及农业生产废弃物1660.7吨，清淤疏浚水塘239口、沟渠1155.95公里，开展农村环境卫生消杀1898人次，开展进村入户宣传教育2054场次，发放宣传资料12829份，全县村庄实现了从一时清洁向常态清洁的转变，村容村貌得到明显改善。

三　创新做法

（一）坚持以脱贫攻坚为总揽，统筹推进农村人居环境整治工作

岚皋县在全面完成脱贫攻坚各项工作的基础上，把农村人居环境整治作为提升巩固脱贫攻坚质量的重要内容，出台《岚皋县农村人居环境整治三年（2018～2020年）行动方案》，明确工作目标和各级各部门工作任务，把改善农村人居环境工作纳入脱贫攻坚考核内容，同等考核验收，提起来、集中做、重点推。同时，以农村人居环境整治的机制性问题为突破点，把制度建设作为抓好农村人居环境整治的重要保障，建立健全道路管护、供水工程、污水处理、垃圾转运等公共设施的管护制度，为加快推进农村人居环境整治工作奠定了坚实基础。

（二）坚持以群众为参与主体，充分发挥群众的积极性和主动性

组织巾帼宣讲团，通过妇女议事会、宣讲会、故事分享等形式，宣传低

碳生活、文明礼仪、家庭教育、运动健康、垃圾分类、法律法规知识，使“美丽家园”“五美”标准入脑、入心、入家庭，发动岚皋妹子、新时代文明实践志愿队等群团组织开展义务清扫，帮助村委会入户发动妇女、教育引导妇女发挥半边天的作用，参与改造家居环境。发挥村党支部+“道德银行”+“爱心超市”积分功能，指导村镇设立参与农村人居环境整治道德积分，通过在村内公益打扫卫生、清理垃圾，监督、劝导农户养成良好卫生习惯等优秀道德行为，村民把道德行为兑换成积分，而后凭借道德积分换取争先评优名额、兑换奖品等，进行精神、物质双重奖励。通过政策鼓励、资金奖补等措施，进一步激发人民群众内生动力。通过建立村规民约，开展院坝评议、红黑榜等多种形式，催生民风、家风向善向好，将美丽乡村建设工作转化成群众的自觉行动。

（三）创新农村服务供给模式，建立长效管护机制

组织各村有技术的村民成立“三改一建”工作服务队并进行专业技术培训，采取“政府补贴+村民自筹”形式由工作服务队为各户改建提供规划方案、技术指导、质量监督和劳力支撑。建立垃圾分类、管护维修、定期清运、粪渣资源利用等后续管护机制，引导各村集体经济组织承担“三改一建”长效管护工作，及时为有需求的村民提供上门服务，解决后续使用中存在的问题，解除改建的后顾之忧，在实现农村生活垃圾、厕所粪污、畜禽粪污资源化利用的同时，拓宽了群众增收途径。

（四）借力乡村旅游发展，倒逼人居环境改善

坚持以重点突破带动农村人居环境整治整体提升，突出整治交通干线沿线、城镇周边、集中院落、大型安置点、沿江沿河、旅游景区等重点区域环境卫生，特别是对四季镇杨家院子、南宫山镇桂花村、民主镇榨溪村等乡村旅游景区及周边进行重点整治，通过整合项目资金，实施房屋风貌改造，打造生态景观景点，完善游客接待中心、道路、停车场、公共厕所等基础设施建设，强力推进公共空间和庭院环境整治，为提升改善农村人居环境提供了

有力支持。同时，通过免费开放乡村旅游景区，带动周边群众致富增收，进一步倒逼农村生产、生活及建设方式的转型升级，激发了农村人居环境整治的内生动力，为农村人居环境整治提供了新思路。

四　存在的问题

虽然岚皋县农村人居环境整治工作取得了一定的阶段性成果，但目前仍然面临资金投入不足、农户改建意愿不强、专业技术指导缺乏、部门协调联动不够等问题，成为加快推进农村人居环境整治的制约因素，五年提升行动目标任务还十分繁重。

（一）整治资金投入不足，激励机制亟待完善

岚皋县地处秦巴山区，长期以来，农村地区基础设施薄弱，配套设施严重不足，农村居民收入普遍不高，村集体经济收入较少，虽然政府部门在推进“三改一建”工作时出台了以奖代补政策，但是改厕、改厨、改圈投入较大，相应的补助标准较低，导致农民群众参与的积极性和主动性不高。此外，全县各镇垃圾清运、污水处理资金保障缺口较大，导致持续深入开展环境整治工作困难重重，地理位置偏僻的村庄、院落、沟渠“脏乱差”现象仍然存在。

（二）村民改圈改厕意愿不强，重要性认识不足

一方面，由于村民普遍对不良卫生习惯引发传播疾病的认识不足，没有意识到农村人居环境整治的重要性，仍然受传统观念和养猪用厕习惯影响，大部分村民对改圈改厕工作存有疑虑甚至有抵触情绪，县镇两级干部发动宣传工作效果不理想。另一方面，由于财政补贴有限，改圈改厕不仅增加了村民当下的支出费用，改建之后也增加了用水量和水费，支出费用增加也是村民改建意愿不强的重要因素，严重影响了农村人居环境整治的进一步推进。

（三）缺少专业技术指导，改建质量有待提高

虽然省上出台了《农村户厕建设技术要求（试行）》等文件，但目前岚皋县15个试点村的“三改”工作大多由村民根据实际需求自主进行，缺少统一的技术指导，村民对改建标准、施工规范、建筑材料使用等规范措施和政策仍然把握不准，无论是村民还是村干部，都面临“怎么改、改哪些、改成什么样”的问题。“三改”工作的实质是粪污基本得到处理和资源化利用，实现有效减少环境污染这一目标，其工作开展具有很强的专业性，包括如何因地制宜设计改建方案，如何选择经济实用型材料确保不渗不漏，如何集中处理或分散处理污水等，这些技术问题仅仅靠村民自主改建难以解决。在缺少技术指导的情况下，村民和村干部对改建标准或政策把握不准会造成施工不规范，既影响改建的质量和效果，又会导致前期的改建工作事倍功半。

（四）部门协调联动不够，有效合力尚未形成

当前，农村人居环境整治工作虽然由农业农村部门牵头，但是涉及面广、涉及部门多，整治工作领导小组成员单位之间还存在单打独斗、主体责任不清等问题，导致部分成员单位和镇村对环境整治工作重视不够、紧迫感不强，对长期性和艰巨性认识不足，积极性和主动性不够，部门之间协调配合工作差，没有形成整体合力，推进效果不佳。

五　加快推进农村人居环境整治的对策建议

（一）统筹推进乡村振兴和人居环境改善，因地制宜分类施策

一是针对当前农村人居环境整治以示范点为主、相关资源力量分散的情况，强化全域规划、统筹实施，结合乡村振兴规划和涉农整合项目，坚持一张蓝图绘到底，协同推进农村生活垃圾污水治理、畜禽养殖场粪污处理、村

容村貌提升等各项工作，促进农村人居环境改善与产业发展、生态建设、乡村治理、文化传承等同步提升。

二是根据全省各个村庄的区位、发展基础、人居环境改善程度的不同，遵循乡村发展规律，因地制宜因村施策，制定符合当地实际的农村人居环境整治方案，明确不同村庄整治的重点内容和优先顺序，推动农村人居环境整治工作常态化，实现农村人居环境由点向面、由“一处美”“一时美”向“处处美”“时时美”转变。

三是支持有条件的地区将农村人居环境整治与乡村产业振兴有机结合，大力发展庭院经济、休闲农业、乡村旅游、特色民宿、农事体验等新业态，为农村人居环境整治厚植经济基础，实现农村一二三产业融合发展与人居环境改善互促互进、共融共赢。

（二）加大财政资金投入力度，引导多元主体参与

一是中央和省级财政要持续加大对农村人居环境整治的投入力度，尤其是向刚刚摆脱贫困的脱贫地区倾斜，重点用于农村卫生厕所改造提升、生活垃圾污水处理、畜禽养殖场粪污处理等配套设施的完善，以及后期运行管理体系的建立，实现农村人居环境从“建起来”到“用起来”再到“管起来”的深层次转变，为建设生态宜居美丽乡村奠定坚实基础。

二是建立“政府引导、社会参与、村民自筹”的多元投入机制，充分发挥财政资金的杠杆作用，引导社会力量和村民积极参与农村人居环境整治，通过挖掘生态资源优势实现生态效益和经济效益的统一，推动形成三方共建、共管、共享的农村人居环境整治长效管理机制，保障农村人居环境长期可持续发展。

三是在有条件的地区探索试行农村生活垃圾、污水处理付费制度，因地制宜进一步完善财政补贴和农户付费的合理分担机制，一方面增强农户的生态环保意识，另一方面有效解决部分管护费用，有利于形成可复制、可推广的农村人居环境整治长效模式。

（三）增强村民主动环保意识，建立有效激励机制

目前农村大部分群众思想观念落后的现状仍未改变，对待农村人居环境整治问题并不理解和重视。因此，一是要通过各种渠道加大宣传力度，充分发挥基层干部以及第一书记、乡村振兴工作队等力量的作用，大力传播农村人居环境整治工作的重要意义和经验做法，加强环保教育和卫生健康宣传，增强村民主动环保的意识。注重发挥学校、共青团、妇联等的优势，引领推动农村妇女儿童从自身做起、从家庭做起，改善农村人居环境，建设美丽宜居乡村。

二是要引导各村修订完善村规民约，将人居环境整治、生态环境保护等有关内容纳入村规民约，通过村务公示栏、广播喇叭、村民微信群、入户宣讲等多种形式广泛宣传村规民约内容，让改善农村人居环境成为村民约定俗成的行为习惯和自觉行动，使村民真正成为农村人居环境整治工作的支持者、参与者、决策者和受益者。

三是要建立完善有效的激励机制，对主动参与农村人居环境整治各项工作的村民给予一定奖励，激发村民参与人居环境整治的积极性，同时坚决制止危害农村生态环境的行为；对农村人居环境有效整治成绩突出的镇、村进行整体奖励。

（四）强化技术支撑保障作用，提升环境治理效能

一是因地制宜推广适用技术和改建方案。受地理环境限制，尤其是西部山区，每一户的地理位置、房屋结构都不尽相同，有些农户生活垃圾污水没有得到有效收集与处理，有些养殖户的畜禽粪污处理不当，有些农户庭院乱堆乱放，在开展涉及农户自身的人居环境整治工作时应充分尊重农户的意愿，针对每一户的具体情况制定相应的改造方案，并让村民亲身参与到自己周边环境的改善工作中，主动投工投劳。同时，政府主管部门应当梳理总结当前农村人居环境整治中所采用的技术，通过对比筛选适宜不同区域、简单实用的技术和模式进行推广运用。

二是加快农村人居环境方面新技术、新材料和新产品的研发推广。立足农村人居环境改善的重大需求，搭建“政产学研用”一体化平台，充分利用科研院所、高等院校、优质企业科研资源，组织联合攻关，突破农村改厕、污水垃圾治理、农村废弃物资源化利用等方面的关键技术问题，分类分级制定配套设施建设、运行和维护技术指南，形成一批接地气、成本低、效率高、易操作的农村人居环境整治关键技术和装备，确保广大农民群众用得上、用得起、用得好，实现乡村生产、生活、生态“三生”共赢。

三是积极探索大数据在农村人居环境整治工作中的应用，加快将物联网、大数据、云计算、第五代移动通信网络等技术不断融入农村生产生活和生态环境保护，搭建农村人居环境整治智能监测平台，重点对乡村主要交通干道、人流密集场所、垃圾转运站、饮用水水源地、污水处理站等区域进行实时监控，切实增强科学性、精准性、有效性，进一步提升乡村环境治理效能。

参考文献

新华社：《中共中央办公厅　国务院办公厅印发〈农村人居环境整治三年行动方案〉》，http：//www. gov. cn/zhengce/2018－02/05/content_ 5264056. htm，最后检索时间：2019 年 9 月 5 日。

中华人民共和国农业农村部：《中央农办　农业农村部等 18 部门关于印发〈农村人居环境整治村庄清洁行动方案〉的通知》，http：//www. moa. gov. cn/gk/tzgg_ 1/tz/201901/t20190108_ 6166294. htm，最后检索时间：2020 年 1 月 20 日。

新华社：《农村人居环境整治三年行动任务基本完成》，https：//baijiahao. baidu. com/s？ id＝1687288374938078380&wfr＝spider&for＝pc，最后检索时间：2021 年 3 月 20 日。

于法稳：《“十四五”时期农村生态环境治理：困境与对策》，《中国特色社会主义研究》2021 年第 1 期。

卞素萍：《美丽乡村建设背景下农村人居环境整治现状及创新研究——基于江浙地区的美丽乡村建设实践》，《南京工业大学学报》（社会科学版）2020 年第 6 期。

皮俊锋、陈德敏：《农村人居环境整治的实践经验、问题检视与制度建构——以重庆市地方实践为切入视角》，《中国行政管理》2020 年第 10 期。

王波、郑利杰、王夏晖：《我国“十四五”时期农村环境保护总体思路探讨》，《中国环境管理》2020 年第 4 期。

王微、刘世华：《农村人居环境协作治理的实践路径——以浙江“千村示范、万村整治”经验为例》，《广西社会科学》2020 年第 6 期。

于法稳：《乡村振兴战略下农村人居环境整治》，《中国特色社会主义研究》2019 年第 2 期。

B.19
关于统筹推进石泉县乡村全面振兴的思考和建议

陈　诚*

摘　要： 乡村振兴战略坚持农业农村优先发展，目标是按照产业兴旺、生态宜居、乡风文明、治理有效、生活富裕的总要求，建立健全城乡融合发展体制机制和政策体系，加快推进农业农村现代化。本报告在系统阐释乡村振兴战略科学内涵及现实意义的基础上，客观分析展示了石泉县近几年来经济社会发展取得的巨大成就，较为系统深入地剖析了影响和制约石泉县经济社会全方位高质量发展的诸多因素，并围绕乡村振兴战略的核心内涵和关键支撑点，立足石泉县情村情等客观实际，从基础设施提升、产业发展支持、乡村治理体系创新、基层组织建设等方面提出了统筹推进乡村全面振兴的对策建议。

关键词： 乡村振兴　生态旅游　山区农村　石泉县

自20世纪80年代我国制定实施家庭联产承包责任制以来，廉价而充足的劳动力资源成为我国快速实现工业化、城镇化的巨大推动力。工业化、城镇化的迅猛发展带来了社会环境的剧烈变迁，尤其是从2011年开始，我国城市常住人口数量首次超过农村，中国社会结构发生了根本性的变化。广大乡村社会空心化、原子化、老龄化问题日益凸显，农村社会活力趋于枯竭，

---

* 陈诚，陕西省民政厅社会救助处副处长，研究方向为社会保障。

进入矛盾多发期。为了应对乡村社会发展中出现的各种问题，扭转农村持续衰落的局势，解决好农业农村农民问题，党的十九大正式提出了乡村振兴战略，并以产业兴旺、生态宜居、乡风文明、治理有效、生活富裕为总要求，不仅凸显了“三农”问题在整个国家和社会发展中的重要地位，而且为乡村未来的发展勾勒了蓝图，具有重大现实意义。

一 乡村振兴的科学内涵及现实意义

2018 年全国“两会”期间，习近平总书记在参加山东省代表团会议时的讲话中首次提出了“五个振兴”的科学论断，即乡村产业振兴、乡村人才振兴、乡村文化振兴、乡村生态振兴、乡村组织振兴。“五个振兴”是习近平总书记“乡村全面振兴”思想的核心内涵，也是乡村振兴的五个关键支撑点。“五个振兴”既各自成篇，又相互联系、相互促进，共同构成完整统一的乡村振兴战略有机整体。

（一）乡村振兴战略的科学内涵

1. 乡村产业振兴

推动乡村产业振兴，要紧紧围绕发展现代农业，围绕农村一二三产业融合发展，构建乡村产业体系，实现产业兴旺，把产业发展落到促进农民增收上来，全力以赴消除农村贫困，推动乡村生活富裕。

2. 乡村人才振兴

推动乡村人才振兴，要把人力资源开发放在首要位置，强化乡村振兴人才支撑，加快培育新型农业经营主体，让愿意留在乡村、建设家乡的人留得安心，让愿意上山下乡、回报乡村的人更有信心，激励各类人才在农村广阔天地大施所能、大展才华、大显身手，打造一支强大的乡村振兴人才队伍，在乡村形成人才、土地、资金、产业汇聚的良性循环。

3. 乡村文化振兴

推动乡村文化振兴，要加强农村思想道德建设和公共文化建设，以社会主义核心价值观为引领，深入挖掘优秀传统农耕文化蕴含的思想观念、人文精神、道德规范，培养乡土文化人才，弘扬主旋律和社会正气，培育文明乡风、良好家风、淳朴民风，改善农民精神风貌，提高乡村社会文明程度，焕发乡村文明新气象。

4. 乡村生态振兴

推动乡村生态振兴，要坚持绿色发展，加强农村生态保护和突出环境问题综合治理，实施农村人居环境整治三年行动计划，推进农村“厕所革命”，进一步完善农村生活设施，建设农民安居乐业的美丽家园，让良好生态成为乡村振兴支撑点。

5. 乡村组织振兴

推动乡村组织振兴，要打造千千万万个坚强农村基层党组织，培养千千万万名优秀农村基层党组织书记，不断深化村民自治实践，大力发展农民合作经济组织，建立健全党委领导、政府负责、社会协同、公众参与、法治保障的现代乡村社会治理体制，确保乡村社会充满活力、安定有序。

（二）实施乡村振兴战略的现实意义

1. 实施乡村振兴战略，是化解新时代我国人民日益增长的美好生活需要和不平衡不充分的发展之间矛盾的重要举措

十八大以来，我国农民收入不断增长，农村社会和谐发展，农业现代化步伐进一步加快。但是农业基础仍然比较薄弱，农村是城乡经济体系的薄弱环节，推动农业农村发展成为全面建成小康社会的重点和难点。实施乡村振兴战略，将农村现代化发展摆在突出位置，强调农业农村优先发展，加快推进农业农村现代化。实施乡村振兴战略，是新时代解决我国社会主要矛盾、促进经济社会持续健康发展的重要举措，是大力推动农业农村发展、逐步实现农业现代化的重大战略部署。

2. 实施乡村振兴战略，为新时期我国乡村建设进一步发展指明了道路

当前我国农业农村发展显现新的阶段性特征，具体表现为：一是农业发展进入升级攻关期；二是城乡融合发展进入快速推进期；三是乡村治理进入转型关键期。统筹推进城乡发展，实现第二个百年目标，亟须对社会主义新农村建设和美丽乡村建设进一步提档升级。乡村振兴战略全方位涵盖了农业发展、农村治理和农民生活，并以“产业兴旺、生态宜居、乡风文明、治理有效、生活富裕”为目标要求，为新时期我国乡村建设进一步发展指明了道路。按照乡村振兴的总要求，我国农村发展更加强调生产、生活、生态“三生协同”的发展路径，农村发展不仅体现为城乡收入差距的逐步缩小，居住环境、居住条件方面的落差也会减小，农村优美的生态环境必将成为留住农民、吸引市民的突出优势。

3. 实施乡村振兴战略是实现农村地区内生性发展的战略部署

十八大以来，在党中央一系列强农惠农政策的支持下，农业农村农民得到了持续稳定发展，但是也呈现一些不容忽视的问题。特别是近年来的新农村建设在部分地区就促进农村内生性发展、实现农村良性社会变迁等方面还没有起到有效作用。一方面，农村精英分子大量流出，农民组织化提升不明显，农村社会风险因素持续增加等问题凸显；另一方面，忽视农村实际，简单套用城市治理思路和逻辑，广大农村地区还没有收到理想的效果。这就要求我们必须更加注重培育乡村发展的内生力量，促进乡村实现内生性发展。实施乡村振兴战略，既是对过往农村战略思想的科学总结，也是对新农村建设思想的进一步升华，是党在新时代促进形成“内生性”乡村建设力量、完善乡村治理结构的战略部署。

二　石泉县经济社会发展情况及制约因素分析

石泉县位于陕西省东南部、安康市西部，北依秦岭，南枕巴山，地处秦巴腹地、汉水之滨。全县总面积 1525 平方公里，辖 11 个镇 21 个社区 140 个行政村。石泉县是秦巴汉水生态旅游重要目的地、先秦鬼谷子文化发祥地、国宝“鎏金铜蚕”出土地和西部蚕桑第一大县，素有“秦巴水乡 · 石泉十美”之称，被誉为“鬼谷故里 · 智慧之乡”“丝路之源 · 金蚕之乡”。同时，石泉县属于国家秦巴连片扶贫开发重点县。

“十三五”期间，在陕西省委、省政府和安康市委、市政府的坚强领导下，石泉县坚持“绿色发展、富民强县”主题，按照县第十五次党代会提出的“35553”战略部署（“宜居、宜业、宜游”的“三宜”石泉定位，2020年人均GDP、城乡居民收入、财政收入、公共服务均等化、生态环境质量达到全面小康标准的“五个达标”，建设绿色循环产业、城乡设施、公共服务、民主法治、生态保障“五大体系”，坚持绿色循环发展、民生至上、五化同步、改革创新、保持稳定“五条基本原则”，营造廉洁高效政务环境、严格公正法治环境和健康向上人文环境的“三大环境”）和“十三五”规划“543”主要任务（GDP、工业增加值、固定资产投资、财政收入、城乡居民收入实现“五个翻番”，循环产业发展水平、城乡基础设施水平、民生保障能力、生态环境质量的“四个提升”，改革开放、民主法治、精神文明的“三个深化”），引领石泉高质量发展，主要经济指标始终位居全市第一方阵，全县GDP以年均8.37%的增速持续增长，生产总值由五年前的71.43亿元增长到2020年的83.02亿元，增长16.2%；城乡居民人均收入由五年前的25854元和8753元增长到2020年的28418元和11588元，年均分别增长1.9%和5.8%。在全省县域经济监测考核排名中，2018年居全省第19位，2019年居第22位，先后荣获国家和省级荣誉表彰65项，24项创新工作在全国或全省推广，承办全国或全省现场会14次，决胜全面建成小康社会取得决定性成就。主要体现在：①突出产业发展强化经济支撑；②统筹城乡发展加快城镇建设；③深化改革开放注入发展动力；④坚持以人为本着力改善民生；⑤优化生态环境厚植发展优势；⑥加强文化建设提升发展软实力；⑦推进全面从严治党向纵深发展。

在看到成绩的同时，也要清醒认识到石泉县客观存在或者即将面临的发展困局。主要体现在以下四个方面。

（一）地理环境制约山区农村发展

石泉地处秦岭南缘大断裂带和大巴山深大断裂带上，矿产资源贫乏，缺乏特色主导产业支撑，财政收入有限，基础设施建设投资严重不足，高铁、航空等新基建发展相对滞后。阳安铁路和十天高速汉中至安康段相继建成通车，结束了石泉县境内没有铁路、高速公路的历史，解决了群众出境交通不够高效便捷的难题。但是，境内山峦重叠，沟壑纵横，山高坡陡，山区公路建设投入大、工期长，偏远农村的交通状况依旧落后，对当地产业发展、信息传播和群众出行等影响依旧相当大，难以适应高质量发展要求。此外，受地形地貌和季风影响，山区水土流失严重，地质灾害和自然灾害（主要是旱灾和洪涝灾害）频繁发生，给当地群众的生产生活造成较大损失。

（二）产业结构有待进一步优化

2020 年石泉县生产总值 83.02 亿元，同比下降 12.5%，降幅较第一季度、上半年、前三季度分别收窄 14.5 个、5.6 个和 2.7 个百分点。其中，第一产业增加值 10.71 亿元，增长 3.3%；第二产业增加值 37.90 亿元，下降 21.7%；第三产业增加值 34.41 亿元，下降 3.1%。受疫情和外部环境诸多不确定性因素影响，经济恢复性增长形势仍然严峻，特别是以科技、信息传输、电子商务为代表的现代服务业发展滞后，其中物流配送、金融保险、传媒、社区服务、咨询培训等行业还处于空白。总的来看，三产与一产、二产的融合发展不够，特色产业与旅游、文化融合不足，没有形成“休闲娱购”农工贸、“生产、生活、生态”三生融合的带动发展态势。

（三）农村人才发展内生动力不足

石泉县总人口 18.2 万人，其中常住农业人口 14.37 万人，有建档立卡贫困村 74 个，贫困人口 14078 户 38511 人。在 14.37 万农村人口中，60 岁以上老年人 30193 人，占农村总人口的 21%。2020 年石泉县考上大专院校的学生约 900 人，回县创业就业的高校毕业生仅 196 人，在乡高校毕业生人数更是屈指可数。作为外出务工大县，石泉每年大约有 4.5 万人外出务工，占农村总人口的31%。此外，国内还没有一套完善的农村人才培养体系，针对农民发展的培训机构欠缺，直接限制了农村人才的培养和发展。人口文化程度普遍偏低，人才培养体系缺乏，再加上大量年轻劳动力外流，造成目前农村人才发展内生动力严重不足。

（四）基层组织示范引领不充分

党的基层组织是党的全部工作和战斗力的基础，发挥着战斗堡垒作用，对外要领导各项工作、密切团结群众，对内要发展和教育党员，承担着宣传党的主张、贯彻党的决定、领导基层治理、团结动员群众、推动改革发展的重要使命。党的基层组织的战斗堡垒作用、党员干部的先锋模范作用、村办集体经济的带动效应以及健全高效的乡村治理体系是实施乡村振兴战略的关键因素。从石泉县一些山区党的基层组织的工作现状看，基层党组织对党员和群众教育的针对性、实效性有待进一步增强，党建工作落实有待进一步加强，干部队伍结构有待进一步优化，党支部战斗堡垒作用、党员先锋模范作用发挥不够充分等问题比较普遍，个别基层党组织还存在政治功能和服务功能不强、组织力较弱等问题。

三　石泉县实施乡村振兴战略的对策及建议

从新农村建设到脱贫攻坚，特别是脱贫攻坚期间，国家给贫困地区投入了大量的人力、物力和财力，农村地区的公共基础设施明显改善，绝对贫困问题历史性地得到解决。广大农民从脱贫攻坚的伟大实践中看到了希望，增强了动力，大批新兴产业在农村地区不断涌现，这就为实施乡村振兴战略创造了前提和条件。

与新农村建设相比，乡村振兴有着更为丰富的内涵，是一项更为复杂的系统工程。结合县情、村情及制约发展的诸多因素，现就石泉县实施乡村振兴战略提出以下对策及建议。

（一）进一步改造乡村公共基础设施

近年来，尤其是脱贫攻坚以来，围绕“两不愁三保障”等脱贫标准，县域内广大山区农村的水、电、路、房、信等基础设施整体上得到大幅改善，但这种改善是低标准、应急性的，也只是围绕少数群体基本生活的。山区农村急需的生产路、生产桥绝大部分没有立项建设；大量的生产电力设施、农田水利灌溉设施处于损坏、废弃状态，没有得到及时修缮；山区群众生活用水的净化设施，多年失修，水质难以保障；生活用电线路没有得到及时改造提升，供电很不稳定；新农村建设时期的通村路路宽不够，也没有到组，农民出行、生产还得肩扛步行；等等，诸如此类，亟待进一步建设提升。

（二）进一步加大农村产业发展支持力度

实现产业兴旺就要打造优势特色产业。要结合石泉当地气候、资源，坚持市场导向和规划引领，培育和发展优势特色产业。通过发掘和培育龙头企业，引导和推动特色产业集群发展壮大，形成集聚效应，实现小农经济与现代农业的有效对接。要树立品牌意识和精品意识，把特色鲜明作为一条重要标准，加强品牌建设，找准产品定位，制定质量标准，同时打造个性化营销平台，全方位做好品牌宣传与产品营销。要坚持城乡融合发展理念，推进城乡在空间及功能上的融合，特别是要依托石泉全域旅游的天然优势，加快特色产业与旅游、文化三位一体融合发展，做大做强特色产业。

（三）进一步健全和完善农村人才培养教育机制

实施乡村振兴战略，农民是主体，人才是关键，要把农村人才培养作为“先手棋”抓好抓实。要建立健全农业基础教育投入体系，大力发展农村基础教育工作，切实提高农民基础文化水平。要依托政府和社会资源，引入农业管理及农村发展等方面专业人才，探索建立农业技术性人才培养培训机构，打造具有区域针对性的农村人才培养基地。要利用互联网技术，以高职教育学校为辐射主体，通过网络教育等培养模式，加强针对农民的职业技能培训，培育新型职业农民。要制定出台优惠政策，吸引涉农企业家、技术人才、优秀教师及专业人才，并以其作为智力支撑，为农村人才培养提供优质服务。

（四）进一步改进和创新乡村治理体系

实施乡村振兴战略，治理有效既是目标任务也是前提基础，改进和创新乡村治理体系，是实施乡村振兴战略的题中应有之义。要加大农村地区的民生保障力度，解决农村公共物品和服务供给总量不足、效率低下、分布不平衡等问题，特别是要办好乡村学校和卫生服务机构，满足农民日益增长的美好生活需要。要完善村民自治机制，在做好政治引领的前提下，切实尊重和支持村民自治组织的职责定位，减少具体事务干预，激发村民参与村级事务管理的积极性和主动性，增强村级组织参与社会治理组织力。要注重营造良好的发展环境，加大人才引进力度，鼓励本地劳动力返乡创业，为乡村振兴提供多维度支持。

（五）进一步加强党的基层组织建设

在以基层党建为引领的乡村全面振兴工作中，首要任务仍是不断强化党的基层组织建设。要加大基层干部选拔培养力度，注重吸收优秀大学生、乡村精英和企业家入党，鼓励引导退伍军人和在外创业人士通过法定程序进入村“两委”班子，为基层组织注入活力，增强基层组织战斗力。要加强农村人才的培养教育，优化拴心留人、干事创业的环境，切实发挥人才助推乡村振兴的关键作用。要加强政策理论和专业知识学习，强化以人民为中心的发展理念，积极将组织资源转化为发展资源、组织优势转化为发展优势、组织活力转化为推动发展活力，教育引导党员和群众积极参与乡村振兴，推动乡村公共服务设施建设，促进集体经济和特色产业发展壮大，不断增强人民群众的获得感、幸福感、安全感。

B.20
汉阴县涧池镇易地扶贫搬迁后续扶持案例研究

文 飞　刘 康*

摘　要： 易地扶贫搬迁后续扶持是推进乡村振兴战略的重要组成部分，是实现巩固拓展脱贫攻坚成果同乡村振兴有效衔接的关键举措。为解决搬迁群众的生产生活问题、管理服务问题，实现搬迁群众“稳得住、能致富、快融入”三个目标，汉阴县涧池镇紫云南郡搬迁社区创新推行了“138”模式，具体是一个支部统领，社区管委会、社区工厂、农业园区三个载体支撑，便民综合服务中心、文体活动中心、民事矛盾调解中心（警务室）等八个中心服务，实现了基层党建、产业就业、管理服务“三个全覆盖”。

关键词： 易地扶贫搬迁　后续扶持　基层社会治理　汉阴县涧池镇

易地扶贫搬迁后续扶持是推进乡村振兴战略的重要组成部分，是实现巩固拓展脱贫攻坚成果同乡村振兴有效衔接的关键举措。2021 年中央一号文件《中共中央　国务院关于全面推进乡村振兴加快农业农村现代化的意见》明确指出：“以大中型集中安置区为重点，扎实做好易地搬迁后续帮扶工作，持续加大就业和产业扶持力度，继续完善安置区配套基础设

* 文飞，汉阴县涧池镇人民政府镇长，研究方向为乡村振兴；刘康，汉阴县涧池镇党建办公室主任，研究方向为党建理论。

施、产业园区配套设施、公共服务设施，切实提升社区治理能力。”汉阴县涧池镇紫云南郡社区位于平涧一级公路沿线紫云村境内，是汉阴县最大的易地扶贫搬迁安置社区，占地面积62.53亩，规划建筑面积约6.1万平方米，修建搬迁房安置房696套，安置全县10个镇易地搬迁群众692户2688人，其中本镇搬迁安置312户1216人，其他9个镇搬迁安置380户1472人。为解决搬迁群众融入难、管理难、发展难的“三难”问题，紫云南郡社区在汉阴县委、县政府的正确领导下，紧扣陕西省、安康市关于做好易地搬迁后续扶持发展工作系列精神，创新推行“138”后续扶持和管理模式，积极践行“321”基层治理模式和“三联”工作机制，走出了一条乐业安居促融入、网格服务促管理、结对联建促发展的实践之路。经验做法先后被央视新闻联播、《人民日报》、国务院扶贫办官方微信网站等多家主流媒体报道，并迎来省、市主要领导视察和全省易地搬迁后续扶持现场会、省市防返贫现场会召开，陕西省发改委搬迁后扶政策指引第五期全文刊发工作经验。

一　主要做法

（一）创新推行“138”后续扶持和管理模式

搬迁群众离开故土，从散居到群居，从土房到砖房，在生活条件得到改善的同时，也面临一系列“不适应”的问题。为促使搬迁群众快速融入生活，涧池镇从党建引领方面入手，建好一个支部，搭建三大载体，建优八大中心，实现了以乐业促安居。

1. 建好一个支部

按照基层党组织设置相关规定，及时成立了紫云南郡社区党支部，选优配强社区党组织带头人，将政治觉悟高、文化素质强、服务意识好的优秀人才充实到社区党支部，实现了有人管事、有人办事的工作格局，使基层党组织的战斗堡垒作用得到有效加强。

一是壮大管理队伍。积极争取政策支持，开发公益性岗位 8 名，充分发挥民主决策，从搬迁群众中选举楼长 16 名，通过定期召开支委扩大会议，让公益性岗位和楼长紧紧团结在社区党支部周围，参与社区管理大小事务，使支部与群众之间的关系更加紧密，也让社区的管理力量进一步得到充实。

二是培养后备力量。将搬迁群众中群众基础良好、作用发挥突出、积极向党组织靠拢的优秀人才纳入社区后备力量进行培养，积极开展理论知识学习，提高党性修养，先后培养积极分子 6 名，发展预备党员 1 名。

三是开展志愿服务。成立了以党员和群众代表为主体的紫云南郡社区志愿者服务队，坚持为搬迁群众帮忙、为困难群众帮困，先后组织开展义诊、义务理发、卫生清洁等志愿者服务活动 40 余次，有效提升了党员干部服务意识，拉近了干群之间距离。

四是弘扬主流价值。充分发挥党组织的示范引领作用，以“三会一课”和主题党日活动为载体，邀请社区老党员、老乡贤、老教师参加社区支部活动，积极推行新民风建设，大力弘扬社会主义核心价值观以及诚孝勤俭和等优秀传统美德，制定社区公约，以约束人、以德律人，树立主流意识，进而形成社区群众共同生活准则。

2. 搭建三大载体

乐业才能安居，针对易地搬迁群众生产方式发生转变而带来的后续发展和持续增收问题，涧池镇按照“一个安置社区、配建一个社区工厂、配套一个产业园区”的要求，采取“有业安置”与“有土安置”相结合的方式，全力抓好产业园区和社区工厂建设。

一是建好社区居委会，构建管理平台。在党支部的领导下，成立社区居民委员会，负责社区日常管理工作，积极推行“一肩挑”，将社区党支部书记推选为居委会主任，选齐配强居委会其他班子成员，同步设置和选举社区监委会、工会、共青团、妇联等配套组织，协助推进社区各项工作，形成“支部牵头、居委落实、群团协助”的管理服务体系。

二是成立农业合作社，搭建增收平台。组织成立了南郡蔬菜种植专业合作社，推行“加入一个组织、发展一项产业、奖补一笔资金”的“三个一”产业扶贫模式，将搬迁群众5000元的产业发展奖补资金和3000元的易地搬迁奖补资金入股合作社作为股金，从而实现资金变股金、居民变股民。按照降低“三个”成本、达到“五个统一”的产业要求，组建“三个一”产业发展联合社，采用“统分结合”的经营运营方式，联合社下设生产发展部、物资供应部、财务部、技术服务部、市场营销部，每部顾问及工作人员全部由合作社成员开会商讨确定，明确五部职责，落实利益联结机制，实现了“有人管事、有钱办事、按章理事”的农业合作社“一社五部”运营模式。

三是建好社区工厂，搭建就业平台。针对搬迁群众家庭收入主要依靠劳务输出的特点，涧池镇积极制定有业安置措施，在紧邻紫云南郡社区的中营村规划流转土地100亩用于社区工厂建设。通过优化营商环境，扩大招商引资，先后引进安康市万顺兴电子科技有限公司、汉阴县藤发五金制品有限公司、艺藤家具、陕西康泉制衣等4家企业来镇办厂，将加工车间建立在搬迁社区内部，优先选用社区劳动力来工厂务工，让搬迁群众不出社区即可实现到工厂务工，先后为400余名搬迁群众提供了就业机会。涧池镇自古就有编织业传统，家家户户都会编制手工藤条制品，藤编企业通过“社区工厂+家庭车间”模式，厂房主要用于培训生疏工，培训合格后，工厂将工具、材料送到家中，群众利用日常时间或闲暇时间就可在家自行编制，编制好后工厂统一回收，按件付酬。

3. 建优八大中心

为解决搬迁群众新生活融入难的问题，涧池镇在广泛征求群众意见的基础上，充分整合社区资源，建设“八大中心”，满足了搬迁群众基本公共服务需求。

一是聚焦为民办事，建设便民服务中心。将社区党支部、社区居委会的便民服务触角向群众进一步延伸，整合来访接待、权益保障、法律咨询、综合服务等事项，设立便民服务窗口，让搬迁群众不出社区就能办理常见的28类事项，服务领域涵盖合作医疗、养老保险、残疾补贴等方面。同时按照标准化建设相关要求，设立社区警务室，负责日常矛盾纠纷化解和信访维稳事项。公示便民服务事项和干部责任分工，实行社区干部坐班制，落实“问题墙－回音壁”制度，确保群众来办理的每个事项都有着落、有回应。

二是聚焦新民风，建设文体活动中心和红白喜事服务中心。搬迁后的社区群众依然喜欢带有乡土气息的文艺活动，紫云南郡社区根据群众喜好，指导群众先后成立了锣鼓队、秧歌队、舞蹈队等文艺社团，所有文艺社团统一由文体活动中心管理，免费向群众提供活动器械、活动场地，指导各社团围绕新民风建设编排文艺节目，常态化开展文艺演出活动，在凝聚了人心的同时，增添了生活的乐趣。建设红白喜事服务中心，对社区群众开展的红白喜事进行统一管理，提供婚丧嫁娶服务信息，积极倡导新民风，引导群众从简办理红白喜事，减轻“人情礼节”给搬迁群众带来的生活压力。

三是聚焦日常需求，建设平价购物中心。社区群众搬迁前大多生活在山区，购买生活必需品须前往集镇或村里的便利店，设立平价购物中心让搬迁群众享受到搬迁后的便利，群众不出社区即可购买到品种多样、价格亲民的商品。

四是聚焦公共管理，建设物业管理中心和民事矛盾调解中心。组建紫云南郡社区物业管理公司，安排专业人员从事物业管理工作，提供优质的物业管理服务，并承诺3年免收搬迁群众物业费，减轻搬迁群众生活压力。将社区中有威望、懂事理的老党员、老乡贤、老教师以及热衷于社区管理事业的搬迁群众吸纳进矛盾纠纷调解委员会，针对邻里纠纷、家庭矛盾等矛盾易发领域，开展矛盾纠纷的排查化解，将隐患苗头化解在萌芽状态。

五是聚焦“一老一少”，建设老年人日间照料中心和儿童托管辅导中心。紫云南郡社区现有60岁以上老人526人（60～69岁294人、70～79岁166人、80～89岁57人、90岁以上9人），6～12岁儿童237人，年轻劳动力大多选择外出务工，如何让社区的留守老人、留守儿童老有所依、少有所养是社会管理的一大难题。建设老年人日间照料中心可以实现对留守老人的专人看管，中心还配有娱乐休闲设施和健康宣传书籍，为老年人提供一个娱乐交流的平台，使他们老有所为、老有所乐。通过政府购买服务，为儿童托管中心配备可靠的师资力量，让社区孩子们在校外也可以享受到作业辅导服务。老年人日间照料中心和儿童托管辅导中心解决了搬迁群众照顾老人孩子的“后顾之忧”，让他们安心投入生产和发展，实现搬迁群众生产、生活“双融入”。

“八大中心”解决搬迁群众日常生活、就医、就学等基本公共服务问题，在建优“八大中心”的同时，紫云南郡社区还建设了垃圾中转站、公共厕所、医疗室、中心广场等配套设施，安装了智能门禁、红外报警、人脸识别等系统，提升了生活质量和服务水平，让搬迁群众切实感受到搬迁前后生活的巨变。2020 年，该镇还为 692 户搬迁群众办理了“不动产登记证”，解决搬迁群众在原居住地享有的林地和土地的后续保障问题，让搬迁群众吃下“定心丸”。

（二）大力推行“321”基层治理模式

作为汉阴县最大的易地扶贫搬迁安置社区，社会治理工作面临人员杂、情况杂、事情杂、矛盾杂、管理杂的“五杂”局面，为有效破解这一难题，涧池镇党委、政府坚持以“321”基层治理模式为抓手，以“五小五大”措施为载体，积极构建“致富 + 治理”易地搬迁安置区社会治理体系，不断提升搬迁群众获得感、幸福感和安全感。

1. 小网格大作为

按照“321”基层治理模式管理网格化、服务精细化的要求，在有利管理、方便服务原则的基础上，将紫云南郡社区以楼为单位划分为 29 个网格，所有搬迁群众按照居住情况被分配到各个网格，做到不遗漏、不交叉、不重复。每个网格选配一名网格员，网格员由党员、群众代表、中心户长“三线”人员担任，根据党组织设置相关要求，合理设置网格党小组，让网格化管理置身于党的统一领导下。通过公示网格员基本信息，定期开展入户走访，做到网格员与搬迁群众之间相互知晓姓名、知晓联系方式、知晓居住位置。按照综治中心“四有”建设标准，设立群众接待室、矛盾纠纷调处室、视频监控室、心理咨询室和公共服务窗口，实行线上线下“双线服务”，健全工作机制，明确工作职责，规范工作流程。免费为网格员配发移动终端，开展安康综治 App 操作培训，有效提升了网格员履职尽责能力。充分运用安康综治 App、微信、QQ 等网络载体，收集社情民意，宣传国家政策，提供来信来访、法律咨询、权益保障等服务。灵通信息渠道，第一时间掌握网格内的群众诉求和各类矛盾纠纷，及时组织网格员和社区工作人员对问题进行化解，实现“网中有格、格中有人，人在格上、事在格中”。

2. 小队伍大能量

围绕落实落细“321”基层治理模式“党员联系群众、人大代表联系选民、中心户长联系居民”的工作要求，壮大“三线”人员队伍，成立以“三线”人员为主体的“三个帮”品牌志愿者协会，为搬迁群众帮忙，为困难群众帮困，当党支部的帮手。发动责任意识强、配合社区管理的搬迁群众组成治安联防队伍，在重要时间节点组织开展治安巡逻工作，助力社区的和谐稳定。疫情期间，治安联防队伍主动放弃休息时间，与社区干部一道参与社区人员管控和返汉人员排查，“手牵手”铸就防控疫情的铜墙铁壁。同时，社区党支部还根据搬迁群众特长，组织动员搬迁群众成立社区调解委员会、文体协会、老年协会、红白理事会等群众性组织。日常生活中，充分发挥社会组织作用，积极化解各类矛盾纠纷，深入推进新民风建设，大力开展公民基本道德规范和社会公德、职业道德、家庭美德教育，提高社区文明度和群众凝聚力，营造健康、文明、和谐的社区生活环境。

3. 小菜园大暖心

社区群众从原居住地搬迁至紫云南郡生活，离开了世世代代守护的农村土地，从农民到居民、从务农到务工，生产生活方式的转变带来搬迁前后的心理落差，涧池镇从满足搬迁群众心灵寄托、助推社区治理的角度出发，在紫云南郡社区周边，通过土地流转，集中建设一定规模的“小菜园”。对有能力、有意愿种植蔬菜的搬迁农户，采取有偿划转、抓阄选地方式，合理划分菜园；对家庭较困难的搬迁农户，采取“爱心超市”积分管理的方式，按年度开展评定，以奖励形式供其免费使用。同时对小菜园实行动态管理，由社区党支部按照社会治理积分管理办法相关规定，对积极参与社区治理、积分排名靠前的搬迁群众，优先享有小菜园的使用权。通过设置“小菜园”，满足了搬迁群众的土地情结，解决了吃菜难、买菜贵问题，同时进一步激发了搬迁群众自觉参与社区治理的积极性。

4. 小活动大转变

由社区党支部组织，常态化开展以“讲卫生、讲文明、改陋习、树新风”为主题的星级文明户评选、卫生流动红旗授旗、争做五好家庭等各种群众性活动，教育搬迁农户改变乱堆乱放、乱扔垃圾、挤占社区公共空间等不良习惯，引导搬迁农户爱护环境卫生，珍惜社区公共设施，讲究公共道德，争做文明卫生新市民。坚持寓教于乐，充分利用锣鼓队、文艺队等群众文艺社团，组织编排一批关于倡导新民风、传播新思想、宣传新政策的文艺节目，利用搬迁群众休闲时间，在社区中心广场进行演出，丰富搬迁农户文化生活，用群众喜闻乐见的形式向群众传递健康向上的生活习惯。积极开展结对帮扶活动，组织紫云南郡社区与其周边村开展结对帮扶、点亮微心愿等活动，增进搬迁群众与当地村民之间的交流，拉近彼此感情。坚持表彰一小片、带动一大片，由社区党支部牵头，常态化开展优秀网格员、优秀楼长的评比活动，大张旗鼓表彰一批在社区发挥积极作用、主动参与社区治理的网格长和楼长，将他们的先进事迹和照片在社区显著位置进行公示，从而起到良好的示范引领作用。

5. 小讲堂大收获

根据群众技能需求，社区党支部邀请专业技术讲师，在社区举办劳动技能“小讲堂”，先后举办 14 期藤编技术培训活动，为 100 余名搬迁群众从事藤编工作提供便利，促进了搬迁群众融入社区生活、服从社区管理。同时针对搬迁群众对获取日常生活知识的渴望，利用小讲堂向搬迁群众讲授卫生健康、安全防范、婚姻家庭、邻里相处、家政服务、烹饪烹调等方面的小知识，让搬迁群众获得日常生活中所需文化知识，提升搬迁群众整体素质。持续开展道德讲堂活动，利用党员大会、居民大会、网格员会等会议形式，讲述袁隆平、邓稼先、南仁东、钟南山等伟大人物的先进事迹，坚持由远及近，对紫云南郡社区以及全镇涌现出来的一些道德先进典型的事迹一并进行宣讲，用百姓的话，讲百姓的故事，在群众之间形成共鸣。将“小讲堂”作为一个搬迁群众自我展示的平台，让搬迁群众讲自己的故事、讲搬迁前后的变化，让搬迁群众感受到党的政策带给他们的实惠，在搬迁农户中形成感党恩、听党话、跟党走的良好氛围。

（三）积极践行“三联”工作机制

作为新成立的易地扶贫搬迁社区，紫云南郡社区的发展面临一无土地、二无致富带头人的困境，为突破发展瓶颈，紫云南郡社区党支部积极践行“三联”工作机制，与相邻的紫云、中营、枞岭等七个村党支部结成联建对子，在党建、产业、就业、人才、资金、资源等方面互联共享，实现区域联建、抱团发展。

1. 支部联建，联出战斗力

在结对联建之初，紫云南郡社区便与联建支部签订了联建协议，定期召开联席工作会，共商支部作用发挥、党员教育管理等方面存在的问题，通过互派干部到联建支部开展挂职锻炼，提升了党务干部的业务素质，实现了支部间的交流学习与传帮带。结合党史学习教育，联建支部共同开展党史集中学习，共同前往红色革命遗迹开展主题党日，共同开展“我为群众办实事”活动，常态化开展产业、就业帮扶工作，支部的向心力、党员的凝聚力得到进一步加强。积极探索党员结对帮联制度，为各联建支部中的 24 名困难党员落实帮包责任人，通过落实各项帮扶措施，改善了困难党员的生活生产条件。为进一步壮大集体经济，紫云南郡社区党支部与各联建村党支部召开 5 次专题会议，共同探讨产业发展规划，寻求产业发展合作方向，最终确定了大棚蔬菜产业园项目。联建支部前后 3 次前往县内外市场经营主体进行考察，了解蔬菜产业发展前景，学习经营管理经验。在党支部引领下，南郡蔬菜产业园和手工编织产业园持续扩大规模，带动搬迁群众持续增收能力显著增强。

2. 产业联盟，联出竞争力

按照“北桑南果川道菜”产业布局，紫云南郡社区与紫云村、枞岭村、中营村等7个村积极推进产业联盟，以枞岭基地和中营沙坝基地为中心，规划建设1200亩的富硒大棚蔬菜产业园，依托涧池富硒蔬菜优质品牌，发展设施蔬菜产业，实行订单管理，圣女果、火龙果、西蓝花、水果黄瓜等产品深受大众喜欢，累计销售额超过70万元。园区已建成大棚453个500余亩，正在建设育苗温室大棚、蔬菜物流配套等设施，建成后将大幅提高蔬菜基地质量和效益。探索有业安置渠道，在中营村流转土地100余亩，建设手工编织产业园，合力引入万顺兴电子、腾发五金、艺藤家具、康泉制衣等4家企业入驻，开发产品40余种，产品畅销四川、天津、湖北等国内市场的同时，还远销至美国等国际市场，实现年产值1140万元。整合联建村劳动力资源，积极对接园区企业用工需求，累计实现搬迁群众就业年均400余人次。成立南郡蔬菜种植专业合作社，入股社员达660户，入社资金达476.1万元，采取“一社五部”的运用模式，将联建村的能人大户、产业发展带头人、党员致富能手充实到五部中，提升了合作社的专业化水平及带头致富能力。

3. 资源联享，联出新活力

紫云南郡社区产业发展深受土地资源限制，而周边村却拥有大量闲置土地，通过协商，在优势互补、合作共赢原则的基础上，紫云南郡社区相继流转紫云、枞岭、中营、沙坝等周边村土地1300余亩，建成蔬菜产业园和社区工厂，盘活了土地闲置资源，实现了利益最大化。将搬迁群众的产业发展奖补资金和易地搬迁奖补资金入股合作社作为产业发展起始资金，解决了联建产业无发展资金的困境，实现了资金的联享联用。紫云南郡社区拥有丰富的劳动力资源，而紫云、中营、沙坝等村拥有丰富的藤编手工业人才和管理人才，将各类人才充实进农业产业园和社区工厂，为产业发展提供了可靠的劳动力资源，同时也提升了联建产业的管理水平。建立联合培训机制，先后开展劳动技能培训14场次，为联建产业发展提供了坚实的人才基础。蔬菜产业园和社区工厂的建立，为紫云南郡社区和联建村群众提供了广阔的就业渠道。截至目前，紫云南郡社区工厂和农业产业园已累计为700余人提供了就业岗位，发放务工工资800万元，为合作社社员发放分红26.4万元。

二 经验启示

通过在紫云南郡社区创新推行“138”后续扶持和管理模式，积极践行“321”基层治理模式和“三联”工作机制，使紫云南郡社区乐业安居水平更高、管理服务能力更高、产业发展基础更牢，经验启示主要体现在以下三个方面。

（一）实现了搬迁群众快速融入生活

通过推行“138”后续扶持管理模式，搬迁群众有了社区党支部这个“主心骨”，让社区的管理和发展在支部的引领下有条不紊地开展，“八大中心”在社区积极发挥作用，延伸了社区的服务触角，满足了搬迁群众绝大部分日常生活需求，让搬迁群众切实感受到搬迁后生活的便捷。在“三联”工作机制的推动下，社区发展突破瓶颈，农业产业园和社区工厂相继建成并持续扩大产能，带贫益贫作用凸显，同时，社区成立的各个文艺活动团体，保留了搬迁群众原居住地的乡土气息，让搬迁群众在社区也可以找到乡愁，极大地满足了群众搬迁后的精神文化需求。

（二）实现了管理服务精细化

紫云南郡社区着力打造服务型社区，搭建居民自治平台，按照“321”基层治理模式管理网格化、服务精细化的要求，合理划分了网格，从“三线人员”和楼长中推选出网格员，为网格员免费配发移动终端，采取网格员直接包联到户的方式，让网格成为便民服务的最小单位，设立了综治中心和公共服务窗口，实行线上线下“双线服务”，通过实行网格化管理，社区矛盾纠纷可以第一时间在网格内得到有效处置，社情民意可以第一时间在网格内传达到社区党支部，让搬迁群众更易获取惠民政策、法律咨询、权益保障等方面的信息，同时让便民服务变得更为精细化。

（三）实现了产业就业全覆盖

通过紫云南郡社区与其联建村的多方位合作交流，实现了产业从无到有再到上规模，达到了合作共赢、共同发展的目的。通过合作社入股和划棚到户，实现所有入社搬迁群众享有大棚的所有权和收益权，搬迁群众既可在合作社里实行订单种植大棚蔬菜，也可交由合作社统一管理，从而实现合作社务工得酬金、入股得分红，把搬迁群众镶嵌到产业发展链中，确保搬迁群众实现稳步脱贫持续增收的目标。截至目前，农业产业园已累计为700余人提供了就业岗位，发放务工工资800万元，为合作社社员发放分红19万余元。规划建设手工编织产业园，建设厂房6幢6500平方米，引进藤编、电子线束、制衣企业4家，解决社区及周边群众486人就近务工增收，其中搬迁贫困户149人。通过“有业安置”与“有土安置”并举，据统计，社区共有劳动力1424人，其中省外务工822人，省内县外务工322人，县内务工的280人中，除14人自主创业、63人在集镇或县城务工外，9人落实了公益性岗位，剩余的194人在社区工厂和农业园区务工。同时，日常管理中，社区组建了劳务公司，将劳动力有效统筹，实行动态管理，随时发现因就业不足、收入锐减造成的返贫风险，随时安排就近就地务工。

三　对策建议

进入巩固拓展脱贫攻坚成果同乡村振兴有效衔接期，建议继续以乡村振兴为抓手，以“五大振兴”为目标，持续做好“五个融合”，有序做好搬迁后续扶持。

（一）坚持把党建引领与推进组织振兴相融合，实现搬迁社区全领域建设纳入党的工作视线

建强一个坚强的战斗堡垒，实现所有安置点党支部全覆盖。建强一支强力的骨干队伍，建议每年各级财政拿出专项经费，保障安置点办公和专职骨

干人员经费。建好一个高效的运行体系，确保社区安置点无论大小，都被纳入党领导下的工作视线，规范运作，高效运行。

（二）坚持把脱贫致富与产业振兴相融合，实现安置点社区产业保障向产业兴旺有序转变

落实陕西省《关于加强和完善易地扶贫搬迁后续扶持工作的通知》（陕办字〔2019〕126号）“1+7”工作要求，有序实现脱贫产业与产业兴旺有机融合。重新构建安置点社区产业支撑体系，所有安置点都要保证具有强劲发展力的产业支撑，为新社区实现新的振兴发展奠定了基础。大力支持安置点社区发展集体经济，靠城镇安置点使集体经济收入有序增长，使安置点集体经济接近属地中心村集体经济平均水平。着力培育乡村产业新业态，大力发展现代特色农业，推进“农民变市民、农作变工人”，让搬迁群众成为新兴产业的受益者或致富人。

（三）坚持把人员培育与人才振兴相融合，实现安置点智志双扶

致力于搬迁脱贫，培育实用人才，安置点社区全部建立人才网络，进一步加强致富实用类的人才培训和培养，极大地满足了安置点各类后续扶持人才需求。着眼产业兴旺，盘活人才根基，按照“围绕群众、依靠群众、服务群众、发动群众、发展群众”的总体原则，盘活各类人才资源，实现大型安置点“大学生有公益岗位、专家有讲解课堂、培训有专业教师、实践有拓展平台、致富有帮扶能手”的目标。着力职业转变，加强能力培训，加快推进安置点搬迁群众由传统农民向职业农民转变，推进农村一二三产业融合发展，支持安置点职业农民、农民合作社、农村生活性服务业、农村生态型服务业等发展，实现有劳动能力的搬迁户就业率达到100%。

（四）坚持把文明创建与文化振兴相融合，实现依靠群众自我治理推进乡风文明

以法治为准则，树立共同生活的正确价值取向，以社会主义核心价值观

为引领，逐户进行法治政策宣讲，围绕移风易俗大力开展安置点社区文明乡风活动，把乡风文明培育融入搬迁群众生活的各个方面。以自治为主，使群众成为社区治理的主人翁，推广“321”基层治理模式，落实社区党支部“三会一课”和社区居委会“四议两公开”制度，始终让群众成为社区自我建设和自我治理的主人。以德治为平台，发挥文化对社区治理的撬动效应，开展安置点“社区好人”“幸福之家”“致富能人”系列评选活动，营造社区良好的文明风尚。

（五）坚持把建设家园与生态振兴相融合，实现居住环境生态宜居

完善配套生活设施，所有安置点实现“五通、六有、七化”标准，为社区搬迁群众建设良好的宜居环境。提升公共服务质量，积极推行乡级服务窗口前置到安置点社区，对事关搬迁群众切身利益的事项，实行“一站式”办理。发挥建设示范作用，围绕农村人居环境整治，积极推进秸秆综合利用、饮水源头水生物保护等工作，让绿色生产和绿色发展的理念深入群众心中。

参考文献

原韬雄、文飞：《走出大山、安居乐业，陕西汉阴县探索易地扶贫搬迁后续治理》，《人民日报》2020 年 8 月 6 日。

孔德帅：《汉阴县易地扶贫搬迁后续扶持模式的实践与思考》，《陕西发展和改革》2020 年第 4 期。

邓永新：《搬入新居天地宽——汉阴县扶贫易地搬迁“138”后续管理模式解析》，《农民日报》2019 年 12 月 2 日。

安康市政协：《着力提升就业水平　持续增加群众收入——关于易地搬迁后续扶持发展问题的调研报告》，中国人民政治协商会议陕西省委员会官方网站，2020 年 8 月 5 日。

张焕军：《易地扶贫搬迁后续扶持的陕西实践——易地扶贫搬迁的经验启示》，《中国改革报》2021 年 7 月 14 日。

B.21
乡村振兴视角下西涝峪口村康养民宿产业融合发展路径研究

西安高新地产公司课题组*

摘　要： 乡村振兴是一个复杂的系统工程，融合发展乡村产业是实现乡村振兴的关键。本文基于西安高新地产公司在西涝峪口村发展康养民宿产业的实践经验，以及产业发展面临的现实困境的思考总结，对促进当地乡村康养民宿产业高质量发展的融合路径进行有益探索。

关键词： 乡村振兴　康养产业　民宿产业　西涝峪口村

一　乡村康养民宿产业融合发展提出的背景

2017年，党的十九大首次提出实施乡村振兴战略，要坚持农业农村优先发展，按照产业兴旺、生态宜居、乡风文明、治理有效、生活富裕的总要求，建立健全城乡融合发展体制机制和政策体系，加快推进农业农村现代化。这是党中央对“三农”工作做出的重大决策部署，是新时代做好“三农”工作的总抓手。

同时，党的十九大报告指出，要实施健康中国战略，积极应对人口老

* 课题组组长：王智刚，西安高新地产公司党委书记、董事长，高级工程师。课题组副组长：王伟，西安高新地产公司党委专职副书记兼纪委书记，高级政工师；李长君，西安枫叶整合照护公司董事长、总经理，高级讲师。主要成员：尤芳铭、李建军、孔瑞青、鲁聪、刘恋、赵亚荣、党楠、王莉莉。

龄化，构建养老、孝老、敬老政策体系和社会环境，推进医养结合，加快老龄事业和产业发展。为贯彻落实党的十九大精神，2018 年 1 月，中共中央、国务院发布《中共中央　国务院关于实施乡村振兴战略的意见》（以下简称《意见》），《意见》提出要构建农村一二三产业融合发展体系，实施休闲农业和乡村旅游精品工程，建设一批设施完备、功能多样的休闲观光园区、森林人家、康养基地、乡村民宿、特色小镇。在乡村振兴及健康中国政策的支持下，乡村康养与民宿产业成为乡村产业振兴的重要突破口之一。

二　高新地产联动西涝峪口村，推动乡村产业发展

西安市鄠邑区玉蝉街道西涝峪口村原是省定建档立卡贫困村和市级重点村。村域总面积 1.46 平方公里，全村共有 5 个村民小组 296 户 1196 人，常住人口 400 余人。村庄位于秦岭北麓，G5 西汉高速涝峪口收费站出口向西 0.5 公里，距西安市主城区 30 公里，北邻 S107 关中环线，东临涝河，西与清凉山为邻，南至秦岭涝峪。虽绿水青山环绕，生态环境优美，但是村内产业单一，村民大多外出打工或在家务农，家庭收入有限。

（一）西涝峪口村乡村产业发展概况

西安高新技术产业开发区房地产开发有限公司（以下简称“西安高新地产公司”）成立于 1992 年，是西安高科集团有限公司（以下简称“高科集团”）旗下全资子公司。作为西安高新区开发建设的拓荒者，自成立以来，西安高新地产公司坚持服从服务于西安市和高新区的经济建设发展，在高质量、高标准、高效率完成高新区党工委、管委会和高科集团党委交付的各项工作任务的同时，坚决履行国有企业社会责任，于 2016 年 7 月承担西涝峪口村“驻村联户”脱贫攻坚帮扶任务。西安高新地产公司派遣驻村工作队，与西涝峪口村两委一起制订了脱贫攻坚整体发展规划，以中蜂养殖、大棚蔬菜种植、区域旅游、乡村民宿等集体经济产业发

展，将精准扶贫精准脱贫落到实处，并于2018年底推动西涝峪口村实现脱贫退出。

为巩固和拓展脱贫攻坚成果，有效衔接乡村振兴发展，驻村工作队与西涝峪口村村两委、村集体合作社积极探索乡村产业的发展方向，加强党建引领，夯实组织建设，依托秦岭得天独厚的生态资源优势，在大力发展乡村旅游产业和乡村民宿产业的基础上，通过嵌入乡村康养服务，全面推动村集体产业经济发展，引领当地村民走上共同富裕的道路。通过不懈的努力和探索，西涝峪口村荣获“西安市社会主义幸福新农村示范村”“西安市2020年电子商务示范村”等荣誉称号。

（二）西安高新地产公司促进乡村产业发展的实践

1. 党组织结对共建，夯实组织基础

在高科集团党委的坚强领导下，西安高新地产公司党委坚决贯彻落实党建引领，以“支部有作为，党员起作用，群众增收入”为目标，指导驻村工作队临时党支部紧紧依靠西涝峪口村党组织，打造“组织带动、合作社主动、党员行动”的联动模式，引领广大村民脱贫致富。

一是与西涝峪口村两委结对共建。驻村工作队临时党支部与村两委积极开展党建共建活动，协助村党支部开展各项学习教育活动，举办特色党课，发展乡村致富能手，培养积极分子入党，发挥党管农村工作的优势和党员先锋模范带头作用，引导党员认领责任田、遍访建档立卡户。截至2021年9月，驻村工作队配合西涝峪口村党支部，组织召开会议50余次，协同开展党群活动200余场。

二是联系多方资源开展各类学习培训活动。根据村内群众的实际需求，驻村工作队分类邀请种植/养殖专家给群众充电，有的放矢加强致富知识和技能的培训指导。截至2021年9月，驻村工作队组织村内相关人员进行培训学习20余次，惠及群众300余人。

三是定期组织公司党员团员和志愿者入村开展合作共建活动。其开展的春季植树增绿、关爱留守老人儿童、下乡义诊和垃圾分类宣传、环境清扫提

升等各类志愿活动，受到广大村民的肯定和好评。截至2021年9月，在西安高新地产公司的大力支持下，驻村工作队组织开展各类精神文明建设活动40余次。

2. 科学制订发展规划，构建乡村产业体系

帮扶初期，高新地产驻村工作队紧抓西涝峪口村的发展规划，通过与相关政府部门深入沟通交流，熟悉掌握政策，在充分调研的基础上，针对西涝峪口村集体产业空白、基础设施老旧、村民创收能力匮乏等问题，与村两委共同制订了产业发展规划，确定以中蜂养殖、大棚蔬菜种植等集体经济产业为基础，乡村旅游、民宿、康养等多产业融合发展的方向。

为有效带动村集体经济壮大，2017年由西安高新地产公司出资建立了西涝峪口村中蜂养殖基地，并积极督促村两委会、村合作社加强产业主体管理责任，由合作社聘请专业养殖人员进行养殖培训。目前，中蜂养殖基地已有中蜂蜂群305箱，中蜂产业已累计实现分红18.2万元，其中贫困户分红9.2万元、村集体分红9万元。2019年，驻村工作队大力宣传绿色大棚产业，引导村民发展绿色蔬菜种植，配合村两委引进生态大棚及苗木项目，建立了32个蔬菜大棚，占地58亩，棚内以种植蒜苗、豇豆、苦瓜、豆王为主，全年产量7.5万斤，销售额14.5万元。另建设占地52亩的苗木基地，栽种苗木近万余株，有效带动了村内劳动力就业。

西涝峪口村现已形成以葡萄、核桃、花椒等特色农产品为主导的多元化种植产业，种植葡萄300亩、核桃180亩、花椒135亩，成立种植/养殖专业合作社1个、集体经济股份合作社1个，正有计划有措施地逐步带动群众发展致富。

3. 整合生态资源，发展乡村旅游

乡村旅游是以旅游度假为宗旨，以村庄野外为空间，以人文无干扰、生态无破坏、游居和野行为为特色的旅游形式，是贫困地区扶贫攻坚的有效方式，是乡村振兴的重要渠道。

为巩固拓展脱贫攻坚成果，将扶贫开发与乡村旅游产业有机融合，高新地产驻村工作队通过提供商业拓展等方式，于2019年2月在当地尝试引入

无动力滑翔伞、草地摩托车、草地足球、射箭、风筝等拓展体验项目，初步打造了区域旅游环境。目前，工作队与村两委计划与亲子研学团队合作，开设观察体验、农耕参与、食虫植物辨识、绘画写生等周末亲子科普研学课程，以期进一步提升游客的休闲体验感。

此外，驻村工作队积极推动西涝峪口村与涝河东侧东涝峪口村组建两村联营旅游经济股份合作社，打造“秦岭涝峪乡村旅游”品牌，实现旅游资源互补融合，带动村民就业、创业，让绿水青山真正成为西涝峪口村的金山银山。

4. 打造精品民宿，带动村民增收

乡村民宿作为一种新兴的旅游业态，依托良好的生态环境、独特的人文风俗和季节性的特色农事活动等，逐步成为极具吸引力的新型旅游选择。发展乡村民宿产业不仅促进了乡村旅游从观光式向深入旅居体验式的功能升级，而且有利于促进地方文化传播和旅游消费升级，更有利于乡村振兴，助力乡村脱贫成效巩固。

2019 年 4 月，在驻村工作队的积极推动下，村内民宿产业发展开始起步。通过引入民间投资经营，“唐爵山宿”民宿品牌入驻西涝峪口村。通过对村内一组北街闲置农房进行改造提升，改造农户老民居 7 户（面积约 6500 余平方米），改造提升均在老房基础上进行，极大限度地保留了关中传统民居风貌，项目于 2020 年 5 月投入运营，累计入住客源约 4000 人。在该项目的建设及运营过程中，驻村工作队深入推进“资源变股权、资金变股金、农民变股东”的“三变”改革，鼓励村民利用闲置的宅基地入股换取股权，协助集体合作社争取政策资金 150 余万元入股民宿产业，与外来投资共同变成股东，村民享受宅基地股权和村集体股份分红，部分建档立卡户和有条件的农户能够在家门口的民宿打工就业，在带动村集体经济发展的同时，有效推动村民增收。同时，部分村民紧跟村集体发展脚步，自发对自有住宅进行改造，开发自建民宿。在“唐爵山宿”的示范引领作用下，2021 年，村内逐渐涌现出“归园田居”等一批村民自主经营的农家民宿，经济效益明显。

截至目前，西涝峪口村已发展民宿客房累计38间，床位达75个，可同时容纳300余人用餐，已累计接待游客近2万人次。西涝峪口村的民宿不仅吸纳村民就业，带动村民增收，还将推动村集体经济向民宿产业方向转型发展。

5. 嵌入康养服务，满足养老需求

我国人口老龄化程度进一步加深，亚健康人数也在快速增加，这也将推动康养产业的发展。针对国家老龄化趋势日益明显，银发经济潜在市场不断扩大的发展趋势，自2014年起，西安高新地产公司通过政策研究、产业调研、典型项目考察等探索尝试，借鉴美国、日本、荷兰以及国内养老发展先进省市的有益经验，以国家“9073”养老模式为指引，结合本地养老实际情况，研究养老产业战略规划及项目布局，并于2018年参股成立西安枫叶整合照护公司，专注于适老养生战略的落地实践，搭建了独具特色的“整合照护模式”。

西安高新地产公司在“十三五”期间前瞻性地布局养老运营项目和为老服务业务，建设包含“社区、机构、平台”的三级养老服务体系，积累了丰富的养老服务经验。2018年开始运营的临潼骊山下的院子长者之家，是公司最早建设运营的养老服务站，为长者提供“乐、养、护、康、医”五位一体的服务体验，包含五大类188项服务内容，已累计开展超过1200场长者活动，提供了超过9700人次的康养服务。同时，西安高新地产公司于2019年末开业运营的西安高新区枫叶整合照护养老中心以医养结合型机构为服务定位，以“床位入住+日间照料+老年助餐”为服务形式，提供八大类110项服务内容，为长者提供了超过1000人次的康养服务。

在全面贯彻落实秦岭保护相关政策的前提下，驻村工作队全面征求广大村民意愿，与村“两委”召开改造提升研判会议，并将会议内容报备玉蝉街道相关部门。得到玉蝉街道党工委的批准支持后，西安高新地产公司应用被动式超低能耗绿色建筑技术在村内修建了“长者之家”，将康养服务经验嵌入西涝峪口村。西涝峪口村“长者之家”于2021年1月25日开始改造施工，2021年3月28日正式投入使用，其文化娱乐室、理疗设备、读书角、运动健身器材一应俱全，为乡村长者提供理疗保健、阅览、文化娱乐、体育运动等丰富多彩的康养服务。同时，也可作为民宿游客的康养服务配套，让游客在享受乡村美丽生态、乡村风土人情的同时，感受乡村康养旅游的乐趣。

三　西涝峪口村康养民宿产业融合发展的路径探索

2020年，农业农村部印发了《全国乡村产业发展规划（2020—2025年)》，指出产业振兴是乡村振兴的首要任务，必须牢牢抓住机遇，顺势而为，乘势而上，以一二三产业融合发展为路径，发掘乡村功能价值，强化创新引领，加快发展乡村产业，促进乡村全面振兴。

目前，西涝峪口村已经具有一定的乡村产业基础，乡村产业发展取得了积极成效。但是，在进一步促进康养民宿产业融合发展的过程中，仍面临一些现实困境亟须解决。为此，西安高新地产公司会同西涝峪口村村“两委”，积极探索乡村产业融合发展路径，为西涝峪口村的乡村振兴高质量发展厘清思路。

（一）乡村康养民宿产业融合发展的现实困境

2021年5月11日，第七次全国人口普查结果显示，全国60岁及以上人口为26402万，占18.70%，陕西省60岁及以上人口为759.12万人，占19.20%，高于全国0.5个百分点。日渐庞大的老年人群体，呼吁更加适老化的卫生医疗、保健护理、民宿旅居等更加多元完善的养老服务产业。但是西涝峪口村在产业发展过程中，存在服务人员短缺、服务技术水平不高、旅游产品同质化、假日经济效应明显、卫生条件与健康保障不足、康养服务不到位等问题，难以吸引旅居老人长期居住，不利于西涝峪口村康养民宿产业的可持续发展。

（二）高新地产促进乡村康养民宿产业融合发展的思路

1. 党建“1+4”模式引领产业融合

以党的建设为引领，始终坚持党的领导，把党的领导贯穿西涝峪口村乡村振兴发展的各方面各环节。在高科集团党委的坚强领导下，西安高新地产公司党委与村党支部将持续在促农增收上狠下功夫，经过深入探索实践，制定党建引领“1+4”联动模式，即“村党支部引领+村股份经济合作社+集体产业+致富带头人+三变改革全体股民”模式。

一是打造基层服务型党组织，以实现好、维护好和发展好群众的根本利益，解决好群众最关心、最迫切需要解决的热难点问题为出发点，服务本地村民和外来投资者，积极搭建各类平台，确保农户发展有产业、农副产品有销路、门口就业有岗位、外来投资有保障。二是通过对村“两委”干部和优秀党员能力素质的培养提升，加强西涝峪口村村集体向心力和凝聚力。三是通过村“两委”加强村股份经济合作社建设，让有技术、有能力的村民融入集体经济合作社的发展中，促进村集体产业经济的良性发展，带动村民增收创收。

2. 多措并举盘活产业人力资源

西涝峪口村融合发展乡村康养民宿产业，必将产生大量的就业岗位，当地村民将成为产业的主要就业者和后备从业力量。但是，村里的常住村民大多是中老年人，受教育程度普遍偏低，没有接受过正规系统的专业教育和业务培训。因此，面对康养民宿产业中的岗位，村民们普遍存在职业能力素养不匹配、服务技术水平低、专业性严重不足的问题。而康养服务从业者需求量较大，需要有基本的营养、卫生、护理、医疗、急救、安全等方面的职业素养，当地就业人口专业性不足，职业素养难以匹配康养民宿产业对专业性人才的需求。

发展产业、带动就业是乡村振兴常见的发展模式。面对村民们职业能力素养不匹配、服务技术水平低、专业性严重不足的问题，驻村工作队与村“两委”应着力开发乡村康养民宿产业的人力资源。

首先，积极引进康养民宿产业相关企业。通过经验丰富的企业参与，可以引进素质过硬的专业人才。专业的人才，可以提供科学、健康、舒心的专业服务，换取旅游者的高度满意，推动康养民宿产业的良性发展。

其次，加强康养民宿产业人才培训。提高乡村劳动力的服务技术水平，增强当地村民的服务意识。在营养、卫生、护理、医疗、急救等方面进行培训教育，提升当地劳动者的职业能力和素养，为当地发展康养民宿产业扩充专业性强、职业素养匹配的从业者和后备从业力量。

最后，重视农村剩余劳动力，盘活乡村人力资源。让本土村民成为发展康养民宿产业的核心要件，老人作为乡村历史的见证者，为游客传播特色历史文化，妇女可以进行纪念品的设计、制作，儿童可以为游客进行景点的指引。

3. 乡村休闲旅游业优化升级

目前，西涝峪口村主打生态游、乡村游，对文化旅游资源的开发还处于初级阶段，对乡村田园风情、关中民俗文化等优质资源的开发利用不够深入。单一的乡村旅游产品，无法形成持续的吸引力，易造成游客的一次性消费，难有回头客。而对于那些有乡村康养意愿的老年人而言，民俗文化旅游资源开发利用不够深入意味着文化娱乐活动空间匮乏，在田园乡村居住游玩的参与感和体验感深度不足，难以吸引老年人长期居住于此地。

为实现西涝峪口村乡村振兴，解决乡村旅游产品单一及“留客难”的问题，西安高新地产公司与村两委依据自然风貌、人文环境、乡土文化等资源禀赋，结合西安高新地产公司文化旅游的业务特长，进一步优化西涝峪口村的休闲旅游产业。

一是依托都市农业生产生态资源和城郊区位优势，发展田园观光、农耕体验、文化休闲、科普教育、健康养生等业态，建设综合性休闲农业园区、农业主题公园、观光采摘园、垂钓园、乡村民宿和休闲农庄，满足城市居民消费需求。

二是依托秀美山川、湖泊河流等资源，在严格保护生态环境的前提下，统筹山水林田湖草系统，发展以农业生态游、农业景观游、特色农（牧、渔）业游为主的休闲农（牧、渔）园和农（牧、渔）家乐等，以及森林人家、健康氧吧、生态体验等业态，建设特色乡村休闲旅游功能区。

三是发掘深厚的民族文化、欢庆的民俗节日活动、多样的民族特色美食和绚丽的民族服饰，发展民族风情游、民俗体验游、村落风光游等业态，开发民族民俗特色产品。

四是依托花海、养殖池塘、湖泊水库等风光，发展景观农业、农事体验、观光采摘、特色动植物观赏、休闲垂钓等业态，开发“后备箱”“伴手礼”等旅游产品。

4. 落地“医康养”及民宿适老化改造

为解决西涝峪口村卫生条件与健康保障不足、康养服务不到位的现实困境，西安高新地产公司还应发挥康养产业优势，融入“整合照护模式”，落地整合照护服务。

一是强化医疗联动保障。探索“村医务室 + 镇（街）卫生所 + （区）县医院联动机制”，实现医疗服务与城区对接，提高医疗服务水平和服务质量，充分利用乡村医疗资源为民宿游客提供必要的医疗保障，解决游客在旅游过程中的基础医疗需求。

二是增设完善康养服务站点。康养服务为民宿旅游提供了医疗、康复、养老等方面的服务保障，各类游客有医疗、康养的服务需求，皆可得到满足。此外，高龄虚弱、轻度半失能的老年群体也可以在康养服务的保障下享受乡村旅游的体验。这不仅大大增强了乡村民宿旅游业的服务配套完整度，提升了客户体验感，还促进了康养民宿产业的深度融合。

三是民宿适老化改造。为解决假日经济带来的民宿产业周内空置率较高问题，同时适应城市老年客群乡村旅游需求，西安高新地产公司引导村内民宿进行基础设施适老化改造，增加老年客群的乡村旅游舒适性和安全性，降低意外事件发生概率。

5. 多渠道营销打造融合产业品牌

据统计，2020 年西涝峪口村民宿订单的 24% 来自新媒体渠道，35% 来自直销，41% 来自在线旅行平台，而订单最大增长空间还是来源于中小新媒体渠道。在这样的背景下，西涝峪口村的康养民宿产业营销应充分利用互联网时代红利，采用多种渠道进行营销推广，打造西涝峪口村康养民宿产业品牌。

一是利用各种新媒体进行多渠道营销。如开通微信公众号、微博、抖音、快手账号等，运用图文、短视频、直播等多种形式，编制发布与推荐西涝峪口村乡村旅游路线，从而增加订房、订餐等交易，推广康养民宿的特色与优势，提高民宿的入住率。

二是加大传统媒体的投入力度。找准目标消费群体，挖掘潜在市场，以康养民宿旅游的精准定位，突出西涝峪口村康养民宿特色，使用电视、路牌、报纸、广播、杂志等传统媒体形成强有力的广泛宣传，扩大其在西安市乃至陕西省的知名度和影响力，使其康养民宿品牌深入人心。

三是充分发挥互联网的分享性精神。通过在携程系、美团系、飞猪系等互联网大型旅行平台上发表体验性攻略，吸引潜在客户的眼球。再进行线上线下宣传，提高西涝峪口村康养民宿品牌的知名度。

四　总结与展望

党的十九届五中全会提出，优先发展农业农村，全面推进乡村振兴。西安高新地产党委与西涝峪口村党支部将持续深入学习贯彻落实习近平总书记关于乡村振兴的系列指示和重要讲话精神，坚持以党建引领为核心，增强基层党组织的战斗堡垒作用，“十四五”期间将紧紧围绕“乡村振兴”发展战略，严守秦岭生态保护红线，积极探索联营新途径、新方式，融合发展乡村产业，力争将“秦岭涝峪”品牌打造成秦岭生态乡村旅游新名片。

企业的发展要顺应国家的政策，要紧跟国家战略发展的步伐。在国家实施乡村振兴战略的背景下，西安高新地产公司将始终坚决贯彻落实中、省、市决策部署，服从服务于西安高新区经济社会发展目标，在高科集团党委坚强领导下，坚持以健康建筑为核心、康养产业为重点、文化旅游产业为特色的战略定位，不断践行乡村振兴战略，为乡村振兴产业融合发展新路径做出有益探索。

参考文献

习近平：《决胜全面建成小康社会夺取新时代中国特色社会主义伟大胜利》，《人民日报》2017 年 10 月 28 日。

林红：《把实施乡村振兴战略摆在优先位置让乡村振兴成为全党全社会的共同行动》，《农业知识》（致富与农资）2018 年第 25 期。

中共中央、国务院：《中共中央　国务院关于实施乡村振兴战略的意见》，《人民日报》2018 年 2 月 5 日。

罗达丽：《浅析乡村旅游在我国新时代乡村振兴战略中的作用》，《西部皮革》2018 年第 20 期。

乔素网、倪君照、曾玉鑫：《基于利益相关者理论探析民宿业发展思路——以厦门市为例》，《价值工程》2020 年第 7 期。

农业农村部：《全国乡村产业发展规划（2020—2025 年）》，2020 年 7 月。

《中华人民共和国国民经济和社会发展第十四个五年规划和 2035 年远景目标纲要》，人民出版社，2021。

皮 书

智库成果出版与传播平台

皮书定义

皮书是对中国与世界发展状况和热点问题进行年度监测，以专业的角度、专家的视野和实证研究方法，针对某一领域或区域现状与发展态势展开分析和预测，具备前沿性、原创性、实证性、连续性、时效性等特点的公开出版物，由一系列权威研究报告组成。

皮书作者

皮书系列报告作者以国内外一流研究机构、知名高校等重点智库的研究人员为主，多为相关领域一流专家学者，他们的观点代表了当下学界对中国与世界的现实和未来最高水平的解读与分析。截至 2021 年底，皮书研创机构逾千家，报告作者累计超过 10 万人。

皮书荣誉

皮书作为中国社会科学院基础理论研究与应用对策研究融合发展的代表性成果，不仅是哲学社会科学工作者服务中国特色社会主义现代化建设的重要成果，更是助力中国特色新型智库建设、构建中国特色哲学社会科学“三大体系”的重要平台。皮书系列先后被列入“十二五”“十三五”“十四五”国家重点出版规划项目；2013~2022 年，重点皮书列入中国社会科学院国家哲学社会科学创新工程项目。

皮书网

（网址：www.pishu.cn）

发布皮书研创资讯，传播皮书精彩内容
引领皮书出版潮流，打造皮书服务平台

栏目设置

◆ **关于皮书**

何谓皮书、皮书分类、皮书大事记、皮书荣誉、皮书出版第一人、皮书编辑部

◆ **最新资讯**

通知公告、新闻动态、媒体聚焦、网站专题、视频直播、下载专区

◆ **皮书研创**

皮书规范、皮书选题、皮书出版、皮书研究、研创团队

◆ **皮书评奖评价**

指标体系、皮书评价、皮书评奖

◆ **皮书研究院理事会**

理事会章程、理事单位、个人理事、高级研究员、理事会秘书处、入会指南

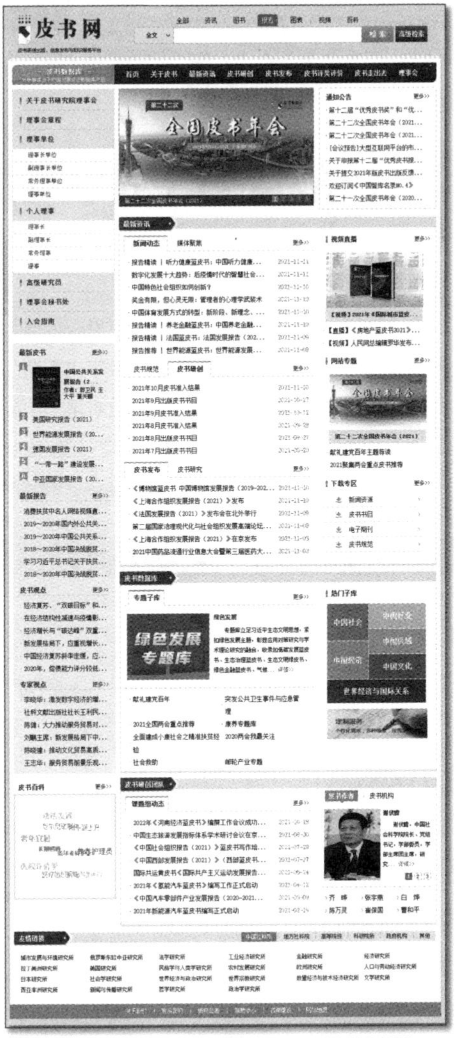

所获荣誉

◆ 2008 年、2011 年、2014 年，皮书网均在全国新闻出版业网站荣誉评选中获得“最具商业价值网站”称号；

◆ 2012 年，获得“出版业网站百强”称号。

网库合一

2014年，皮书网与皮书数据库端口合一，实现资源共享，搭建智库成果融合创新平台。

皮书网　　“皮书说”微信公众号　　皮书微博

S 基本子库
UB DATABASE

中国社会发展数据库（下设 12 个专题子库）

紧扣人口、政治、外交、法律、教育、医疗卫生、资源环境等 12 个社会发展领域的前沿和热点，全面整合专业著作、智库报告、学术资讯、调研数据等类型资源，帮助用户追踪中国社会发展动态、研究社会发展战略与政策、了解社会热点问题、分析社会发展趋势。

中国经济发展数据库（下设 12 专题子库）

内容涵盖宏观经济、产业经济、工业经济、农业经济、财政金融、房地产经济、城市经济、商业贸易等12个重点经济领域，为把握经济运行态势、洞察经济发展规律、研判经济发展趋势、进行经济调控决策提供参考和依据。

中国行业发展数据库（下设 17 个专题子库）

以中国国民经济行业分类为依据，覆盖金融业、旅游业、交通运输业、能源矿产业、制造业等 100 多个行业，跟踪分析国民经济相关行业市场运行状况和政策导向，汇集行业发展前沿资讯，为投资、从业及各种经济决策提供理论支撑和实践指导。

中国区域发展数据库（下设 4 个专题子库）

对中国特定区域内的经济、社会、文化等领域现状与发展情况进行深度分析和预测，涉及省级行政区、城市群、城市、农村等不同维度，研究层级至县及县以下行政区，为学者研究地方经济社会宏观态势、经验模式、发展案例提供支撑，为地方政府决策提供参考。

中国文化传媒数据库（下设 18 个专题子库）

内容覆盖文化产业、新闻传播、电影娱乐、文学艺术、群众文化、图书情报等 18 个重点研究领域，聚焦文化传媒领域发展前沿、热点话题、行业实践，服务用户的教学科研、文化投资、企业规划等需要。

世界经济与国际关系数据库（下设 6 个专题子库）

整合世界经济、国际政治、世界文化与科技、全球性问题、国际组织与国际法、区域研究 6 大领域研究成果，对世界经济形势、国际形势进行连续性深度分析，对年度热点问题进行专题解读，为研判全球发展趋势提供事实和数据支持。

法律声明